基础汉字学教程

连登岗　编著

国家开放大学出版社·北京

图书在版编目（CIP）数据

基础汉字学教程/连登岗编著. —北京：中央广播电视大学出版社，2011.3（2022.6重印）

中央广播电视大学教材

ISBN 978-7-304-05054-2

Ⅰ.①基… Ⅱ.①连… Ⅲ.①汉字—文字学—电视大学—教材 Ⅳ.①H12

中国版本图书馆CIP数据核字（2011）第027171号

基础汉字学教程

JICHU HANZIXUE JIAOCHENG

连登岗　编著

出版·发行：国家开放大学出版社（原中央广播电视大学出版社）

电话：营销中心 010-68180820　　总编室 010-68182524

网址：http://www.crtvup.com.cn

地址：北京市海淀区西四环中路45号　**邮编**：100039

经销：新华书店北京发行所

策划编辑：韦　鹏　　　　　　　**版式设计**：张利萍

责任编辑：宋　莹　　　　　　　**责任校对**：张　娜

责任印制：武　鹏　马　严

印刷：北京京华铭诚工贸有限公司　**印数**：151001~154000

版本：2011年3月第1版　　　　　2022年 6月第21次印刷

开本：B5　　　　　　　　　　　**印张**：14　**字数**：242千字

书号：ISBN 978-7-304-05054-2

定价：29.00 元

意见及建议：OUCP_KFJY@ouchn.edu.cn

序

    《基础汉字学教程》是国家开放大学教育汉语言文学专业和汉语国际教育专业（专科起点本科）"古代汉语专题"课程使用的教材。古代汉语是古代汉族人民使用的语言。由于记录手段的限制，古代汉族人民使用的口语转瞬即逝，流传至今的是古代文献上使用的书面语。古代汉语的书面语有两个系统：一个是在先秦口语基础上形成的以及后人继续使用的上古汉语书面语，也就是我们常说的古代文言；另一个是六朝以后在北方方言的基础上形成的古代白话。不论是古代文言还是古代白话，使用的都是汉字。要想阅读古代文献，首先要过文字关。东汉班固《汉书·艺文志》中说："古者八岁入小学，故周官保氏掌养国子，教之六书，谓象形、象事、象意、象声、转注、假借，造字之本也。"这里说的"六书"，实际上就是汉字教学。

    汉字是古代小学重要的学习内容，汉字研究也是古代经典研究的重要基础。始于西汉末年且对中国历史的发展产生了重要影响的今文经学和古文经学之争，就是因记载经典所使用文字的差异引起的。所谓"今文"指的是汉代通行的隶书，"古文"指的是秦始皇统一中国以前的古文字。用隶书写的是"今文经"，用古文字写的是"古文经"。到了东汉，今文经学和古文经学成为经学研究中的两个派别。许慎撰写的《说文解字》虽被后人视为文字学的经典著作，但其初衷并不是为了创建汉字学，而是为了纠正"今文经"的"妄说"，证明"古文经"是流传有序的正宗，从而捍卫并提高"古文经"的地位。许慎在《说文解字·叙》中说："盖文字者，经艺之本，王政之始，前人所以垂后，后人所以识古。故曰：'本立而道生。'知天下之至赜而不可乱也。""本立而道生"，短短五个字，充分说明了汉字无与伦比的重要作用。

    在古代，汉字曾经有至高无上的地位。不仅汉字产生的时候"天雨粟，鬼夜哭"，充满了神秘色彩，甚至连写有汉字的废纸也非常神圣，不能随便丢弃，要单独收藏，择日焚烧，有些字纸更是要在祭祀造字之祖仓颉之后才能将字灰送至大江大海。社会"敬惜字纸"的习俗充分反映出人们对文化的尊重。然而到了近代，大一统的中国被西方的坚船利炮打得千疮百孔之时，汉字成了中国落后挨打的替罪羊，被拉下神坛，任人鞭挞。今天，随着中国的强盛振兴，汉字又受到世界的瞩目。汉字的命运随着国运的兴衰而沉浮，一方面说明汉字的命运与国运息息相关，另一方面也说明人们对汉字还缺乏全面、清楚的认识。认识汉字，首先要认识汉字体系的特点。汉字是与西方拼音文字不同的以形表意的文字，在与语言的关系、自身的功能和音形义的表现等方面都有许多与拼音文字不同的特点。如果把西方语言学研究拼音文字得出的结论套用在汉字上，就无力抵御"汉字落后论"的攻击，无法解决"汉字难认，难记，难写"的困惑，无法提高汉字教学效率，无法提高全民汉字素养。人民没有汉字素养，自然也无法进入中华民族优秀文化的殿堂，无法清楚地认识由汉字承载的中华民族优秀传统文化的灿烂、辉煌和在当代社会的重要意义。历史如同环环相连的链条，没有相连，就没有延续；没有继承，就没有发展；没有对历史和现实的深刻认识，就没有真正的创新。汉字承载的反映中国历代精神文明、物质文明的伟大成就的文献之多，是世界其他各民族无法相比的，但如果不认识汉字，没有汉字素养，一切都无从谈起。只有从认识汉字出发，全面、清楚地认识汉字体系的特点，才能使汉字在复兴中华民族传统文化的伟大事业中发挥应有的作用。

中国学者研究汉字的历史悠久，当代围绕汉字进行研究，已经形成了由古文字学、现代汉字学、汉字构形学、汉字符号学、汉字文化学、汉字信息处理等学科构成的学科群，取得了丰硕的成果。《基础汉字学教程》属于通论性教材，讲解的是汉字学最基本的内容，如汉字的发生发展和变化、汉字的构造、汉字的形体、汉字的字音、汉字的字义、汉字的功能等，希望这些介绍能够使读者对汉字的基本问题有所认识。

《基础汉字学教程》由南通大学文学院连登岗教授撰写。连教授治学注重基础，善于综合，着眼应用，富于创新精神，在汉语言文字学、中国古代文学、中国哲学史、中国文化史、古汉语文字等多个学科的教学和研究中都取得了成绩，特别是在文字学、汉语词汇研究方面成绩比较突出。在汉字基础理论研究方面，出版专著《汉字理论与实践》，在有关刊物和学术会议上发表了《关于汉字的性质》、《关于汉字性质的再认识》、《字素意义简论》、《语言学的"字"与文字学的"字"》、《简论汉字简化对汉字基础部件及其系统的影响》等论文，对于汉字的性质、结构、功能、产生过程、发展演变等基本问题提出了自己的见解。为撰写《基础汉字学教程》，连教授焚膏继晷，殚精竭虑，在短短的时间里完成了近 50 万字的初稿。其后又反复斟酌、修改，终于完成了教材的撰写工作。不过，今天大家见到的教材并不是连教授原稿的全貌，而是我们根据广播电视大学的特点和教学的实际需要选用的部分专题。为了使教学如期进行，连先生慨然允诺，忍痛割爱，其胸怀令人感动。在此谨向连先生表示敬意和衷心的感谢！

这里还要说的是，在教材建设的过程中，南通大学文学院副教授何书博士逐字逐句地阅读了书稿，从字句到内容，从观点到材料，从结构到风格，提出了许多极好的建议与意见。中国社会科学院语言所博士生导师董琨研究员，北京广播电视大学李杰群教授，中央广播电视大学胡吉成教授，中央广播电视大学出版社编辑韦鹏先生、王清珍博士和责任编辑宋莹对书稿的体例、观点、内容、行文、格式等方面提出了宝贵的意见和建议。在此表示衷心的感谢！

教材的建设非一日之功，优秀的教材需要在教学的过程中不断打磨。虽然汉字学的历史悠久，但还有很多问题需要研究。作为一门新建设的课程，从框架设计到具体问题的介绍，肯定有很多不完善的地方，希望广大师生和热情的读者批评指正。

中央广播电视大学古代汉语专题课程组　吴鸿清

2010 年 10 月 29 日初

2021 年 3 月 1 日修改

目　录

绪　　论

学习提示

1. 了解汉字学创建和发展的过程。
2. 了解汉字学每一阶段的主要特点。
3. 认识汉字学的学科地位。
4. 理解汉字学的学习和研究方法。

第一节　汉字学的创建与发展

汉字是汉族的先民创造的传承至今仍为汉语、汉文化服务的文字。汉字学是研究汉字的全部学问的总称。"汉字学"作为一门学科的名称是现代才出现的，但是研究汉字的学问早就产生了，只是在悠久的历史中它并不叫做"汉字学"，而是有着另外的名称，同时，这门学科的研究内容也在不断地变化。了解这些，对于全面认识汉字、研究汉字都是很有必要的。

一、汉字学的创建

汉字学的创建经历了一个漫长的时期。汉字学萌芽于先秦，创建于东汉。先秦时期，一些学者就开始了对汉字的思考，他们对于汉字的本质、起源与功能提出了自己的看法。《易·系辞下传》："古者包羲氏之王天下也，仰则观象于天，俯则观法于地，观鸟兽之文，与地之宜，近取诸身，远取诸物，于是始作八卦，以通神明之德，以类万物之情。……上古结绳而治，后世圣人易之以书契。百官以治，万民以察，盖取诸夬。"这里把文字与八卦、结绳看做同类事物，而前者是由后者发展演变来的。《系辞传》的作者认为，文字这类事物是从天地万物中抽象出来的一种"象"，它们的作用在于沟通神明，表现万物，因而可以用于治理社会，了解事物。先秦的学者对于汉字的构造也有所思考，《周礼》提出了"六书"的类别名目。《左传》有"止戈为武"、"皿虫为蛊"的说法，《韩非子》也说"古者，仓颉之造字也，自环者为私，背私为公"。这一时期，人们还对文字进行了收集、整理和规范。周宣王时的太史籀撰写了《史籀篇》；秦始皇实行"书同文"的政策，李斯编写了《仓颉篇》，赵高编写了《爰历篇》，胡毋敬编写了《博学篇》。他们对汉字的形体和用字都进行了规范，并以之作为朝廷制定的标准字样，用于正字与教学。

汉代把研究汉字的学问叫做"小学"。"小学"本来是对从事初级教育的学校的称呼，因为汉字是小学所学的主要内容，所以从汉代起，"小学"这一名称就开始指称汉字学了。汉代的一些学者对汉字的认识更为深刻，孔安国关于汉字的起源有着明确的表述，他在《尚书序》中说："古者伏羲氏之王天下也，始画八卦，造书契，以代结绳之政，由是文籍生焉。"汉代扬雄对于汉字的功能、本质及其与语言的区别，也有明确的认识，他说："面目之辞相适，捈中心之所欲，通诸人之嚍嚍者，莫如言；弥纶天下之事，记久明远，著古昔之唔唔，传千里之忞忞者，莫如书。故言，心声也；书，心画也。"[①]意思是说，当面交流，抒发愿望，沟通情感，没有比语言更好的了；治理天下，记载长久，表明远方，显示古人的语言，传递远方的思想，没有比文字更好的了。所以，语言是心意的声音，而文字则是心意的图画。

汉代汉字学取得的最大成就是著名学者许慎撰写的《说文解字》。《说文解字》是有史以来第一部汉字学的专著。它既是一部实用性字书，又是一部汉字学理论专著，从而成为汉字学的奠基之作。它的面世，标志着汉字学的创建。许慎在继承《易经·系辞传》对汉字认识的基础上，对汉字的产生、发展和变化，汉字的功能，作了详细的阐述和说明。许慎认为，文字起源于八卦，经历了结

---

① （汉）扬雄：《扬子云集》，第1卷，见景印文渊阁《四库全书》，第1 063册，15页，台北，商务印书馆，1984。

绳记事、书契等阶段，然后才成为文字。他说："古者庖牺氏之王天下也，仰则观象于天，俯则观法于地，视鸟兽之文与地之宜，近取诸身，远取诸物，于是始作易八卦，以垂宪象。及神农氏结绳为治而统其事，庶业其繁，饰伪萌生。黄帝之史仓颉，见鸟兽蹄迒之迹，知分理之可相别异也，初造书契。"①关于文字的功能，他说"百工以乂，万品以察"，意思是说，百官用文字来治理社会、万民用文字来认知事物。他还说："盖文字者，经艺之本，王政之始，前人所以垂后，后人所以识古。"意思是说，文字是典籍的根本，是国家施政的基础，也是前人把自己的知识流传给后人的载体，是后人了解古代的凭借。

许慎对"文"、"字"的含义作了明确的界定。他说："仓颉之初作书，盖依类象形，故谓之文。其后形声相益，即谓之字。文者，物象之本；字者，言孳乳而浸多也。"②他认为"文"、"字"是处于不同阶段、具有不同特点的"文字"。"文"是最初的文字，是对客观事物的形象描摹所得的图符；"字"是在"文"之后产生的文字，是把视觉图符（形）与语言（声）结合在一起造出来的文字。"文"是表现事物的基本符号；"字"像人口繁衍那样，是通过孳乳逐渐增多的。"字"本义是抚育小孩，引申为孳乳。许慎用"字"形象地说明了汉字发展的情形。

许慎还系统地阐述了"六书"理论，他说："《周礼》：八岁入小学，保氏教国子，先以六书。一曰指事。指事者，视而可识，察而可见，上下是也。二曰象形。象形者，画成其物，随体诘诎，日月是也。三曰形声。形声者，以事为名，取譬相成，江河是也。四曰会意。会意者，比类合谊，以见指㧑，武信是也。五曰转注。转注者，建类一首，同意相受，考老是也。六曰假借。假借者，本无其字，依声托事，令长是也。"这段话是首次对"六书"这一名目作出的系统的理论阐述，是汉字构造理论的基础，对汉字学理论的发展影响深远。

《说文解字》收字9 353个，另有重文1 163个。许慎对所收字的形义结构逐个进行了分析，每字列为一条，字头用当时的小篆形体。《说文解字》保存了许慎与其他一些著名学者对于这些字的形、音、义的解说，成为后世研究汉字结构、古音、训诂的重要依据，也是研究甲骨文、金文、简帛文字等古文字不可缺少的桥梁。

许慎的另一个创造是创立了"部首"。部首就是《说文解字》各部字的第一字，也是每部字所共有的偏旁。《说文解字》按照偏旁相同的原则，对所收

① 许慎：《说文解字·叙》，见《说文解字》，314页，北京，中华书局，1963。
② 许慎：《说文解字·叙》，见《说文解字》，314页，北京，中华书局，1963。

字进行了归类，把具有相同偏旁的字归为一类，这样的类，许慎叫它作"部"，每部字取它们所共有的偏旁作为该部字的部目，同时又是该部字的首字，故名之曰"部首"。他用 540 个部首统摄 9 353 个汉字，不仅建立起了汉字部首系统，而且建立了整个汉字形义系统，揭示了部首之间、部首与汉字之间、各个汉字之间的系统关系，为人们学习、研究汉字建构了一种优秀的范式。另外，《说文解字》的编排方法为辞书的编纂创造了一种优秀的编排体例，一直沿用至今。

二、汉字学的发展

汉字学从汉代创建之后一直到清末，获得了很大的发展。

（一）名称的变化

汉字学的发展，首先表现在名称的变化上。从汉代至魏晋南北朝，研究汉字的学问被称为"小学"。唐宋元明清时期，人们把研究汉字的学问除继续叫做"小学"而外，还叫做"文字之学"。唐颜师古注《汉书》曰："小学谓文字之学也。"宋代学者徐铉、郑樵、苏颂等都把研究文字的学问既称"小学"又叫"文字之学"。此后，这样的名称一直沿用到清末。

（二）汉字学的研究内容发生了变化

古代学者所说的"文字之学"不仅包括研究汉字的学问，而且包括训诂与音韵。宋晁公武《郡斋读书志》卷一："文字之学凡有三：其一体制，谓点画有纵衡曲直之殊；其二训诂，谓称谓有古今雅俗之异；其三音韵，谓呼吸有清浊高下之不同。论体制之书，《说文》之类是也；论训诂之书，《尔雅》《方言》之类是也；论音韵之书，沈约《四声谱》及西域反切之学是也。三者虽各名一家，其实皆小学之类。"① 文中说得明白，"文字之学"、"小学"包括文字、音韵、训诂三方面。这是一种很有代表性的认识，而且，他们在实际中也是这样做的，唐宋以降的"文字之学"，不仅研究文字，而且研究音韵和训诂，这种做法一直延续到清末。

---

① （宋）晁公武：《郡斋读书志校正》，孙猛校正，第4卷，145～146页，上海，上海古籍出版社，1990。

（三）汉字理论的发展

《说文解字》之后，魏晋南北朝时期，汉字理论研究没有多大进展，从唐代开始，汉字理论有了新的发展。唐人孔颖达继扬雄之后，提出了"言者义之声，书者言之记"（《尚书正义·序》）的观点，对于意义、语言与文字三者之间的关系作出了新的论断。

宋元明时期，汉字理论取得了很大的成就。特别是这一时期出现的"六书学"①，取得了多方面的成果。第一，对于汉字的起源，他们提出了"书画同源"的说法。宋郑樵说："书与画同出，画取形，书取象。画取多，书取少。凡象形者，皆可画也。不可画则无其书矣。然书穷能变，故画虽取多而得算常少，书虽取少而得算常多。六书也者，皆象形之变也。"②第二，对于汉字的创制者，他们提出了新的看法。宋戴侗说："六书不必圣人作也。五方之民，言语不同，名称不一，文字不通。圣人者作，命神瞽焉协其名声，命史氏焉同其文字，厘其烦慝，总其要归而已矣。"③意思是说，文字不是圣人亲自创制的，而是由"五方之民"创制，然后经过"史氏"统一整理形成的。第三，宋元一些学者构建了汉字系统结构的理论。关于文字的产生次序，许慎有过"字"是在"文"的基础上产生的说法，但这种说法只是就"文"与"字"两类结构不同的文字的关系说的；许慎的"六书"说，是关于个体汉字构造的理论，其提出的 540 个部首，虽然也具有整体系统理论的色彩，但未能自觉运用这种方法构建起全部汉字的系统结构。而郑樵、戴侗等人在许慎有关学说的基础上，创建了汉字子母相生、父子相连的理论④。这种理论认为，汉字整字是由一些基本字（基本部件）通过不同的组合形成的，这种组合，不仅是多方式的，而且是多层次的。这种理论还认为，字与字的产生关系并不是并列的，而是次第相生的，即一些字是产生另一些字的基础，另一些字是在这些字的基础上产生的。这样，全部汉字就可以通过它们的组合与相生关系排列出一个系统的谱系，成为一个相互联系、次第相生的有机统一体。这种理论由郑樵率先提出，

---

① 宋元明时期"六书学"代表性著作有：（宋）郑樵《通志·六书略》、（元）戴侗《六书故》、（元）周伯琦《六书正讹》、（明）赵撝谦的《六书本义》等。

② （宋）郑樵：《六书略·象形》，见《通志二十略》，234页，北京，中华书局，1995。

③ （宋）戴侗：《六书通释》，见《六书故》，11页，上海，上海社会科学院出版社，2006。

④ 参见（宋）郑樵：《六书略·会意》，见《通志二十略》，261页，北京，中华书局，1995。郑樵《通志·六书故（略）》："象形、指事，文也。会意，字也。文合而成字。文有子母，母主义，子主声。一子一母为谐声。谐声者，一体主义，一体主声，二母合为会意。会意者，二体俱主义，合而成字也。其别有二：有同母之合，有异母之合，其主意则一也。"

而后经过戴侗等人的传承和不断完善，最终成为一个体系完整、组织严密的汉字结构理论。这种理论符合汉字的实际情况，符合现代系统论的思想，从而把汉字结构理论推向了符合现代科学规范的高度。古人用系统方法来研究汉字系统，比现代学者使用系统科学方法研究汉字早了七百多年。这在汉字学史乃至语言学史上，是值得大书特书的。这类著作利用"六书"的名义，在研究汉字的同时，对汉字的一些基本理论也展开了研究，在原有成果的基础上大大地发展了汉字理论。此外，宋代的王子韶（字圣美）提出了"右文说"，对于人们重新审视形声字的功能，研究文字与语言的关系，研究同源字，无不具有重大的启示作用。王安石的《字说》，认为字音、字义皆本于自然。其对于文字的解说虽不免牵强附会之弊，对于文字理据性的探求却别开生面。这种敢于打破"陈说"，勇于探索的精神也是值得称道的。

清代汉字学大兴，在理论方面继承宋元明的成果而有所发展。值得一提的是，戴震对于文字的起始以及文字与语言的区别提出了富有哲理的看法。他说："大致造字之始，无所凭依。宇宙间，事与形两大端而已，指其事之实曰指事，一二上下是也；象其形之大体曰象形，日月水火是也。"[①] 意思是说，文字的创造，从根本上是受制于它所代表的事物的特性的，宇宙间的事物分为"事"与"形"两大类，所以基本的文字只能有"指事"与"象形"两大类。他又说："文字既立，则声寄于字，而字有可调之声；意寄于字，而字有可通之意：是又文字之两大端也。"[②] 意思是说文字创建之后，声音（语言）寄寓于文字，于是文字有了字音；意义（思维）寄寓于文字，于是文字具有了字义：这又是文字的两方面。这就为字音字义的来源提供了根本性依据。清段玉裁、王筠等人对于汉字的构成、"六书"理论以及汉字构造分类的理论均有阐发。段玉裁提出了形音义互求的方法，他在注《说文解字·叙》"厥谊不昭，爰明以喻"一语中的"谊"字时说："许君之书，主就形而为之说解。其篆文，则形也；其说解则先释其义……次释其形……次说其音。必先说义者，有义而后有形也。音后于形者，审形乃可知音。即形即音也，合三者以完一篆。说其义而转注假借明矣；说其形而指事、象形、形声、会意明矣；说其音而形声、假借愈明矣；一字必兼三者，三者必互相求。万字

① （清）戴震：《答江慎修先生论小学书》，见《戴东原集》（万有文库本），第1卷，51页，上海，商务印书馆，1934。
② （清）戴震：《答江慎修先生论小学书》，见《戴东原集》（万有文库本），第1卷，51页，上海，商务印书馆，1934。

皆兼三者,万字必以三者彼此交错互求。"① 这种观点颇具系统科学理论的色彩。

(四)研究领域的拓宽

汉末至清,汉字研究的领域不断拓宽,研究的对象逐渐专门化,形成了一些新的学科分支。

1. 说文学

"说文学"是研究《说文解字》的学问。《说文解字》诞生后,不仅成为人们学习"汉字"知识的基本典籍与查检汉字的工具书,而且成为被研究的对象。从唐代起,就有学者从各个角度对《说文解字》进行研究,有研究其所收字者,有进行文字校订者,有注释者,还有研究其体例者,等等,从而形成了"说文学"流派。研究《说文解字》的著作多达数百种,流传至今的最具代表性的著作有:(1)南唐末徐锴《说文解字系传》;(2)宋初徐铉《校订说文解字》;(3)明赵宦光《说文长笺》;(4)清段玉裁《说文解字注》;(5)清桂馥《说文解字义证》;(6)王筠《说文解字句读》、《说文释例》等,其中段玉裁的《说文解字注》最负盛名。

2. 字书的编纂

《说文解字》创立了字书的典范,之后历代均有字书问世。这些字书大致可以分为两类:一是仿照《说文解字》编辑了一些新的字书。如西晋吕忱《字林》,梁顾野王《玉篇》,宋司马光《类篇》,宋张有《复古编》,明梅膺祚《字汇》,明张自烈《字通》,清陈延敬、张玉书《康熙字典》。这些字书继承了《说文解字》的体例,但部首、收字均有所增减。二是出现了古文字字书。古文字字书是专门研究古文字的字书。汉代时,隶书取代小篆成为通行文字,古文字渐渐为一般人所不认识。魏晋之际,间有古文书籍出现,这样,就有一些人专门收集研究古文字。晋代续咸曾编《汲冢古文释》十卷,宋郭忠恕编《汗简》,宋夏竦编《古文四声韵》五卷,宋杜从古编《集篆古文韵海》。

3. 金石学

宋代兴起了金石学,这是一门以传世和出土的古代铜器和石刻为主要研究对象的学问,其中的文字研究部分与古文字学的形成有密切关系。例如,薛尚

---

① （清）段玉裁:《〈说文解字·叙〉注》,见《说文解字注》,764页,上海,上海古籍出版社,1981。

功的《历代钟鼎彝器款识法帖》《广钟鼎隶篆》,王厚之的《钟鼎款识》,王俅的《啸堂集古录》,吕大临的《考古图录》,王楚的《钟鼎隶篆》,清代学者阮元的《积古斋钟鼎彝器款识》,吴大澂的《字说》、《说文古籀补》等著述,摩录金石原文,写出释文,并加以考证说明,为古文字学的独立奠定了基础。

4. "字原学"的出现与发展

所谓"字原",有两个不同的概念:一个是从文字产生的时间顺序上说的,"字原"就是最初产生的字,它们是派生出其他字的字,因此,又被称为"字母"、"母字",今人或称之为"初文";一个是从文字构成的逻辑顺序说的,"字原"就是构成整字的基本部件,有了这些基本部件,才能构成整字,因此,称之为"字原",今人或称之为"字素"、"汉字构件"。最初的字原研究,是从《说文解字》部首开始的。后来的学者,踵武前贤,不断地对这些部首从部目、源流、形体、意义、读音、结构、功能等各方面进行研究。这种研究从唐代开始,一直延续到清代,如唐李腾撰《说文字原》,五代蜀人林罕撰《说文字原偏旁小说》,宋释梦英撰《篆书偏旁字原》,宋郭忠恕撰《说文字原》,元周伯琦撰《说文字原》,清蒋和撰《说文字原集注》、《字原表》,吴照撰《说文偏旁考》、《说文字原考略》,清饶炯撰《说文解字部首订》等,都是研究字原的著作。

5. 以字义、字音研究为主的著作出现

宋戴侗的《六书故》是一部探究"六书"本义的著作,他对《说文解字》部首进行了改造,并将之按义类归为九大类,每类又包括若干部首,然后把所收字按义类编排。戴侗的贡献有:第一,开创了把《说文解字》部首按义类归纳为大类的做法,这样做的好处是使人们更容易看到各有关部首在表义功能方面的相互关系;第二,从《说文解字》部首中分析出了最小的表义构件与复合部件,建立了汉字表义最小部件系统。《六书故》的这种做法对后来的汉字研究产生了广泛而深远的影响。

清朱骏声《说文通训定声》是以声为纲的汉字学著作。此书虽以"说文"为名,但实际上是别开生面的著作。其编排,改变了许慎以来以表意偏旁为部首的做法,而以表音偏旁为部首。作者从所收的文字中归纳提取出了1 137个表声偏旁,称之为"母",然后把所收之字,按照谐声偏旁进行分类,共分为1 137部。每部以其共有的谐声偏旁为部首,进行编排。在此基础上,又把这1 137个表声偏旁分别归入古韵十八部之中。这种以声为纲的编排,把所收字组织为一个以字音相联系的汉字系统,系统地展示了汉字之间的字音关系,表明汉字的字音与字义一样,也是一种系统。此外,朱骏声的研究还建立了汉字的声素系统,

分析了各个声素之间的语音关系。

6. 正字与俗字的研究

古人把不符合规范的字叫做"俗字",把与之相对的规范字叫做"正字"。自秦汉建立起大一统的国家之后,文字统一规范的问题成为国家行政的重要内容。秦汉都采取过统一规范汉字的措施,南北朝时期,一些学者给予俗字高度的重视,如颜之推《颜氏家训》的《书证》、《音辞》等篇中有大量的关于用字问题的讨论。到了唐代,颜师古奉旨刊正经籍,"因录字体数纸",其所录字体被称为"颜氏字样"。其后有杜延业《群书新定字样》、颜元孙《干禄字书》、欧阳融《经典分毫正字》、唐玄宗《开元文字音义》、张参《五经文字》、唐玄度《新加九经字样》等书,都具有规范用字的作用。而后学者接踵,新作迭出。宋代有郭忠恕《佩觿》、张有《复古编》、娄机《广干禄字书》、李从周《字通》,辽代有释行均《龙龛手镜》,元代有李文仲《字鉴》,明代有焦竑《俗书勘误》、叶秉敬《字孪》,清代有龙启瑞《字学举隅》等。另一方面,随着俗文字应用的需要,也出现了一些俗文字书籍,例如,魏晋之际的《通俗文》[①]、魏周成《杂字解诂》、东晋葛洪《要用字苑》、南朝宋何承天《纂文》等,唐代俗文字书有敦煌发现的《俗务要名林》、《碎金》等。

三、汉字学的转变

19世纪末到20世纪80年代,是汉字学发生剧烈变化的时期。此时汉字学的名称、学科体系、研究内容都发生了很大的变化。

（一）汉字学的名称发生了变化

章太炎认为,把研究汉字的学问与训诂学和音韵学一并称为"小学",名不副实,于是改称之为"语言文字之学"。他说:"此语言文字之学,古称小学……自许叔重创作《说文解字》,专以字形为主,而音韵、训诂属焉。前乎此者,则有《尔雅》、《小尔雅》、《方言》;后乎此者,则有《释名》、《广雅》,皆以训诂为主,而与字形无涉。《释名》专以声音为训,其他则否。又,自李登作《声类》,韦昭、孙炎作反切,至陆法言乃有《切韵》之作,凡分二百六韵。今之《广

---

① 《通俗文》,旧说汉服虔著,后人疑之,今人或以为魏晋学者所作。

韵》即就《切韵》之增润者，此皆以音为主，而训诂属焉，其与字形略不一道。合此三种，乃成语言文字之学。此固非儿童占毕所能尽者，然犹名为小学，则以袭用古称，便于指示，其实当名语言文字之学，方为确切。"[①]章太炎把传统的小学改名为"语言文字之学"，表明他有了明确的语言意识，但他仅仅是改换名称，使之名实相副；至于内容究竟何为语言学、何为文字学，却并未作区分，依然把语言与文字混在一起，看做同一个学科。

（二）文字学与语言学分家

唐宋以来的"文字之学"包含音韵学和训诂学，学科混淆，界限不明。古人这样做，首先是因为汉语汉字具有特殊性，文字学、音韵学、训诂学存在交叉，的确不大容易区分；其次是因为当时缺乏语言学学科概念。这种做法导致了在中国古代只有独立的文字学而没有独立的语言学、语言学寄寓在文字学等学科之内的特殊现象。到了现代，中国学习了西方的学科分类方法，也建立起了独立的语言学，一些学者试图廓清文字学与语言学的界限，逐渐地把训诂学、音韵学从"文字之学"中分离出去，这时，才有了"文字学"这个名称，并用为研究文字的学科的专称。例如，顾实《中国文字学》（1926）、胡朴安《文字学常识》（1929）、贺凯《中国文字学概要》（1931）、马宗霍《文字学发凡》（1935）、唐兰《中国文字学》（1949）、裘锡圭《文字学概要》（1988）等，其中"文字学"指的都是只研究文字而不包括音韵与训诂的学问。

（三）文字学研究对象缩减

传统的汉字学研究，一直都是以形、音、义俱全的汉字为对象的，汉字学的研究对象包括字形、字义、字音三方面。西方的语言文字观传入中国之后，语言学从文字学中独立出去。在这个过程中，一些学者在把训诂学、音韵学从文字学中分离之际，把字音研究、字义研究也一并分离出去，文字学的研究对象只剩下字形。唐兰说："清末以来的文字学，也总包形音义三部分。……我在民国二十三年（1934年）写《古文字学导论》，才把文字学的范围重新规定。我的文字学的

---

① 章绛：《论语言文字学》，载《国粹学报》，第2年（丙午），第5册。转引自黄德宽《汉语文字学史》（增订版），240页，合肥，安徽教育出版社，2006。

研究对象，只限于形体，我不但不想把音韵学找回来，实际上，还得把训诂学送出去。"①他的理由是"文字学本来就是字形学，不应该包括训诂和声韵。一个字的音和义虽然和字形有关系，但在本质上，它们是从属于语言的。严格说起来，字义是语义的一部分，字音是语音的一部分，语义和语音是应该属于语言学的。"②唐兰提出的"文字学本来就是字形学"的观点，得到众多学者的赞同。

把文字学的对象缩减为字形的做法始于 20 世纪 20 年代，吕思勉《中国文字变迁考》（1926）、顾实《中国文字学》（1926）、蒋善国《中国文字之原始及其构造》（1930）、陈梦家《文字学甲编》（1939），都专讲字形。唐兰的著作发表之后，为这种做法提供了理论依据，从而导致了文字学的转向，以致用字形学代替文字学成为文字学的主流。有专家评论："从此以后，与韵学学、训诂学分工的狭义文字学，即专讲形体的文字学，成了主流。"③"以形体为基础的文字学体系，研究对象单纯，范围明确，较'综合派'与'形义派'是一大进步，20 世纪 30 年代以后，逐渐成为文字学理论的主流。"④20 世纪 50 年代以来的一些影响较大的文字学著作，如梁东汉《汉字的结构及其流变》（1959）、蒋善国《汉字的组成和性质》（1960）、蒋善国《汉字学》（1987）、裘锡圭《文字学概要》（1988）、王凤阳《汉字学》（1989）等都是研究字形的文字学著作。

（四）研究领域的拓展

这一时期的汉字学研究领域的拓展，主要表现为古文字学的独立与汉字改革的研究。古文字学是以古文字为研究对象的汉字学分支。所谓古文字，是指小篆以前的文字，具体包括甲骨文、金文、陶文、大篆、小篆。近年来，一些学者主张把秦、汉及其以前的简帛文字也算做古文字。古文字学发端于金石学。金石学形成于宋代，它虽然涉及古文字，但主要研究金石，其中的古文字并未成为专门的研究对象。自 19 世纪末以来，随着甲骨文与金文、陶文、玉石文字和简帛文字等材料的陆续发现，古文字学才从金石学中独立出来，成为汉字学中一门新的学科分支。

甲骨文的研究是古文字的重要内容之一。对甲骨文的研究始于 20 世纪初。

① 唐兰：《中国文字学》，新1版，5页，上海，上海古籍出版社，1979。
② 唐兰：《中国文字学》，新1版，6页，上海，上海古籍出版社，1979。
③ 严修：《二十世纪的古汉语研究》，386页，太原，书海出版社，2001。
④ 黄德宽：《汉语文字学史》，2版，253页，合肥，安徽教育出版社，2006。

1889 年，王懿荣发现了甲骨文。1903 年，刘鹗从他所藏的甲骨中选拓 1 058 片编成《铁云藏龟》，这是第一部著录甲骨文的著作。随着这部著作的面世，甲骨文广为人知。1904 年，孙诒让研究了《铁云藏龟》中的甲骨文材料，著《契文举例》，开创了对甲骨文的考释工作。而后，中外学者纷纷进入甲骨文的研究，近百年来，研究甲骨文的著述多达 2 000 余种，从而形成了一门举世闻名的新学科——甲骨学。继孙诒让之后，罗振玉、王国维、郭沫若、董作宾、唐兰、于省吾、胡厚宣、陈梦家、徐中舒、容庚、商承祚、杨树达、裘锡圭、李学勤等著名学者都先后对甲骨文进行了广泛而深入的搜集、整理和研究工作，取得了丰硕的成果。在甲骨文的研究中具有开创之功的，有所谓"四堂"，唐兰在其《〈天壤阁甲骨文存〉自序》中说："卜辞研究，自雪堂导夫先路，观堂继以考史，彦堂区其时代，鼎堂发其辞例，固已极一时之盛也。"此外，其他学者也在甲骨文研究的不同方面各自作出了重要贡献。考释甲骨文字的主要有：唐兰，著有专著《殷墟文字记》（1934 年北京大学讲义，1978 年修改刻印本，1981 年中华书局出版）《天壤阁甲骨文存并考释》（辅仁大学，1939）与一些论文；杨树达，著有《积微居甲文说》（中国科学院，1954）、《耐林顾甲文说》（上海群联书店，1954）；朱芳圃，著有《殷周文字丛释》（中华书局，1962）；李孝定，著有《甲骨文字集释》（台湾历史语言研究所，1965）；姚孝遂等人编著《殷墟甲骨刻辞摹释总集》（中华书局，1988）。在甲骨文考释方面，贡献最大的是于省吾，他出版了《双剑誃殷契骈枝初编》（1940）、《续编》（1941）、《三编》（1943），共收考释甲骨文字的论文 98 篇；1954 年撰成《双剑誃殷契骈枝四编》（稿本）；后又对这些著作加以修订，加上这些著作未收的其他论文，编为《甲骨文字释林》（中华书局，1979），共收考释文章 190 篇。于省吾还于 1973 年开始主编《甲骨文文字诂林》，全书共约 300 万字，是一部甲骨文字考释的集大成之作，研究水平、学术价值在同类著作中都首屈一指。

还有学者编纂出版甲骨文字汇、字典，主要有王襄《龟室殷契类纂》（天津博物馆手写石印本，1920）、商承祚《殷墟文字类编》（决定不移轩刻本，1923）、朱芳圃《甲骨学文字编》（商务印书馆，1933）、孙海波《甲骨文编》（1934 年哈佛燕京学社石印本，后经修订，署名为中国社会科学院考古研究所，于 1965 年由中华书局出版），此书共收字 4 672 个，包括了此前所见到的甲骨刻辞的全部单字，约 4 500 个，分为三部分，其中正编收录见于《说文解字》941 字，并附有《说文解字》所无但可隶定的文字；收有合文 371 个；"附录"收有尚未认识的和虽有释读但无定论的字 2 900 余个。该书收录了当时所见甲骨文全部单字的各种形体，并一一注明出处。徐中舒主编《甲骨文字典》（四川辞书出版社，1988）。

在甲骨文著录方面贡献最大的是胡厚宣，他著有《战后宁沪新获甲骨集》（来薰阁书店，1951）、《战后南北所见甲骨录》（来薰阁书店，1951）、《战后京津新获甲骨集》（上海群联出版社，1954）、《甲骨续存》（上海群联出版社，1955）以及《五十年甲骨文发现的总结》、《五十年甲骨学论著目》等。1956年胡厚宣奉调转入中国科学院历史研究所，担任郭沫若主编的《甲骨文合集》总编辑，为此倾注了全部心血。《甲骨文合集》的编辑工作从1961年开始，该书1979—1982年由中华书局出版，共13册，选收了41 956篇甲骨著录，汇集了此前各种有价值的甲骨文著录百余种，是目前最全的甲骨文著录。

日本学者岛邦男编著的《殷墟卜辞综类》（日本东京大安，1967；汲古书院增订本，1971）是第一部甲骨刻辞辞例的索引。姚孝遂、肖丁主编的《殷墟甲骨刻辞类纂》（中华书局，1989），在《殷墟卜辞综类》的基础上有所改进，是一部比较好的索引工具书。

金文研究是古文字的另一个重要内容。金文一般指商代到战国时期铸刻在青铜器上的文字。金文研究始于金石学，到了清末民国初年，金文学从金石学中脱胎而出，成为一门独立的学科。对金文研究作出重大贡献的学者有孙诒让、罗振玉、王国维、郭沫若、杨树达、唐兰、于省吾、容庚、徐中舒等人。

清末孙诒让著《名原》，根据金文与甲骨文资料，分析文字的发展变化，探求古文字的一般规律。特别是他提倡用偏旁分析法考释古文字，走出了一条科学的古文字研究道路，为金文字的科学研究奠定了基础。孙诒让的《古籀拾遗》、《古籀余论》在辨识古文字方面颇多创见。罗振玉对于金文的贡献主要是对资料的搜集整理和刊布，他著有《三代吉金文存》（1937年影印出版），收录商周铜器铭文4 800余件，是当时一部金文资料集大成的巨著。王国维金文研究的主要成就是利用金文资料研究历史与古代制度，他在金文字方面的主要贡献是对古器名的考订。他的成果主要收在《观堂古金文考释五种》及《观堂集林》中。罗、王二人为古文字学的研究方法也作出了突出贡献，他们首先采用现代的方法治学。郭沫若的主要成就是利用金文资料研究商代历史，特别是他创造了标准器系联法，为青铜器的断代提供了科学的方法，这也为金文字的断代提供了方法。另外，他还考释了大量的金文，著有《两周金文辞大系图录考释》。唐兰所著《古文字学导论》（1934），是第一部系统研究古文字学理论的专书，为包括金文学在内的古文字学奠定了理论基础。于省吾对于金文研究的主要贡献是总结出了科学的考释方法，同时也考释了大量的金文字，著有《双剑誃吉金文选》(1933),选收殷周彝铭 469 篇,对其文辞在集录各家成说的基础上作了解释。他还编著《商周金文录遗》(1956),收有 616 件青铜器铭文拓片,多为 20 世纪 30 年代以来发现者,且绝大多数为罗氏著作未录。杨树达从 20 世纪 40 年代开始治金文,他用清代学者校书之法研究金文,取得了突出的成绩,并著有《积微居金文说》七卷(1952,1959)、《积微居金文余说》。商承祚著有《十二家吉金图录》二册(1934)。容庚在金文资料的整理、传布方面做了大量的工作,著有《商周彝器通考》、《金文编》(1925,1939,1959,1985)。徐中舒主编的《商周金文集录》(1984),收 1949 年新中国成立后出土的铜器铭文 973 件。

金文研究已有 1 000 多年的历史,特别是经过现代学者的努力,在许多方面都取得了重大成果,时至今日,发表著作、专书和论文不下几千种,其中出现了一些集大成式的著作。

在资料汇编方面,主要有:罗振玉《三代吉金文存》、于省吾《商周金文录遗》,还有中国科学院考古研究所编《美帝国主义劫掠的我国殷周青铜器集录》(1963),收青铜器照片 845 件,铭文 500 多件。这三部书大体包括了 1950 年之前流传于世的金文资料。另有徐中舒主编《商周金文集录》(1984,收 1949 年新中国成立后出土的铜器铭文 973 件)、邱德修《商周金文集成》、台湾严一萍编《金文总集》(艺文印书馆,1983,这是一部集中前人研究成果、带有总结集成性的著作)。在金文考释方面,主要有:吴闿生《吉金文录》(1933)、柯昌济《金文分域编》(1929)。

汇集各家考释的有:周法高主编《金文诂林》(香港中文大学出版社,1975)、《金文诂林附录》(香港中文大学,1977)、《金文诂林补》(台北"中央研究院"历史语言研究所,1981),另有日本白川静《金文通释》(1962—1984),已出 56 辑之多,在考释方面亦可谓集大成之作。

金文目录索引类的成果主要有:美国福开森的《历代著录吉金目》(1939),孙稚雏《金文著录简目》(1981)、《青铜器论文索引》,中国社会科学院考古研究所《新出金文分域简目》(1983)等。

其他古文字研究如玺印文字研究、货币文字研究、简牍文字研究、帛书研究、陶文研究、玉石文字研究,等等,都取得了可观的成绩。

从 19 世纪末到 20 世纪 80 年代中期,汉字经历了汉字改革运动。汉字改革运动始于甲午战争之后,前后延续了将近百年。这一阶段的文字改革做了两件事:探索拼音化道路与汉字简化。汉字改革从研制拼音文字开始,代表人物主要有卢戆章、王照、劳乃宣。1892 年,卢戆章出版了《一目了然初阶》,创制了最初的中国拼音文字;1900 年,王照出版了《官话合声字母》;1905 年,劳乃宣出版了《增订合声简字谱》、《重订合声简字谱》。在汉字改革过程中，还出现了一批研究汉字改革的著作，主要有教育部国语统一筹备委员会编印《民国政府推行注音符号述略》（1931）、罗常培《国音字母演进史》（1934）、萧迪忱编《汉字改革论文选》（1935）、中国文字改进学会编印《中国文字改进会宣言及章程》（1938）、拉丁化出版社编译部主编《中国文字拉丁化文献》（1940）、倪海曙《中国字拉丁化运动年表》（1941）、吴玉章《新文字与新文化运动》（1948）、倪海曙《中国拼音文字概论》（中华书局，1948）、黎锦熙《文字改革论丛》（文字改革出版社，1957）、周有光《汉字改革概论》（文字改革出版社，1961），吴玉章《文字改革文集》（中国人民大学出版社，1978）。

四、汉字学的现状

20 世纪 90 年代以来，汉字学的发展进入了一个新的时期，汉字学从名称到内容，从研究方法到研究对象等各方面都发生了新的变化。

（一）名称的变化

顾名思义，"文字学"这一名称可以指研究所有文字的学问。世界上的文字多达千种，研究这些文字的学问都可冠名"文字学"，研究汉字的学问仅仅是诸多文字学中的一种。近 20 年来，随着视野的开阔与研究领域的扩展，为了准确地区分，一些研究汉字的论著遂名之为"汉字学"。例如，王凤阳的《汉字学》（1989）、何九盈的《汉字文化大观》（1995）、王宁的《汉字学概要》（2001）等。当然，也有继续把研究汉字的学问称为"文字学"的。

（二）汉字学研究对象的变化

唐兰把文字学缩减为字形学之后的七十多年中，汉字学的主流变成了只研究字形，不研究字义、字音的片面汉字学。尽管这种做法厘清了文字学与语言学的界限，但其理论具有明显的片面性，因而，从一开始就不是得到所有人同意的。一些学者的文字学研究仍然坚持着以形音义三要素的统一体的汉字为对象。例如陈独秀的《小学识字教本》（撰于 1942 年，1995 年出版）、杨树达的《中国文字学概要》（1943）。20 世纪 90 年代以来，回归传统的人更多，如华星白《汉字概说》(2002)、许威汉《汉语文字学概要》(2002)、陈燕《汉字学概说》(增订本，2003)、杨润陆《现代汉字学》(2008)等书，都是对于字形、字音、字义的综合研究著作。有的学者还进行了理论思考，指出："文字必须具备形音义三要素或者形音二要素，否则便不能构成文字。"[①]"完整的文字学，不仅应该包括字形学，而且应该包括字音学和字义学。"[②]

（三）汉字学研究范围进一步扩展

这一时期汉字学研究范围不断拓展，形成了本体研究、应用研究、汉字学与其他学科的交叉学科研究三大门类，每一门类之中又形成了不同的学科分支，从而使汉字学形成了一个学科群。

1. 汉字本体研究

汉字本体研究是指对汉字自身的研究。这一时期，汉字本体研究中固有的普通汉字学、古文字学、俗文字学都有了长足的发展，而且新增了一些新的学科分支。

（1）传统的汉字学分支。主要有：

其一，普通汉字学。普通汉字学即通论性的汉字学。这一阶段普通汉字学的研究比较兴盛，通论性的著作与教材有：刘志成《汉字学》，王宁主编《汉字学概要》，华星白《汉字概说》，许威汉《汉语文字学概要》，陈志明、赵变亲《汉字学基础》，陈燕《汉字学概说》，孔祥卿等编《汉字学通论》，许进雄《简明中国文字学》，张其昀《汉字学基础》，夏渌《文字学概论》等。

其二，古文字学。20世纪80年代后，对于古文字的研究主要是成果汇集、理论阐释、古文字学史与古文字学知识的推广和应用。这一时期出现了一批结集前人研究成果的集大成著作。例如，于省吾、姚孝遂主编的《甲骨文字诂林》(全4册)，是甲骨文字考释的集大成之作；中国社会科学院考古研究所集体编纂而成的《殷周金文集成》，是一部收录金文著录的最为重要的著作；中国社会科学院考古研究所《殷周金文集成释文》则是对《殷周金文集成》文字的考释；《睡虎地秦墓竹简》，集中了学术界对秦简文字的考释意见；高明编著《古陶文汇编》，是迄今收录陶文资料最为丰富的总集。关于古文字学的理论研究，

① 连登岗：《汉字理论与实践》，2页，兰州，甘肃教育出版社，2000。
② 连登岗：《关于汉字性质的再认识》，见向光忠主编：《文字学论丛》，31页，北京，中国戏剧出版社，2006。

也出现了许多成果，主要有：王宇信《甲骨学通论》，赵诚《甲骨文字学纲要》，李圃《甲骨文文字学》，邹晓丽等《甲骨文字学述要》，朱歧祥《甲骨文字学》，李学勤《古文字初阶》，林沄《古文字研究简论》，陈炜湛、唐钰明《古文字学纲要》，何琳仪《战国文字通论》，高明《中国古文字学通论》等。古文字学史研究也出现了专著。主要有：萧艾《甲骨文史话》，吴浩坤、潘悠《中国甲骨学史》，王宇信《建国以来甲骨文研究》，赵诚《二十世纪金文研究述要》等。还编写了一些古文字字词典，诸如，徐中舒《甲骨文字典》、徐无闻主编《甲金篆隶大字典》、何琳仪《战国古文字典》、马如森《殷墟甲骨文实用字典》、陈初生《金文常用字典》、王延林《常用古文字字典》等。

其三，俗文字学。俗文字学是收集、整理与研究俗文字的学科。主要成果有：潘重规等《敦煌俗字谱》，蒋礼鸿《敦煌变文字义通释》，秦公《碑别字新编》，李荣《文字问题》，郭在贻《敦煌变文校议》，秦公《广碑别字》，马向欣《六朝别字记新编》，张涌泉《汉字俗字研究》、《敦煌俗字研究》，陈五云《从新视角看汉字：俗文字学》，欧昌俊、李海霞《六朝唐五代石刻俗字研究》，陆明君《魏晋南北朝碑别字研究》等。此外，周祖谟《唐五代韵书集存》也收集了许多俗文字。

（2）新增的汉字学分支学科。主要有：

其一，汉字构形学。汉字构形学是"探讨汉字的形体依一定的理据构成和演变的规律"[①]的学问。它所探讨的是"包括个体字符的构成方式和汉字构形的总体系统中所包含的规律"[②]。这门学科的创始人是著名学者王宁，其《汉字构形学讲座》一书构建了汉字构形学的基础理论。在这一理论的指导下，王宁还主编了《汉字构形史丛书》，对于从甲骨文到宋代雕版楷书的构形进行了系统的研究。此类著作还有刘钊《古文字构形学》、张素凤《古汉字结构变化研究》。

其二，汉字构件研究。这是一门研究汉字构件的学问。虽然对汉字构件的研究很早就开始了，但这一时期对汉字构件的研究更加深入，出现了一批研究汉字部件的专著。这些专著可以分为两类，第一类是对《说文解字》部首的研究，代表性著作有：徐复、宋文民《说文五百四十部首正解》，董莲池《说文部首形义新证》。第二类是对一般的汉字构件的研究。主要著作有：王延林《汉字部首字典》，邹晓丽《基础汉字形义释源》，李建黎《汉字部件笔顺码》，沈克成、沈迦《汉字部件学》，张儒、刘毓庆《汉字通用声素研究》。

---

① 王宁：《汉字构形学讲座》，10页，上海，上海教育出版社，2002。
② 王宁：《汉字构形学讲座》，10页，上海，上海教育出版社，2002。

其三，理论汉字学研究。这是一门研究汉字基础理论的学科，从哲理的高度来研究汉字的基本问题的论著主要有连登岗《汉字理论与实践》、《关于汉字性质的再认识》，王作新《汉字结构系统与传统思维方式》，王玉新《汉字认知研究》、《汉字部首认知研究》，孟华《汉字：汉语和华夏文明的内在形式》，曹念明《文字哲学》，姚淦铭《汉字文化思维》，陆忠发《汉字学的新方向》等。研究汉字起源的有：饶宗颐《符号·初文与字母——汉字树》、牟作武《中国古文字的起源》、王显春《汉字的起源》、郑若葵《解字说文——中国文字的起源》、陈文敏《汉字起源与原理》、苏三《汉字起源新解》等。另有苏联学者伊斯特林著，左少兴译《文字的产生和发展》和何丹《图画文字说与人类文字的起源》也讨论了汉字的起源问题。此外还有一些著作分别对于汉字的性质、形态、功能、汉字艺术、"六书"理论等问题进行了专题研究。

其四，现代汉字学。现代汉字学是研究现代汉字的学科，主要研究现代汉字的属性和应用。[①] 这门学科，创建、倡导于20世纪80年代，创立于20世纪90年代，至今已出版著作与教材十多种，影响较大的有高家莺、范可育、费锦昌《现代汉字学》，苏培成《现代汉字学纲要》、《二十世纪的现代汉字研究》。[②]

2. 应用汉字学形成了不同的分支

应用汉字学是研究汉字应用的学科，例如汉字教学、汉字规划、汉字的信息处理等。汉字应用研究是近年来的热门，形成了一些分支学科，主要有：

其一，汉字教学研究。这是研究汉字教学的学科，主要著作有戴汝潜《汉字教与学》，王立军、宋继华、陈淑梅《汉字应用通则》，万业馨《应用汉字学概要》等。

其二，汉字规划研究。这是研究汉字规划工作的学科。所谓汉字规划，是指对汉字的人工干预，主要是政府与学者对汉字用字的干预。主要成果有：语文出版社《语言文字规范手册》、高更生《现行汉字规范问题》、张书岩主编《异体字研究》、厉兵主编《汉字字形研究》、史定国主编《简化字研究》、吕永进《汉字规范形音义》等。此外，李宇明的《中国语言规划论》等著作中也有丰富的汉字规划研究内容。

3. 汉字学与其他学科结合的交叉学科

把汉字学与其他学科结合起来研究，形成了汉字学的多边缘交叉学科。较

---

① 参见苏培成：《现代汉字学纲要》（增订本），25页，北京，北京大学出版社，2001。
② 关于现代汉字学的代表作的说法见苏培成：《语言文字应用丛稿》，5页，北京，语文出版社，2010。

为重要的有：

其一，汉字文化学。汉字文化学是"一门以汉字为核心的多边缘交叉学科"，其基本任务有两条："一是阐明汉字作为一个符号系统、信息系统，它自身所具有的文化意义；二是探讨汉字与中国文化的关系。"[①] 臧克和著有《汉语文字与审美心理》、《说文解字的文化说解》、《中国文字与儒学思想》、《汉字单位观念史考述》等，对于汉字文化学的建设作出了很大的贡献。何九盈主编了《汉字文化大观》，撰写了《汉字文化学》，为这门学科的建设也作出了突出成绩。周有光、王宁、赵诚、黄德宽、宋永培、刘志成、王贵元、王继洪等学者均有汉字文化学著作问世。汉字文化学发展迅速，趋向普及，渐成显学。

其二，汉字信息处理研究。汉字信息处理是指计算机对汉字的处理，包括汉字的编码、输入、存储、编辑和输出等内容。20 世纪 80 年代以来，汉字信息处理迅速发展为一门专门的学科。这方面的专著有：陈明远编著《语言文字的信息处理》、刘新中《文字信息学》、冯志伟《现代汉字和计算机》、张殿钧等编《微机汉字录入与文字处理》、陈原主编《汉语语言文字信息处理》、顾小凤《汉字与计算机》等。

其三，汉字符号学。汉字符号学是从符号学的角度来研究汉字的新兴学科，主要成果有：陈宗明《汉字符号学》，黄亚平、孟华《汉字符号学》。

汉字学已经形成一个包括众多分支的学科群，而且一些新的分支学科正在形成。

最后，汉字学研究方法也发生了变化。首先，20 世纪 90 年代以来，一方面由于汉字学本身发展的需要，另一方面由于有了系统科学方法可资借鉴，这样，系统科学方法就成了汉字研究的新方法。一些学者自觉地利用系统科学方法研究汉字，取得了显著的成就，例如，李圃《甲骨文文字学》、王宁《汉字构形学讲座》、尹黎云《汉字字源系统研究》、张再兴《西周金文文字系统论》、黄德宽主编《古文字谱系疏证》、黄晋书《汉字·字原篇》、何添《论〈说文〉四级声子》等著作，都使用了系统科学方法。关于运用系统科学研究汉字的论文主要有：王宁《系统论与汉字构形学的创建》、连登岗《汉字字形系统与印刷字形规范》。其次，汉字研究方法变化的第二个主要特征就是多学科的综合研究，特别是交叉汉字学的研究，还引入了符号学、语言学、心理学、人类学、文化学、社会学、思维科学、计算机学等各个学科的内容，形成新的学科分支。

---

① 何九盈：《汉字文化简论》，见《中国汉字文化大观》，北京，北京大学出版社，1995。

第二节 汉字学的学科地位 和研究方法

一、汉字学是一门基础学科

汉字学是研究汉字的学问，而汉字则不仅是汉语书面语的载体，也是文化的载体，因而汉字学不仅是汉语言学的基础学科，而且是文学、历史学、考古学、文献学等学科的基础学科之一。

首先，汉字学是汉语言学的基础学科之一。语言学是研究语言的学科，语言有口语与书面语两种形式，而书面语就是以文字为载体的，如果没有文字，就不会有书面语。研究书面语，处处离不开文字，离不开对文字的形、音、义的解读。例如，我们今天所接触到的古代汉语实际上就是古代汉语书面语，而这种语言完全是靠文字保存与表达的。学习古代汉语，首当其冲的就是文字问题，如通假字、古今字、异体字、繁简字等，如果没有一定的汉字学知识，是无法正确解决这些问题的。又如，在古汉语的书面语中，字与单音节词二者往往是重合的，探讨词的本义离不开对字形的了解。如果没有一定的汉字学素养，所谓古代汉语的学习和研究就无从谈起。学习现代汉语也离不开汉字学。现代汉语的书面语同样是用汉字作为载体和表现形式的，如果缺乏必要的汉字水平，就难以正确掌握或者深刻理解现代汉语的某些词语。例如，廉洁，在《现代汉语词典》中的解释是："不损公肥私，不贪污。"[①] 举的例子有 "廉洁奉公"、"刚正廉洁"。"廉洁" 是个合成词，其中的 "洁"，用来比喻不贪污。贪污谓之 "脏"，不贪谓之 "洁"。而 "廉" 则主要指原则性，这个意义与它的字形有关。《说文解字》："廉，仄也。从广，兼声。" 段玉裁注："堂之边曰廉……堂边有隅有棱，故曰廉。廉，隅也。又曰廉，棱也。引申之为清也，俭也，严利也。""廉"字从 "广"，"广" 读 "yǎn"，表示依托山崖建筑的房屋。"廉"字从 "广" 则表示

---

① 中国社会科学院语言研究所词典编辑室编：《现代汉语词典》，3版，785页，北京，商务印书馆，1996。

它与房屋有关，其意义是建筑物边缘的棱，引申为有原则性。《老子》曰："是以圣人方而不割，廉而不害，直而不肆，光而不曜。"句中的"廉"指的就是有原则性。了解汉字学知识，还有助于辨析同义词。例如"采"与"摘"是一对同义词，但同中有异。《说文解字》对"采"的解释是："捋取也，从木，从爪。""采"在甲骨文中作"𣎴"，其字形象地表现了这个语义。《说文解字》："摘，拓果树实也。从手，啻（音 chì，与'商'有别）声。"段玉裁注："拓者，拾也。拾者，掇也。掇者，拾取也。果树实者，有果之树之实也。拓之，谓之摘，引申之，凡他取，亦曰摘。""采"、"摘"都有获取的意思，但具体动作有所不同，一个是"采"取，一个是"拾"取。有了汉字学知识，就可以辨析这一组同义词。

其次，汉字学也是古代文学的重要基础。所谓文学，是语言的艺术，它讲究形象，讲究意境。古代文学是用古代汉语写成的，要理解文学作品必须从语言入手，而理解古代汉语又必须从汉字入手。就一般情况而言，在古代汉语中，一个字就是一个词，所以，有时候对一个字的理解就关乎一个艺术形象。例如：曹植《洛神赋》："睹一丽人，于岩之畔。……其形也，翩若惊（惊）鸿，婉若游龙，荣曜秋菊，华茂春松。"《汉语大词典》[①]把"惊鸿"解释为"惊飞的鸿雁"。这个解释值得商榷，为什么呢？因为"翩若惊鸿，婉若游龙"两句"形容体态轻盈婉转"[②]。"惊鸿"是形容丽人轻盈的体态动作的，而"惊飞的鸿雁"给人的感觉则是张皇失措，仓皇逃窜，二者怎么联系得起来呢？可见《汉语大词典》的解释有误，其失在于没有正确理解"惊"在这里的意义。其实，"惊"的繁体字"驚"，本义是"马骇也"，即马受惊而狂奔的意思，引申为快捷。"惊鸿"之"惊"取的正是快捷之义，这个意义与"鸿"的形象结合起来，才能表现"体态轻盈"的意思。可见，要正确理解文学艺术，往往离不开汉字知识。

再次，汉字学是考古学的重要基础，考古有许多重要的内容，其中一项就是对古代文献的研究。而出土文献则有许多是用甲骨文、金文、简帛文字等古代汉字书写的，如果不认识这些字，就无法解读用它们书写成的古文献。

另外，汉字学是一些艺术形式的基础，书法、广告等艺术都需要汉字学。汉字学是文化学的重要基础，汉字是承载历史文化、表现民族思维的重要载体，要了解汉字所承载的这些内容就必须有一定的汉字学知识。这些问题将在第六章展开较为详细的讨论。

---

① 罗竹风主编：《汉语大词典》，第12册，上海，汉语大词典出版社，1993。
② 朱东润：《中国历代文学作品选》，上编，第2册，192页，上海，上海古籍出版社，1980。

二、汉字学的方法

"工欲善其事，必先利其器"，方法对于学习研究至关重要。下面就对学习研究汉字与汉字学的方法问题提出几点建议，供读者参考。

（一）实事求是的方法

实事求是，就是依据客观事实，研究其内在的固有规律。研究汉字要实事求是，就是从汉字的实际出发，而不是从某种理论出发。汉字是汉民族使用了四五千年之久的符号，它与汉语、汉族思维、汉文化是相适应的，具有久远的生命力，但是有人照搬西方所谓"文字发展三阶段"的理论，认为汉字是一种落后的、行将被拼音文字所代替的文字。坚持实事求是的方法，就是从汉字的实际出发，去发现、归纳汉字自身内在的规律，而不是机械地照搬西方的语言文字理论，也不盲从某种权威的说法。

（二）历史的观点

所谓历史观点，就是要把不同历史时代的文字放在不同的历史背景下去处理，不以今律古，也不以古解今。例如，有人解释"更"字，说这是个形声字，从攴丙声，这是以古解今。因为这里解释的是"更"的古文字体，而它的今文字形体则是一个独立的符号，而不再是形声结构了。也有人以今解古，如说"射"的本义应该是"矮"，它从身从寸，寸身是为"矮"，这是以今解古。"射"的本义与其古体联系在一起，其古体是一只手与弓箭在一起，表示"射"的意思。汉字是历史的产物，它是随着历史的发展而发展的。对于汉字的发展变化，要用历史的眼光来看待它。既不能用今天的汉字来否定古代的汉字，也不应该用古代的汉字来否定今天的汉字。

（三）分析的方法

所谓分析，就是分解。汉字研究离不开分析，首先，要确定汉字与非汉字的界限，从而确定研究对象与范围。其次，对于综合的统一的汉字，要分解开研究，把其构成要素分解为字形、字义、字音来分别研究，把其结构分解为不同的单位，例如整字—字素，整字—部件—笔画来研究。再次，对于汉字的其他问题，都要分解开作为一个个专题来研究，例如，字的造字类型，就分为象形、指事、会意、形声，等等。

（四）综合的方法

研究汉字，不仅要会分析，还要会综合。首先，研究文字要综合其他学科的知识，例如，研究汉字的起源，就离不开人类学的知识；研究汉字的发展变化，也要结合语言学以及社会发展的历史；研究汉字的认知，则离不开心理学的知识。其次，对于单字不能孤立地研究，而要把它当做系统的组成部分。表面上看来，汉字是一个个独立的个体，实际上，汉字是以系统的方式存在的。个体汉字是小系统，它是由一些构字成分、构字元素构成的有机整体。而汉字体系则是个复杂的系统。也就是说，全部汉字是一个存在于一定环境之中的由各个相互联系、相互作用的要素所构成的具有特定功能的整体，而不是几万个汉字的简单叠加。只有用系统科学的方法来全面地、系统地从各个不同的角度对它加以考察，才可能得出比较接近事实的看法。例如，要确定一个字的简化是否合理，孤立地看与系统地看，得出的结论就不一样。譬如，简化字用"斗"代表"鬥"。"斗"，本义是酌酒器，象形字，甲骨文字形像一种长柄的勺子。"鬥"，是争斗的意思，象形字，甲骨文形体作二人徒手搏斗状。二字意义完全不同，从不通用。简化字用"斗"来代替二字，如果就字论字，就会使人认为减少了一个字，从而减轻了认字、写字的负担；但是如果从系统的角度来看，就会发现，"鬥"原来是"鬥"部字的部首，它领属着许多字，简化字中用"斗"代替"鬥"之后，原来从"鬥"的繁体字就只好改为从"门"，这样，就破坏了"鬥"部字的全部表意系统。再如，"王"可以充当字素，但其究竟是充当表意字素还是表声字素，孤立地看是无法回答的，只有置于一定的整字之中才能得出答案，如"王"在"闰"字中表义，而在"旺"字中表音。又如，汉字究竟有哪些基本笔画才合理，这也要置于整个汉字的构形需要这个大系统中才能确定。还有，不同的汉字之间有无关系，是什么关系，也只有置之于系统之中才能看得清楚。《说文解字》把具有相同部首的字安排在同一部中，揭示出了它们具有某种义素相通的同义关系。明赵宧光对具有相同声符字进行研究，得出了"同谐声必同部"的结论，意思是说，凡是具有相同声符的字，必然在上古属于同一韵部。总之，系统科学方法是一种科学方法，使用它，可以有效地避免片面性的弊病，也可以获得使用孤立方法所无法获得的成果。

（五）字形分析与文献用例相结合

研究文字，字形是重要的。对于字义，往往可以运用"因形求义"的方法来探求。然而，探求字义，却不能只限于依据字形，在分析字形的同时，还必须联系字用。因为字形与字义之间的关系不是天然形成的，而是人为约定的。一种字形可以与不同的意义相联系，至于一个字形与哪一种意义相联系则是造字时确立的，要从文献用例中考求。因为文字的运用具有社会性，这种约定如果得到社会的认可，就会保留在文字的运用中。因此，研究文字必须把字形分析与文献用例结合起来。如果脱离文字的运用，只是单纯进行文字分析，就有可能把文字研究变成猜谜语。例如，"東"从日从木，这种景象，在早晨和傍晚都可以看得到，那么，从逻辑上讲，这个形体所表示的意义就可以有这样几种：①表示早晨；②表示傍晚；③表示太阳初升；④表示太阳将落；⑤表示太阳升起的方向，即东方；⑥表示太阳落下的方向，即西方；⑦其他。然而，在现实中，这个字究竟表示什么意义，这就要联系当时的用字事实来考察它。而能够证明当时用字实际的唯一材料，就是文献用例。关于文献的使用，一个重要的方法就是二重证据法。所谓二重证据法，就是运用古代文献资料作为证据时，既要尊重传世文献，又要重视出土文献，二者相参，从而得出正确的结论。

思考与练习

1. 试述汉字学的创建过程。

2. 汉字学的发展经历了哪几个阶段？每一个阶段取得的成果有哪些？存在的问题有哪些？

3. 许慎为文字学的创建作出了哪些贡献？

4. 《说文解字·叙》中"文"、"字"、"书"的含义各是什么？

5. 为什么说汉字学已经发展成为一个学科群？

6. 为什么说汉字学是一门基础性学科？

第一章 汉字的产生与发展

> **学习提示**
>
> 1. 了解汉字的起源与汉字的形成过程。
> 2. 了解汉字的发展过程。
> 3. 了解汉字三个发展阶段的不同特点。
> 4. 了解社会发展对汉字产生与发展的作用。

第一节 汉字的产生

一、汉字的起源

汉字的起源要研究的问题主要有汉字的来源、汉字的起源与汉字的产生过程。

（一）汉字是自源文字

从来源上看，世界上的文字可以分为两种类型：一种是自源文字，即由使用这种文字的民族的祖先首创的文字，例如苏美尔文字、古埃及文字等。一种是他源文字，即借用其他民族的文字，或者在其他文字的基础上创制的文字，例如日本文字、韩国文字、越南曾经使用的喃字等。

关于汉字的来源，从古到今，主要有三种说法。

第一种说法是汉字神授说。这种说法认为，汉字是神灵创造的。《竹书纪年》卷上载："（黄帝）游于洛水之上，见大鱼，杀五牲以醮之。天乃甚雨，七日七夜，鱼流于海，得图书焉。龙图出河，龟书出洛，赤文篆字，以授轩辕。"我们知道，根本不存在什么神灵，他们也不可能授予人们文字，这种说法不过是古人文字崇拜观念的曲折反映罢了。

第二种说法是汉字西来说。有人认为，汉字来源于西方的苏美尔文字或者古埃及文字。这种说法起源于西方。早在16至18世纪，一些来华的传教士，如基尔歇神甫、利玛窦、白晋、马若瑟等人，都认为汉字是从古埃及的象形文字派生出来的。1913年，牛津大学亚述学讲师波尔（C.J.Ball）著《中文与苏美尔文》一书，认为汉族是从西方迁移到东方的民族，因而，汉字也源于西方的苏美尔文字。日本学者贝塚茂树《中国的汉字》（1981）也采用汉字西来说。[①] 中国学人也有附和此说者。1925年，曾松有在其所著《中国原始社会之探究》一书中说："吾国殷代所用的八卦符号和巴比伦、亚述所用的楔形文发生一个很密切的关系，拉恭比锡以为中国的八卦就是巴比伦的楔形文，这虽然说得过火，然而也不是完全没有根据。"[②] 近年来仍有人重弹此调，说："我认为中国汉字是'借源文字'。……我认为世界上只有一个文字发明者，或一群发明者，他们在两河附近（很可能是苏美尔人）。所有的其他文字体系都是从那里直接或间接学习借鉴而来的。汉字也一样。"[③]

汉字西来说的理由无非两点：第一，他们认为苏美尔文字产生的时间比汉字早：苏美尔文字已有7 000多年的历史，而汉字只有3 000多年历史。第二，中国的某些早期文字与西方文字有相像相同之处。其实，这两点理由都不可靠。首先，汉字的产生晚于苏美尔文字的认识并不正确。苏美尔文字产生于距今5 500—6 000年，而汉字的创制不会晚于这个时间。其次，汉字中的一些字形与苏美尔文字相似，并不能由此推导出汉字必然导源于西方文字的结论。王凤阳说："原始的象形文字都来自图画文字，都是复制客观事物的。客观事物相似，复制的字形当然有共同点。古楔形文字和汉字的个别图形相似，正如古汉字和

---

① 参见饶宗颐：《符号·初文与字母——汉字树》，131页、180页，上海，上海书店出版社，2000。

② 曾松有：《中国原始社会之探究》，98～99页，北京，商务印书馆，1925。转引自王凤阳《汉字学》，68～69页，长春，吉林文史出版社，1989。

③ 苏三：《汉字起源》，108页，北京，东方出版社，2010。

印第安人的图画文字有许多相像处一样，无足为奇，这不能说明文字上的渊源关系，更不能说明人种上的渊源关系。世界各种原始文字几乎都用横线和竖线表数字，难道可以就此证明它们起于一源吗？再比如，世界各地所用的箭头都是尖的，容器都是洼的，这是势所必然，难道可以以此为证据证明它们都出于一源吗？这是开玩笑，不是研究。反之，如果个别文字的近似就可以证明有传播关系，我们何尝不可以说楔形文字是汉字传去的呢？"①

第三种说法是汉字自源说。这种说法认为汉字是中国的先民创造的。《吕氏春秋·君守》载："奚仲作车，仓颉作书，后稷作稼，皋陶作刑，昆吾作陶，夏鲧作城。"孔安国《尚书序》载："古者伏羲氏之王天下也，始画八卦，造书契，以代结绳之政，由是文籍生焉。"唐司马贞《补史记·三皇本纪》载："太皞庖牺氏……造书契以代结绳之政。"许慎《说文解字·叙》："黄帝之史仓颉，见鸟兽蹄迒之迹，知分理之可相别异也，初造书契。"尽管这些说法对于汉字发明者的说法不同，但都肯定汉字是中国人自己创造的。

汉字神授说反映了古人的文字崇拜和迷信思想；汉字西来说是西方人类文化一源说在文字学中的反映，不符合历史的真实；汉字自源说，反映了历史的真实，是唯一正确的说法。

关于汉字创造者的问题，有人认为汉字是伏羲创造的，也有人认为汉字是仓颉创造的。仓颉造字是一种流传最广的说法，《荀子》《韩非子》《吕氏春秋》《仓颉篇》《淮南子》都持此说。古人把汉字的发明归功于某一个个人，这不符合事理，也不符合事实。在当时的历史条件下，汉字作为一种复杂的社会符号系统，根本不可能由某一个个人创造出来，而应该是不同的人在不同的时间和地方的创造。鲁迅说："在社会里，仓颉也不止一个，有的在刀柄上刻一点圈，有的在门户上画一些画，心心相印，口口相传，文字就多起来了，史官一采集，便可以敷衍记事。"②考古所发现的汉字创制材料，也证明汉字不是由哪一个个人创造的，而是源于各地，出于众人之手。当社会发展到一定阶段，需要文字来系统地记录语言的时候，就有人对这种雏形的文字进行采集、整理、改进，使之成为系统的、为社会所共用的文字。原始社会，文化活动是由巫、史一类人掌管的，文字的采集整理工作也是由他们进行的。黄帝时期，也许有一位名叫仓颉的史官整理过文字，所以后人就把汉字的发明归功于他。黄侃说："文字

---

① 王凤阳：《汉字学》，70页，长春，吉林文史出版社，1989。
② 鲁迅：《且介亭杂文》，9页，北京，人民文学出版社，1973。

之生，必以寖渐，约定俗成，众所公认，然后行之而无阂。窃意邃古之初，已有文字，时代绵邈，屡经变更；壤地佹离，复难齐一。至黄帝代炎，始一方夏，史官制定文字，亦如周之有史籀、秦之有李斯。然则仓颉之作书云者，宜同鲧作城郭之例，非必前之所无，忽然创造，乃名为作也。"① 这个推测是合乎事理的。

（二）汉字的起源

关于汉字的起源，历史上有过种种传说；现代学者也作过研究，提出了一些不同的意见，归纳起来，主要有以下四种：

1. 汉字的起源与八卦

《周易·系辞下》："古者包牺氏之王天下也，仰则观象于天，俯则观法于地，观鸟兽之文与地之宜，近取诸身，远取诸物，于是始作八卦，以通神明之德，以类万物之情。……上古结绳而治，后世圣人易之以书契，百官以治，万民以察，盖取诸'夬'。"这里说，八卦能够类比万物，也就是说，文字是根据八卦的原理创制的。而后许慎、段玉裁等学者都继承了这种说法。许慎在《说文解字·叙》中说，八卦对于文字的作用是"以垂宪象"。段玉裁在《说文解字·叙》注中说"八卦尚非文字"却是"文字之肇端"。有的学者认为，八卦就是最初的文字。孔安国《尚书序》曰："古者伏牺氏之王天下也，始画八卦，造书契，以代结绳之政，由是文籍生焉。"这就把八卦与书契看成同一事物，即都是文字。晋潘岳说："粤有生民，伏羲始君。结绳阐化，八象成文。"② 八象成文，就是八卦成为文字的意思。宋郑樵认为八卦中的"☵"（坎）就是"水"字，"☲"（离）就是"火"字③。近代学者刘师培、黄侃等人认为，八卦是文字的起源。黄侃说："八卦为有限之符号，文字则为无限之符号，以八卦为文字起源，似也。"④

把八卦看成汉字或汉字的起源，是不对的。第一，八卦（如图1）是我国古代先民创造的一种用来占卜、比类事物的符号。它是一种高度抽象的象喻性符号，没有确切的语义和读音，算不得文字。第二，八卦与文字是两种不同的符号系统。八卦是以阳爻"—"与阴爻"--"为基本符号的符号体系，它的推

---

① 黄侃：《黄侃论学杂著》，2页，上海，上海古籍出版社，1980。
② （西晋）潘岳：《为贾谧作赠陆机诗》，见（梁）萧统：《文选》（六臣注），（唐）李善等注，第24卷，457～458页，北京，中华书局，1987。
③ 参见（宋）郑樵：《六书略·论衡从》，见《通志二十略》，349页，北京，中华书局，1995。
④ 黄侃：《说文略说》，见《黄侃论学杂著》，1页，上海，上海古籍出版社，1980。

演变化只是这两种基本符号的不同叠加。而汉字是具体的物象、事象符号,从八卦中根本无法演化出文字来。然而,八卦与汉字的起源也不是绝对没有关系。首先,八卦的创制方法是"观物取象",而象形字的创制方法是"依类象形",二者的创制原则是相同的,文字的创制从八卦取象的原理中获得某些启示,也不是没有可能的。其次,八卦是一些契刻符号,而最初的某些文字也是契刻符号,二者之间难免没有互相通用假借之处。有人认为,汉字起源于八卦的说法"反映了古人记事的踪迹"[①],这种说法也不无道理。

卦象:　☰　☷　☳　☴　☵　☲　☶　☱

卦名:　乾　坤　震　巽　坎　离　艮　兑

象征:　天　地　雷　风　水　火　山　泽

图1 八卦卦象、名称及其象征的事物

2. 汉字的起源与结绳记事

结绳记事,即用绳子打结来记事的方法。我国先民曾用"结绳记事"。《周易·系辞下》曰:"上古结绳而治,后世圣人易之以书契。"《老子》第八十章曰:"小国寡民,使有什百之器而不用,使民重死而不远徙。虽有舟车,无所乘之;虽有甲兵,无所陈之;使民复结绳而用之。"《庄子》谈到古代洪荒时代的社会状况时说:"当是时也,民结绳而用之。"许慎在讲到文字的发明过程时也说:"及神农氏,结绳为治而统其事。"李鼎祚《周易集解》引《九家易》说:"古者无文字,其有约誓之事,事大,大其绳;事小,小其绳。结之多少,随物众寡。各执以相考,亦足以相治也。"从这些典籍记述来看,我国在文字产生之前有过结绳记事的历史。

结绳记事是文字产生之前人类普遍采用的一种方法。据考证,古埃及、古波斯、古代日本等都有过结绳记事的历史;近代美洲、非洲、澳洲的土著居民,还有我国的藏族、高山族、独龙族、哈尼族等少数民族中,也都流行过结绳记事的做法。[②]关于结绳的具体情况,林惠祥在《文化人类学》一书中介绍道:"在欧人初到美洲时,秘鲁土人使用的一种打结的绳名为'魁普'(quipus),意即为'结'。其物系由一条具一种颜色的主要的绳,以及多数次要的及又次要的各种颜色的绳而结成。各种颜色代表各种意思或事物,打成各式各样的结或环,便

---

① 陈炜湛、唐钰明:《古文字学纲要》,19页,广州,中山大学出版社,1988。

② 参见王凤阳:《汉字学》,长春,吉林文史出版社,1989。

能表示各种复杂的意见。"①（如图2）美国的社会学家摩尔根 (Morgen) 在其所著的《古代社会》一书中介绍过印第安人的"贝珠带"。他说："他们把紫贝珠串和白贝珠串合股编成一条绳，或者用各种颜色不同的贝珠织成有图案的带子，其运用原则就是把某一特殊的图案联系起来，这样，就能对事物作出系统的排列，也能记得准确了。这种贝珠带是易洛魁人唯一可以目睹的史册，但是，它们需要一些训练有素的讲解人；那些讲解人能够根据各串或各种图案将其所隐含的记录表白出。"②前苏联文字学家伊斯特林称之为"结绳文字"，在其《文字的发生和发展》一书中曾有过详细的介绍。③

"结绳而治"，所结之绳即成为一种符号。作为符号，如同文字一样，它也有帮助记忆的功能，然而，结绳未能同语言结合起来，不能确切地记录语言，因此，它仍然不是文字。不过，有的学者认为，甲骨文、金文中的某些字，如"十"（十）、"凵"（廿）、"凹"（卅）等，就是取象于结绳的。另外，结绳记事也不失为在文字产生之前人们对于用符号帮助记忆的方法的一种有益探索。由此看来，结绳记事虽然算不得文字，但仍然可以看做文字的先导。

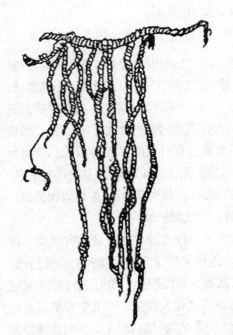

图2　古代秘鲁人用来记事的绳结"魁普"

3. 汉字的起源与刻划记号

刻划记号，指古代刻划在某些实物上用来记事的符号。从古籍记载及考古学、人类学等学科的研究成果来看，刻划记号是汉字的直接来源之一。刻划记号有多种，书契即是其中之一。书契，指刻划在某些实物上的符号。《周易·系辞下》曰："上古结绳而治，后世圣人易之以书契。"郑玄注："书之于木，刻其侧为契，各持其一，后

① 林惠祥：《文化人类学》，364页，北京，商务印书馆，1991。
② [美] 路易斯·亨利·摩尔根：《古代社会》，杨东莼、马雍、马巨译，138页，北京，商务印书馆，1977。
③ 参见[苏] 伊斯特林：《文字的产生和发展》，左少兴译，89页，北京，北京大学出版社，1987。

以相考合。"① 可见书契是先写后刻的符号。因此，刻有这种符号的实物亦称为书契。《周礼·质人》曰："质人……掌稽市之书契，同其度量，壹其淳制，巡而考之，犯禁者举而罚之。"郑玄注："书契，取予市物之券也。其券之象，书两札，刻其侧也。"书契即刻有符号的实物凭证。这种凭证亦可称为"契"，还有称做"符"、"券"的。《老子》第七十九章载："是以圣人执左契而不责于人。有德司契，无德司彻。"《战国策·齐策》载："约车治装，载券契而行。""使吏召诸民当偿者悉来合券。"《易林》载："符左契右，相与合齿。"这些书中所说的契、券、符等，异名而同物，指的都是刻有记号的实物账务凭证。书契的使用在先秦比较普遍。《管子·轻重甲》："子大夫有五谷菽粟者，勿敢左右，请以平贾取之子，与之定契券之齿、釜瓯之数。"《列子·说符》："宋人有游于道、得人遗契者，归而藏之，密数其齿。告邻人曰：'吾富可待矣。'"这些记载便是明证。书契虽然在周秦之际仍在使用，但它的产生要早于文字，这一点，《周易》中已说得十分清楚。书契符号最初用来计数或表达某种意义，后来与一定的言辞结合起来，有了固定的读音和写法，就演变成了文字。

刻划符号还包括陶器符号。我国远古时代的先民在烧制陶器时，往往在上面刻划或绘制一些具有某种意义的符号，当今的学术界称之为"陶器刻划符号"。这种符号也是汉字的源头之一。

4. 汉字的起源与原始绘画

汉字起于多源，原始绘画是汉字的主要来源，这已经成为学术界的共识。许慎说过，象形字的造字方法是"画成其物，随体诘诎"，即是说象形字是画出来的。他在解释文字被称为"书"的原因时还说："书者，如也。"段玉裁注："谓其如事物之状也。"其中就蕴涵着汉字起源于图画的思想。郑樵《通志·六书略》明确指出："书与画同源。"当代学者也多认为，汉字起源于绘画。唐兰说："文字本于图画，最初的文字是可以读出来的图画，但图画却不一定能读。后来，文字跟图画渐渐分歧，差别逐渐显著，文字不再是图画的，而是书写的。"② 王凤阳说："将图画用于传递信息是文字的源头。""复制客观事物的文字只能来自复制客观事物的图画，书写的文字只能来自于描绘。"③ 就一般文化演进的历程来看，文字产生于原始绘画，这是十分自然的。在未有文字之前，绘画是人们用来记录事物、帮助记忆、进行表达和交流的重要手段。当社会发展到一定阶段，

---

① 转引自唐兰《中国文字学》，57页，上海，上海古籍出版社，1979。
② 唐兰：《中国文字学》，62页，上海，上海古籍出版社，1979。
③ 王凤阳：《汉字学》，56页、61页，长春，吉林文史出版社，1989。

一定的图形与语言的一定单位例如词结合在一起，成为记录语言的符号，这时候图画就变成了文字。唐兰曾经生动地描述这种变化的过程，他说："旧石器时代的人类，已经有很好的绘画，这些画大抵是动物跟人像，这是文字的前驱。但是绘画只能描写印象，表现自然，不能完全表现作者的思想和感情，所以不是文字。经过很长的时间，人类由渔猎社会，进入了农业社会，有了相当安定的居处，由小的部落积累成国家，有了剧烈的战争，交通一天一天繁复起来，人与人之间的关系也密切起来，许多歧异的语言混合起来，有了较普通较广泛的语言。在这个时候，有人画出一只老虎，任何人见了都会叫'虎'，画出一只象，任何人见了都会说'象'，有了图画，加上统一的语言，如其那时的文化已经发展到那种需要，就立刻有了文字。"① 在现存的甲骨文、金文中，有许多字仍然保留着浓厚的图画色彩。这些字虽然已经用来记录一定的词语，但是，对于不认识古汉字的人来说，仍然会把它们认作图画，这也足以证明汉字来源于原始绘画。

有的学者认为，在图画与象形文字之间，存在一种过渡性的文字，叫做"图画文字"。所谓图画文字，就是用简略的图画来传达信息所用的图像。图画文字与图画不同，图画的目的在于描摹事物，它要求与所描绘的事物相像；图画文字的目的在于记载、传达信息，帮助记忆，它只要求能够表示一定的意义，因而图画文字只是勾勒出对象的轮廓、特征，以便辨认区分。这一点，在我国东巴文、水书以及美洲的印第安人的文字中已经得到印证，在我国史前图画与早期文字中也有表现（如图3）。

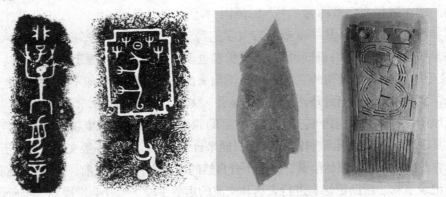

图3　左一图与左二图是金文，左三图甲骨上有一只鸟，
左四图是出土的刻有图形的新石器时代的象牙梳

---

① 唐兰：《中国文字学》，62页，上海，上海古籍出版社，1979。

二、汉字的产生与形成

讨论汉字的起源，一个主要任务就是要判断已知的史前图画、符号是不是文字。一些学者在讨论这个问题时，通常把问题局限在文字与语言的范围内。他们坚持两个标准，一个是字形本体的标准：与商代的象形文字如甲骨文、金文等形体相似者，就认为是文字，否则就不是；一个是功能标准：如果这些图形、符号具有记录语言的功能，就是文字，否则就不是。这些标准当然很重要，但这两个标准都值得商榷。第一，字形标准不够全面，因为人们无法证明商代文字的字形就是最早的汉字的唯一形式。第二，根据现有的资料，无从直接证明史前图符是否具有记录语言的功能。因而，探讨汉字的起源，应该有更广阔的视野，除了要注意文字本体的标准外，还要考虑文字产生的环境与过程等因素。首先，文字是一种社会现象，它的产生发展始终受到社会的制约。其次，文字是一种不断发展着的事物，创制过程中的文字与创制成功后的文字有着诸多不同。

（一）汉字的创制

汉字是华夏民族发明的信息符号系统，它的创制与华夏民族的形成联系在一起。文字产生于农业经济确立、氏族公社出现之后。[①] 到了传说中的三皇时代，即考古学中的新石器早期和中期，华夏大地已经确立了农业和饲养业经济。与这种经济方式相适应，当时的社会形态处于母系氏族时代，甚至出现了部落。这一时期的雕绘艺术也发展到了相当的高度。这一切都为文字的产生提出了要求，也为文字的产生准备好了条件。在这个时代，各种"文字的前驱"也出现了。考古发现属于母系氏族时期且与文字起源有关的图符主要有：

1. 陶符

陶符即刻绘在陶器上的符号。我国出土的距今 8 000 多年至 5 500 年期间的陶符很多。目前发现的最早的陶符是河南省舞阳县贾湖的陶符，距今已有 8 000 多年历史。处于同一时期的还有甘肃秦安大地湾新石器遗址一期陶文（如图 4），距今 7 800 年至 7 350 余年。考古发现的时间较晚的陶符还有许多，其中最著名

---

① 参见连登岗：《华夏文字与汉字的起源》，载《青海师专学报》，2009（6），36～44页。

的是西安半坡仰韶文化陶文，距今 7 000 年至 6 000 年前后，发现于 20 世纪 60 年代，曾引起学术界的极大关注，引起过广泛的讨论。郭沫若说："刻划（指半坡出土的陶符——引注）的意义至今虽尚未阐明，但无疑是具有文字性质的符号，如花押或者族徽之类。我国后来的器物上，无论是陶器、铜器或者其他成品，有'物勒工名'的传统。……由后以例前，也就如黄河下游以溯源于星宿海，彩陶上的那些刻划记号，可以肯定地说就是中国文字的起源，或者中国原始文字的孑遗。"①

图4 左上图为甘肃秦安大地湾新石器遗址一期陶符，右上图为马厂陶符，
左下图为半坡出土陶符，右下图为姜寨出土陶符

① 郭沫若：《古代文字之辩证的发展》，载《考古》，1972（3），2～13页。

　　近年来，在安徽蚌埠双墩新石器文化遗址中发现的陶符（如图5），则被国内外一些专家看做一种地域性的处于前文字阶段的符号体系。① 这批陶符距今7 300多年，有630多个。据称，这些图符"内容相当广泛。除了日月、山川、动植物、房屋等写实类，也有狩猎、捕鱼、网鸟、种植、养蚕、编织、饲养家畜等生产与生活类，反映内容涉及生产、生活、宗教、艺术等广泛的内涵。这些符号结构上可分为单体、复体和组合体，特别是不少符号反复出现，使用频率较高，具有明显的记事性质和一定的表意功能及可解释性"②。

图5　蚌埠双墩陶器符号

2. 甲骨石器刻划符号

　　甲骨石器刻划符号即刻划在龟甲、兽骨和石器上的符号。这类符号在河南、陕西、山东和湖南一些地方都有发现，时间在距今9 000年至6 000年期间，其中最著名的是发现于河南舞阳贾湖的龟甲刻符，距今9 000年至7 800年间，共七例，有的像横"目"字形（如图6），有的像"曰"字形，还有的像"二"字形、"八"字形。

3. 岩画

　　岩画是指古代先民们绘刻或镌刻在岩石上的图画符号。我国岩画丰富，在宁夏、内蒙古、山东、新疆、贵州、云南等地均有所

图6　贾湖龟甲，上有"目"字形刻符

①　参见李陈续：《刻划符号对汉字溯源意义重大》，载《光明日报》，2009-10-26，第2版。
②　钱颖、王素英：《专家认为：双墩刻符或是汉字源头之一》，载《安徽商报》，2008-04-16。

发现，其中具有重要文字起源价值的是宁夏中卫大麦地的岩画（如图7）。共有3 172组，8 453个岩画图形，内容包括日月星辰、天地神灵、狩猎放牧和舞蹈祭祀等。其中1 500多个图形被认为是图画文字。研究者称："用丽石黄衣计算，大麦地岩画早期文字符号至少在公元前11 240年至公元前8 864年，因此，大麦地岩画的图画符号同陶文符号一样可能是汉字源头的活水。大麦地岩画区内图画符号可以归于原始文字……大麦地岩画中，有许多象形与抽象符号已经具备了古老文字的要素。"①

图7　宁夏卫宁北山地区大麦地岩画带遗存的史前岩画

对于上述史前图符的性质，专家们各持己见，见仁见智，理由各异。我们认为，根据它们的形制及所处的时代、地域，应该把它们视为创制期文字。首先，这些图符，已经不是单纯的图画，而是被作为表意符号使用的。至于它们是否已与语言结合，结合到什么程度，目前还不得而知，但作为表意符号这一点还是可以肯定的。其次，它们处于农业经济已经确立、社会已经有了一定规模的组织和管理机构的时期，此时已有了使用图符记事的需求。所以，把它们看做创制过程中的文字，应该是比较合适的。

（二）汉字的形成

汉字形成于父系氏族时期。我国的父系氏族时期在距今5 500年至4 000年前后，史书上称为"五帝时代"，从考古学的角度来看，包括仰韶时代后期和龙山文化时期。这是新石器文化发展的鼎盛阶段，也是华夏各地文化逐渐融合，形成统一的中华文化的时期。当时，氏族公社发展到了顶峰，"各地先后诞生了以血缘关系为纽带、以氏族公社为基础的早期'国家'，中华大地出

---

① 束析红、李祥石：《岩画与游牧文化》，56页，上海，上海古籍出版社，2007。

现了'万国林立'的局面,至此,人类社会上的'野蛮时代'达到了顶峰"①。"早期国家"的出现,需要文字提供有效的管理手段。就在这个时期,"文字的前驱"就演变成了真正的文字。所谓真正的文字,具有两条标准,一是一定单位的图符与一定的语言单位有了固定的结合,形成了"一个形体一个概念一个音节"这样的文字体制;二是具有一定的数量,形成能够记录完整的语句的文字符号体系。当然,这个时期的文字还很幼稚,我们称之为"早期汉字"。

迄今发现的早期汉字,首推陶文。距今 5 500 年至 4 000 年的陶文在甘肃、陕西、内蒙古、河南、山西、山东、河北、安徽、江苏、上海、浙江、广东的一些考古遗址中都有所发现,其中影响较大的有:大汶口文化遗址出土的陶文(距今 5 450 年至 4 450 年),被学术界认为已经是用来记录词的汉字了;山东邹平丁公城遗址出土的陶文(距今 4 200 年),有 11 个文字,有人认为它属于早期东夷文字系统的文字;江苏高邮龙虬庄陶文(距今 4 000 多年),在一件黑陶盆的残片上有 8 个刻划符号,分作纵向两行,左行 4 个类似甲骨文,右行 4 个类似动物图形(如图 8)。这种情况说明,陶符作为一种创制中的文字,

图8　左图是大汶口陶尊上的符号,图为一个合体图画会意字,太阳在云气之上,云气之下有五峰耸立(一说海水),或释为"炅"(热);右上图是丁公遗址出土的灰陶盆底部残片上的文字形刻划图案;右下图是高邮龙虬庄南荡遗存发现的黑陶盆残片

---

① 白云翔:《20世纪中国考古发现述评》,见考古杂志社:《二十世纪中国百项考古大发现》,1~76页,北京,中国社会科学出版社,2002。

至此已实现了从记事符号到文字的转变。李学勤先生说："大汶口文化晚期和良渚文化的材料说明，在公元前二千五百至二千年，已经存在形体比较固定的文字。同样的文字出现于分布地区不同的两种文化，又说明当时文字传播范围的广阔。"[①] 而文字形体相对固定、传播范围广阔，则是文字形成体系的重要标志。张岂之主编的《中国历史》说："文字在父系氏族社会晚期已经形成了。"[②]

近年来，又发现了夏代的陶文。出土于山西省襄汾县陶寺村的一件陶器上的"文"字形符号，被释为"文"字。还有河南二里头的陶符（公元前 1900—1500 年）（如图 9），从 1959 年起陆续有所发现。起初，有人认为它们属于商代文化，后来，经进一步研究，确认"二里头文化就其整体而言，应属于夏文化。其中二里头遗址四期已进入商代，是商灭夏后保留下来的夏人文化"[③]。这样，二里头的陶符就应是夏人的文字了。有学者对它们进行了解读，对一部分字的隶释如下[④]：

陶文	↗	↑	口	⬚	⊞	⊔	⊔	丰	△	州	)(	亅	秂
相对甲金文			井	井	/			丰	/	汫	汴	亅	朿
隶释	矢	矢	井	井	丼	皿	盈	丰	屍	衍	行	夔	來

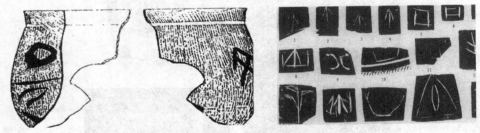

图9　左图为陶寺陶文，右图为二里头陶文

①　李学勤：《考古发现与中国文字起源》，转引自连登岗：《汉字理论与实践》，51页，兰州，甘肃教育出版社，2000。

②　张岂之：《中国历史》（先秦卷），22页，北京，高等教育出版社，2007。

③　中国社会科学院考古研究所：《偃师二里头1959年～1978年考古发掘报告》，393页，北京，中国大百科全书出版社，1999。

④　曹定云：《夏代文字求证——二里头文化陶文考》，载《考古》，2004（12），76～83页。

　　早期文字还有"昌乐骨刻文"（如图10）。2004年前后，在山东省昌乐县出土了100多块兽骨，上刻600多个符号，经中国社科院王宇信教授等5位专家鉴定，确认为距今约4 500年至4 000年期间的中国早期文字。据介绍，这批文字属东夷文字，是中国早期的图画象形文字。文字的构造具有指事和象形两个系统。与安阳殷墟占卜甲骨文不同，它不是用于占卜的，而是记事文字。昌乐骨刻文，多数在一块骨头上仅刻或残存1～5个字,有些骨头上刻6～10个字，还有的骨头上刻有10个字以上至20多个字。这说明它已经在记录语句了，同时意味着当时的文字已经初步形成系统。

图10　昌乐骨刻文

　　此外还发现了比殷墟甲骨文要早1 200年的甲骨文。1986年5月1日《光明日报》的报道《西安市郊出土一批原始时期甲骨文》称，在陕西省西安西郊出土了一批甲骨文："它的笔划细若蚊足，刚劲有力，字形清晰，字体结构布局严谨，与殷代甲骨文字体接近。……有关专家分析认为这里出土的甲骨文比过去发现的认为最早的甲骨文——河南安阳殷墟出土的甲骨文，时代要早1 200年以上。"[1] 这样，甲骨文的历史就可以追溯到距今4 500年左右，当然，那时的甲骨文是否形成体系，还不好断言。

　　综合以上情况来看，我们有理由认为，距今5 500年至4 000年的父系氏族时代，是汉字体系形成的时代。

　　通过前面的介绍，我们可以得出这样几点结论：第一，汉字是自源文字。

---

　　① 转引自连登岗：《汉字理论与实践》，50页，兰州，甘肃教育出版社，2000。

汉字由众多的先民创造，然后经过史官的收集、整理、改进，从而成为系统的符号体系，成为能够记录完整的语句的文字。第二，汉字不仅仅是从原始图画演变而来的。汉字的前身，除了原始绘画，还有原始刻划符号。第三，汉字产生于距今 10 000 年至 4 000 年之间。它的产生分为两个阶段，一是创制期，约在距今 10 000 年至 5 500 年，这个时期的汉字属于当时华夏文字的一种。一是汉字体系形成阶段，约在距今 5 500 年至 4 000 年，商代文字的直接源头就存在于这一时期的文字之中。

第二节　汉字的发展

汉字是社会交际符号，它在社会中产生，也在社会中发展。夏代（公元前 2070—前 1600 年）就使用着已经形成体系的文字，但是迄今发现的资料不足，还无法对之作出系统的描述。现在所能看到成熟的表意文字系统是殷商文字，在随后的 3 000 年的历史长河中，汉字与时俱进，不断发展，不断调整，先后经历了古文字阶段、今文字阶段，现在已经进入现代汉字阶段，仍旧在为汉语、汉文化服务。

一、古文字阶段

所谓古文字，是指从商代文字到秦小篆阶段的汉字。历时 1 400 余年。

（一）商代文字

商代（公元前 1600—前 1046 年）是我国第二个奴隶制王朝，农业经济比较发达，手工业也有了很大的进步，有着系统的国家机器。商朝的中心地区是今河南东北部、河北南部与山西西南部，四境则东到海滨，西达今陕西，南至今湖北，北到今河北。管理这样一个国家，自然少不了文字。商代使用的文字按其载体分，有甲骨文、金文、陶文等，迄今发现的商代代表性文字是甲骨文。

1. 殷商甲骨文

甲骨文是刻在龟甲、兽骨上的文字（如图 11）。"殷人尚鬼"，凡祭祀、征伐、田猎、出行、农事、婚丧嫁娶、天气变化等，常用龟甲兽骨占卜，来预测吉凶。占卜之后，就将有关占卜的事刻在龟甲或兽骨上，谓之卜辞。因这种文字刻写在龟甲或兽骨上，所以称做"甲骨文"，也叫"龟版文"、"龟甲文"。因这种文字是刻上去的，所以又叫"契文"、"甲骨刻辞"。也有根据用途，叫它"贞卜文字"的。还有人根据出土地点，称其为"殷墟书契"。

图11 殷墟甲骨文

甲骨文最早出土于河南省安阳县西北五里的小屯村，这里是商王盘庚的国都遗址，史书称为"殷墟"。甲骨文是金石学家王懿荣[①]于1899年发现的。从此之后，陆续对殷墟发掘，迄今共得到甲骨约16万片。甲骨文的单字有4 000多个，现在能够认识的约为1/3。殷墟是最早发现甲骨文的地方，迄今所知的甲骨文绝大多数都出土于此。另外在山东济南大辛庄遗址发现殷商甲骨4片，25字；河南洛阳、郑州也有零星出土。

2. 商代金文

金文指汉代以前铸刻在青铜器上的文字，也称"铜器铭文"。古代以祭祀为吉礼，铜器中的鼎、彝等器皿多用于祭祀，故称之为"吉金"，其上的文字也就称为"吉金文字"。由于钟、鼎在青铜器中具有代表性，所以金文又称"钟鼎文"。

---

① 王懿荣，山东福山人，曾任国子监祭酒，1900年八国联军攻入京城时殉难。

商代有少量的青铜器上铸有文字。商代金文的特点与甲骨文相同，只是这种文字是模铸成的，所以一些笔画呈板块状，更具图画性和原始性（如图12）。

图12　左图为司母戊鼎的铭文，中图为妇好鼎的铭文，右图为戍嗣鼎铭文

3. 商代陶文

商代陶文是商代陶器上的一些文字，时代要早于殷墟甲骨文。如江西清江吴城商代遗址出土陶文128个，形体与殷墟甲骨文相似。这批陶文有组合成句的，有5字一句，有7字一句，也有12字一句的。时间约为公元前1805—1639年。河北藁城县台西村、河南安阳殷墟都出土过商代陶文。

4. 商代文字的特征

殷商文字的形体保留着明显的图画特征，如：

⋀⋀⋀（山）　🐉（龙）　（马）　（象）　（车）　（矢）

（网）　（龟）　（尊）　（戊）　（辇）　（戈）

这些文字的表意方式属于象形表意，都是通过其形象直接显示意义的，不管是使用哪一种文字的人，只要一看到它们的形象，大体上就能懂得它们的意思。

商代文字内部，字形与其所代表的意义与读音的匹配关系大多数是一个形体一个意义一个音节，已经认识的甲骨文大多数都是如此。也有一定数量的文字是一个形体代表两个意义并有两个读音，被称为"合体字"。例如：

𡘲（五十）　𠦜（六十）　𠂇（七十）　𠦜（八十）　𠂤（九十）

𠤹（多母）　𠂤（报乙）　𠚍（报丁）　𠃓（报丙）　𠀔（上甲）

在高明编的《古文字汇编》中，收有这样的甲骨文合体字 168 个。

迄今发现的商代甲骨文字绝大多数是商朝后半期殷王、王室贵族或其他贵族占卜的记录，这些文字不是殷商文字的全部，因为占卜这种特殊的用途所涉及的文字不可能是当时文字的全部，而那些占卜未用的文字就不可能出现在甲骨文中。仅据卜辞来看，殷商文字基本上能够适应当时记录语言的需要，而且已经具备后来所说的"六书"的全部类型，已经是一种相当发达的文字了。商代甲骨文虽属表意文字，但其用字也有表音化倾向。据有的学者统计，甲骨文中假借字的比例达到 70%，这表明当时的文字在向表音文字发展。商代文字字形还没有固定下来，许多字都存在着多种写法。例如：

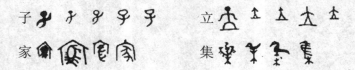

（二）西周文字

西周(公元前 1046—前 771 年)取代殷商，不断强大，控制区域西起今甘肃，东达海滨，南到长江，北至今辽宁。随着经济、政治、文化等各方面的发展，文字也有了新的发展。西周文字有金文、甲骨文、陶文等，而代表性的文字是金文。

1.　西周金文

西周是金文的鼎盛时期，这有其历史原因。一方面，当时中国处于青铜时代的中期，青铜冶铸业作为生产力发展的标志达到高峰，为金文的大量产生奠定了雄厚的物质基础。另一方面，"周人尚文"，制礼作乐，在进行祭祀、宴飨、分封、赏赐等各种活动时，往往要铸造青铜器，并在上面铸刻铭文以作纪念。另外，在兵器与其他生活用的青铜器上也铸刻铭文，以标识器名、物主名及工匠名。这样，就生产出了大量的金文字。迄今出土的青铜器在 10 000 件以上，其中属于周代的有 5 000 件以上。与甲骨不同，青铜器不容易损坏，可以传世，历代的人都能看到它。青铜器系金属所铸，熔炼后可以另铸他器，以致许多青铜器后来都遭到破坏，不过，青铜器中的礼器、乐器等属于贵重器物，贵族往往把它们用做殉葬品,埋在地下;而且,历史上战乱频仍,为了保护这些"重器",人们也常常把它们埋藏起来,所以能够传世的青铜器并不多。青铜器埋在地下,难免被人挖出,从汉代开始历代都曾出土上古青铜器,有计划的挖掘则始于近代。从最初出土青铜器时起,就不断有人收集并研究它们上面的文字。不过,在古代,金文研究还没有成为一门独立的学问,而是与石刻文字研究合在一起,被称为"金石学"。到了近代,随着青铜器的大量出土和清代汉学的兴起与考古学的出现,金文学才独立出来。目前发现的金文有 4 000 多个,能够释读的约占 1/2。

周代金文在商代金文的基础上有所发展,不断减少图画性与随意性,逐渐向符号性演变,其书写也逐渐走向规整(如图 13)。

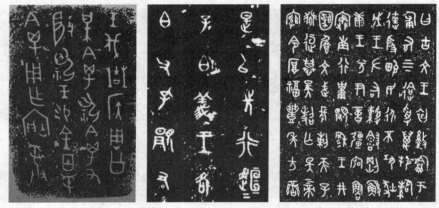

图13 周代金文。左图为禽簋铭文,中图为虢季子白盘铭文,右图为墙盘铭文

2. 西周甲骨文

西周甲骨文的发现要比商代甲骨文晚几十年。迄今主要有两次发现,第一次是 20 世纪 70 年代在陕西省岐山县发现的周原甲骨文,有单字 600 多个;第二次是 2008—2009 年,在陕西省岐山县的周公庙遗址部分区域出土的甲骨文,有甲骨文 1 600 余字。这两次发现的甲骨文总数达到 2 200 余字。西周甲骨文在其他地方也有发现,只是数量极少。西周甲骨文在字形上接近殷代末期文字,与西周初期金文相类。

(三)春秋战国文字

春秋战国时期(公元前 770—公元前 221 年)是中国社会发生剧烈变革的

时期，文字也随之发生了变化。

1. 书写载体的变化

春秋战国时期，农业生产进入铁器牛耕时期，社会制度从奴隶制转变为封建制。社会的急剧发展需要大量的文化知识，同时，社会的发展也打破了旧的制度，学府下移，以文字为载体的文化知识从贵族垄断走向民间。青铜器这种文字载体不易制造，无法满足社会对大量文字的需求，而且，一般民众也缺乏财力，不能使用这种昂贵的载体。于是，书写文字只好寻求价廉易用的材料。这样，一些以别的材料为载体的文字就流行起来了，主要有以下几种：

其一，简帛文字。简帛文字指书写在简牍或缣帛上的文字。简牍是竹简和木牍的省称。竹简是经过加工用以书写文字的竹片，木牍是经过加工用以书写文字的木板，二者合称"简牍"。缣帛是丝织品，古人也用它来书写文字。这种书写在竹简、木牍或缣帛上的文字，被统称为"简帛文字"。

简牍文字的产生，不会晚于商代，但是，简牍容易损坏，不易保存，不可能历世很久。现在能看到的先秦简牍（如图14）都是近几十年出土的。自

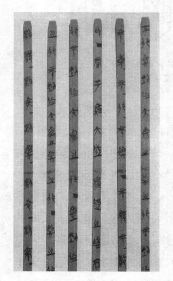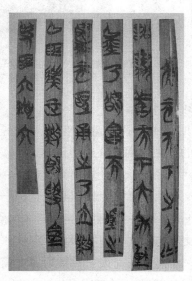

图14　左图为郭店楚简，中图为上博简，右图为信阳楚简

1949 年以来，湖南长沙五里牌、仰天湖、杨家湾，龙山里耶古城址，河南信阳长台关，湖北江陵望山、云梦睡虎地、荆门郭店等地先后出土战国竹简约40 000 枚。另外，上海博物馆于 1994 年从香港购回战国竹简 1 200 余枚。2008

图15 楚帛书

年，清华大学受赠战国楚简 2 000 余枚。

缣帛用于书写文字，大约是从公元前 6 世纪开始的，直到公元 6 世纪前后。但缣帛不易保存，目前发现的只有 1942 年在湖南长沙子弹库战国楚墓出土的楚帛书（如图 15），亦称楚缯书或楚绢书，上面写有 900 余字，年代约在战国中晚期。

其二，玉石文字。玉石文字指书写或刻写在玉器或石器上的文字（如图 16）。现存重要的玉石文字有《侯马盟书》、《温县盟书》、《行气铭》（战国）、《诅楚文》等。

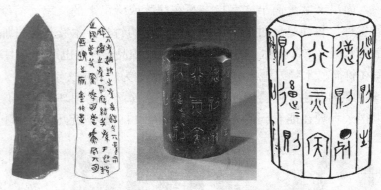

**图16 依次为《侯马盟书》原件、《侯马盟书》摹写文字、
《行气铭》原件、《行气铭》摹写文字**

2. 汉字字形的分化

春秋战国时期，中国社会急遽变革，周室衰微，五霸兴起，七雄争胜，出现了诸侯割据的分裂局面，文字也随之发生变化，带上了明显的地域色彩。当时文字分化为两个系统，一个是秦系文字，一个是秦国以外的六国文字。

秦系文字，又称西土文字。秦国原来建都于秦，即今之甘肃天水。周室东迁后，秦即迁都于雍（地在今陕西凤翔附近），承袭了周的故地，也承袭了周的文化。因此，秦文字与周文字一脉相承。春秋战国时期，秦国通行大篆。大篆即籀文，是西周末年周宣王时太史籀撰写《史籀篇》所用的文字。大篆是周王朝在金文充分发展的基础上制定的规范性文字，其主要特点是：第一，笔画工整匀称，更趋线条化，且线条绵长圆转，故称篆书。《说文解字》曰："篆，引书也。""引书"即线条延长的字。第二，字形结构比西周金文合理，但字的笔画有增繁趋势。《史籀篇》早已失传，现在能看到的籀文有这一时期秦国的金文,还有石鼓文(如图 17)。石鼓文指春秋时秦地刻在"石鼓"(因其石形如鼓状,故名)上的文字,石鼓文的内容是记秦国国君游猎的诗,所以又称"猎碣"。石鼓共有十个,唐初在天兴三畤原出土,系春秋战国之际秦国的遗物,现存北京故宫博物院。石鼓原刻 465 字,现在,其一石字已漫灭,其余九石字多残缺,存 300 余字。

图17　石鼓文

六国文字,也称东土文字,与秦文字有很大的不同。春秋时期,六国文字出现了地方化的趋势,到了战国时期,地方化的趋势更加突出。主要表现在:第一,文字异形,即同一个字,各国的写法各不相同(如图 18);第二,文字

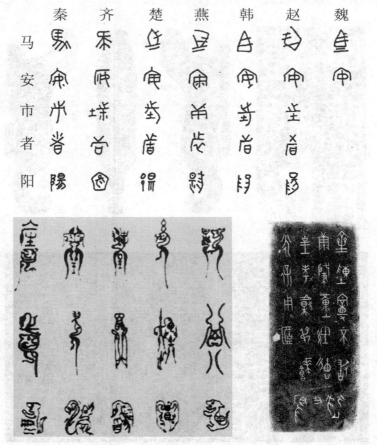

图18　上图为六国文字异形比较图,左下图为鸟虫书集字,右下图为晋国金文

的书写风格由西周时的浑厚凝重趋向华丽纤巧，有的变为美术性的文字。六国文字的出现，虽然并未脱离汉字体系，但也在一定程度上破坏了汉字字形的统一性和规范性，给各地的交流造成了困难。

秦文字，指秦统一后的文字。战国时期"文字异形"，影响交际，不利于社会使用。公元前221年，秦灭六国，一统天下。出于统一的需要，实行了统一文字的措施。许慎《说文解字·叙》曰："秦始皇帝初兼天下，丞相李斯乃奏同之，罢其不与秦文合者。李斯作《仓颉篇》，中车府令赵高作《爰历篇》，太史令胡毋敬作《博学篇》，皆取《史籀》大篆，或颇省改，所谓小篆者也。"小篆是秦朝制定的标准文字。它是在大篆的基础上改进的文字，与大篆相对，故称小篆。现在能看到的秦时小篆主要有秦代石刻文字拓本，如泰山刻石、峄山碑等，还有出土的秦代器物上的铭文（如图19）。

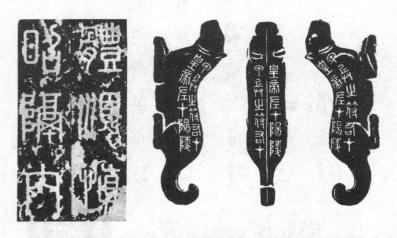

图19　左上图为泰山刻石，右上图为阳陵虎符，下图为峄山碑文

小篆保留了大篆"引书"的基本特点，安排疏密均匀，但单字所用的笔画要比大篆省简得多。小篆的象形程度进一步降低，符号性进一步增强。字形结构开始统一化、定型化、规整化。在同一处写的文字，大小完全一致。字的外形呈长方形，汉字的方块型特征基本形成。秦代"书同文字"的措施是汉字史上的一次重要改革，它使汉字体系的分裂复趋统一，使汉字的标准化程度空前提高，为汉字体系向今文字阶段发展奠定了坚实的基础。

（四）古文字的发展趋势

古文字从商到秦，历经 1 400 余年，处于不断的发展变化之中。纵观这一阶段的变化，呈现出这样几种趋势：

第一，逐渐向意音文字发展。具体表现为表音字（即假借字）逐渐减少，纯表意字逐渐减少，而形声字逐渐增多。

用字中的表音字逐渐减少。据统计："表音字（假借字），这类字在商周文字中使用率很高，殷代和西周约占 70% 以上；春秋战国时期，下降为 40% 左右；在近代汉字中，只剩下几百个。"[1]

纯表意字不断减少，形声字逐渐增加，其变化情况如下表：

古文字形声字与纯表意字比例变化表[2]

时 代	形声字所占比例	纯表意字所占比例
甲骨文	17.31%	82.69%
春秋金文	50.9%	49.1%
战国东方五国文字	73.13%	26.87%
小 篆	85.69%	14.31%

这种情况表明，古文字起初是以纯表意字为主体的文字体系，后来向表音文字发展，最终定型为以既表意又表音的意声文字（一般叫做形声字）为主体的文字体系。

---

① 刘又辛：《汉字发展史纲要》，232页，北京，中国大百科全书出版社，2000。
② 此表系笔者据赵学清《战国东方五国文字构形系统研究》（上海，上海教育出版社，2005）第80页的有关数据整理而成。

第二，古文字个体字的内部构造，在不断地向一个形体一个意义一个音节的结构类型发展。在高明所编的《古文字类编》中，合体字在甲骨文中有 168 个，在金文中有 49 个，而在春秋战国时期的其他文字中仅存 13 个，在小篆中基本消失。

第三，古文字构形系统的有序性不断增强。这主要表现在基础构件的构字率在不断上升。具体情况见下表：

古文字基本构形部件及其构字率变化表[①]

时　代	基础部件	构字量	构字比例
甲骨文	412	1 380	1:3.35
春秋金文	324	1 158	1:3.6
五国文字	379	2 538	1:6.7
楚文字	370	1 887	1:5.1
秦　简	279	1 778	1:6.4
小　篆	367	9 335	1:25.5

基础构字部件构字率的上升，表明汉字的结构体系向着有序化方向发展。构字率的上升，是基础构件减少、所构字增多的结果。这样便于人们学习和使用，因为只要掌握这些为数不多的构字部件与构字方法，就可比较容易地掌握众多的整字。

第四，汉字的形体逐渐固定。在甲骨文中，一个字有多种不同的写法；到小篆时代，大多数字基本上就只有一种固定的写法了。

以上情况说明，古文字阶段，象形文字发生着从古文字向今文字的转变；到了小篆阶段，今文字所具有的类型特征已经基本成熟，所差的只是书写形式上的最后变化。当社会发生剧烈变革的时候，今文字终于化蛹成蝶，破茧而出了。

---

① 赵学清：《战国东方五国文字构形系统研究》，78页，上海，上海教育出版社，2005。

二、今文字阶段

今文字阶段，从汉代至民国初年，历时 2 100 多年。这一阶段，中国处于封建社会从不断发展到最后走向衰落的历史时期，在中华大地上经历了数次民族大融合的高潮，国家政局随之出现了统一与分裂反复交替的局面。汉字除了继续作为国家行政管理的重要工具而外，还走向了社会下层，用于士农工商各个行业。今文字就是在这样的社会环境中发展前行的。

今文字属于符号表意文字。所谓符号表意，是指文字的形体是作为它所代表的意义的符号而存在并以此来显示意义的一种表意方法。文字的形体已经与它所表示的那个字所代表的事物形象脱离了关系，而仅仅作为该意义的符号而存在。例如，"壶"，甲骨文写作" 🍶 "；金文写作" 🏺 "，象壶形；小篆写作" 壺 "，笔意犹存；而楷书写作"壶"，人们从它的形体上已经看不出"壶"的形状了，但是，人们依然用"壶"这个字形来代表"壶"这个意义。这时，"壶"这个字不再是实物壶的简笔画，而是"壶"这个意义的书面表意符号了。又如，"旦"，金文写作" ☀ "，象太阳将要离开地面之状，表示早晨；楷书写作"旦"，从字形中已经看不出太阳的形状了。再如"涉"，金文写作" 𣲍 "，象人的两个脚在水流的两旁，表示徒足涉水；小篆作" 𣲗 "，楷书作"涉"，其形体中已经没有脚与水流的形状了，但它仍然可以表示涉水的意思，这是因为它是作为"涉水"这个意义的表意符号存在的。

（一）今文字的发展

今文字的发展主要是字体的变化。今文字字体主要是隶书和楷书，另外还有两种辅助性字体——草书和行书。

1. 隶书

隶书是在篆书的基础上发展起来的一种字体，其特点是把篆书圆转绵长的线条变成平直方正的笔画。前人认为，隶书创始于秦，因最先使用于办理有关徒隶的文书而得名。《汉书·艺文志》："是时（指秦时）始造隶书矣，起于官狱多事，苟趋省易，施之于徒隶也。"许慎也有同样的说法。但这种说法并不可靠。考古发现，隶书早在战国时期就产生了，但还没有后来那种波挑之势。这种早期隶书被后人称为"秦隶"，也叫"古隶"。现在能看到的最早的隶书墨迹有四川省青川县出土的木牍上的文字，还有 20 世纪 70 年代在湖北云梦睡虎地出土的 1 100 多枚秦简上的文字。（如图 20）2010 年 10 月，北京大学又收到香港一家学术组织赠送的近 800 枚竹木简牍。这些简牍上的文字反映了秦隶的基本面貌。

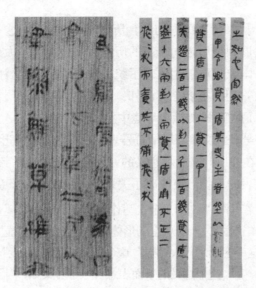

图20　左图为青川木简，右图为睡虎地秦简

　　汉王朝建立后，隶书逐渐取代小篆成为官方标准文字。现在能看到的汉代文字主要是汉简文字、帛书文字（如图 21）及碑文等。汉简上的文字主要是汉隶和章草。帛书，也称缯书，指出土的古代写在丝织品上的文字。汉代帛书主要有《马王堆汉墓帛书》。

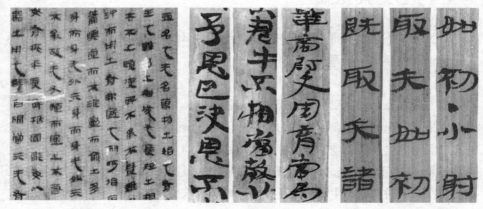

图21　左图为西汉帛书《老子》乙本，中图为东汉居延汉简，右图为武威仪礼汉简

隶书在东汉进一步发展，形体益加方正，笔画更为匀称，且增加了波势和挑法，即运笔时横、捺等笔画有如波浪起伏之状，某些笔画在收笔时作向上挑起状。这种成熟的隶书叫做"今隶"，也称"汉隶"。东汉树碑成风，传世的碑版约 100 种[①]，其中具有代表性的有《张迁碑》、《礼器碑》、《乙瑛碑》、《曹全碑》、《熹平石经》等（如图 22）。汉代也有金文、砖瓦文、玺文传世，但最具代表性的是汉简和碑刻上的隶书。

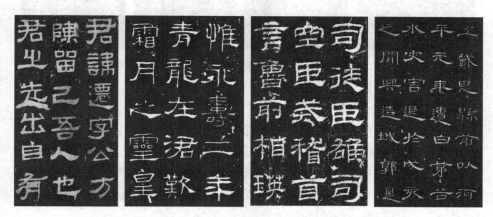

图22　依次为《张迁碑》、《礼器碑》、《乙瑛碑》、《曹全碑》

隶书彻底消除了古文字的象形特征，使字形从图画型变成了符号型，使汉字的表意方式从象形表意变成符号表意。前人所谓"解散篆体，笔意全失"，指的就是它改变了古文字象形的形体结构特征，失去了字形形象表意的功能。隶书从根本上改变了汉字的面貌，是迄今为止汉字史上一次最剧烈的变革，在汉字史上被称为"隶变"。

2. 楷书

魏晋时期，汉字在隶书的基础上又形成了一种新的字体，叫做楷书（如图23）。"楷"是法式、标准的意思。自魏晋以来，这种文字一直是规范标准字体，所以叫做"楷书"，也叫"真书"、"正书"。楷书在结构方式上与隶书基本一致，不同之处主要在笔势方面。楷书取消了波势挑法，变隶书的慢弯为硬勾。此外，字的整体形状也由隶书的扁平变为方正。到了唐代，楷书已经完全成熟，作为正式场合使用的规范字体一直使用到现在。

---

① 参见陈淑梅：《东汉隶碑构形系统研究》，9页，上海，上海教育出版社，2005。

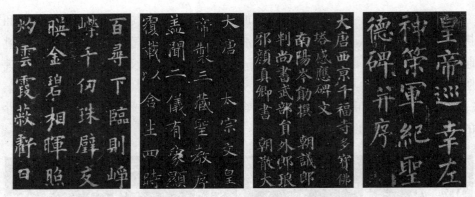

图23　依次为楷书欧阳询《九成宫醴泉铭》、褚遂良《雁塔圣教序》、
颜真卿《多宝塔碑》、柳公权《神策军碑》

3. 草书与行书

草书是从隶书草率的书写中产生的，这时候的草书还存留着隶书波挑的笔法，称为"章草"。后来波挑的笔法逐渐变小，演变成"今草"。草书的形体简略，结构自由，形迹潦草，一般只有艺术价值而极少实用价值。行书是楷书的随常写法，不如楷书工整。它们在字体结构、表意方式等方面与隶、楷并没有本质上的区别，因此只是一种辅助性的文字（如图 24）。

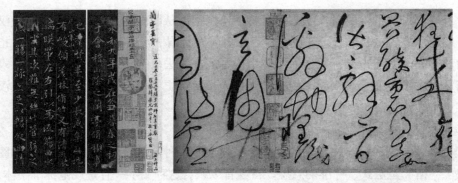

图24　左图为行书《兰亭序》（定武本），右图为怀素草书《自叙帖》

三、现代汉字阶段

现代汉字阶段，指自滥觞于晚清的文字改革运动直到现在这一历史时期。

所谓现代汉字，"就是现代汉语用字，也就是现代白话文用字"①。

汉字从今文字转变为现代汉字，从根本上说，是肇始于西方的现代工业文明与西方拼音文字对汉字双重冲击的结果。文字是一种社会交际符号，它要不断地适应社会发展的需要。自秦汉以来，中国长期处于农业文明阶段，社会结构简单，发展缓慢，社会成员的生产、生活方式简单，对文字的需求较少，对处理文字的速度要求不高。因而，汉字从古文字转变为今文字后可以长期保持稳定，人们可以从容不迫地书写汉字，社会对于改变汉字繁复的形体并没有迫切的要求。从 1840 年开始，中国社会的性质发生了巨变，这就是从农业文明阶段向工业文明阶段的转变。工业文明与农业文明不同，工业文明下的社会结构日益复杂，生产、生活方式日益复杂，社会对文字的需求空前旺盛。文字不再只是少数人所从事的国家管理和文教事业的工具，而成为所有社会成员生活、工作必备的工具。同时，工业生产使得社会发展不断提速，生活节奏不断加快。这样，就对文字提出了"快"的要求，学习要快，书写要快，使用要快。要实现"快"，在同样技术条件下，只能简化字的形体。另一方面，中国的工业化，主要是在西方文化的影响下起步的。1840 年以来的一百多年中，西方的工业文明以野蛮的侵略形式，强行进入中国。中国人在挨打的过程中，被迫接受工业文明。在"西学东渐"的过程中，一些激进的先行者认为，西方之所以先进，是因为他们拥有拼音文字；中国之所以落后，是因为中国使用着形体繁复的汉字，因此他们认为拼音文字要比汉字更能适应工业文明的需要。于是，他们得出一个结论，要救亡图存，要发奋雄起，就必须对中国传统文化进行彻底的改革，而要改革中国文化，就必须改革汉字。在这种历史背景下，汉字史上出现了旷古未有的文字改革运动。改革的初衷在于寻找一种快捷易用的文字。有人认为，文字是记录语言的符号，应该做到"言文一致"，主张仿效西方，改汉字为表音文字。有人认为，汉字要"快"，就要省简形体，简化汉字，于是启用"手头字"也成为切实的行动。文字改革运动的最终成果就是促使汉字从古代汉字演变为现代汉字。其重要标志有两项，一项是《汉语拼音方案》诞生，一项是简化字诞生并成为规范字的一部分。

20 世纪 70 年代以来的社会发展和技术发展，使汉字在一些方面发生了新的变化。

---

① 苏培成：《现代汉字学纲要》，2版，21页，北京，北京大学出版社，2001。

一是计算机的广泛应用及其网络的出现，使得汉字不仅是人工文字，而且成了机械处理的符号，还成为人机交流的符号系统，同时使文字从现实世界进入虚拟世界。这对汉字的发展带来了多种影响，第一，计算机网络中出现了"火星文"，它们是一种新型的表意符号，对汉字形成了冲击。第二，计算机的文字输入代替了传统的手写方式，对汉字产生了双重影响：一方面使书写者书写文字的素养降低，另一方面又大大提高了文字处理速度。熟练者一分钟可以打200多字，基本可以赶上口语表达的速度，这就大大缓解了汉字简化的压力。

二是全球化对汉字产生冲击。在中外文化的交流过程中，西方的语言文字不可避免地进入我们的生活，非汉字的书面符号大量涌入汉语书面语。这样就使汉语书面语从汉字一统天下，变为与非汉字字符杂用。另外，文字应用的计算机网络化及汉字使用的国际化，使得汉字的标准化、信息化、规范化显得空前重要；非汉字系统的书写符号对汉字的冲击成为亟待解决的大问题。

（一）现代汉字的类型

现代汉字的类型与今文字一样，仍然属于表意体系的文字。但它与今文字也有不同。最大区别在于，现代汉字是一种语素文字。所谓语素文字，就是单字字形所代表的语言单位是语素。这样的字，古已有之，如"寻常""皇帝""婚姻"等短语凝结成的复音词的用字。但古代汉语以单音节词为主，语素字很少，绝大多数单字都是词文字———一个字记录的就是一个词，一般称之为"词文字"；现代汉语以双音节词为主，一个字一般记录一个语素，被称为"语素文字"。例如："蹇叔之子与师"（《左传·僖公三十二年》）这句话翻译成现代汉语就是"蹇叔的儿子参加了军队"，其中古代汉语的"子"、"与"、"师"，每字记录了一个词，在现代汉语中变成了"儿子"、"参加"、"军队"，每字只记录一个语素。

（二）现代汉字系统成员的变化

现代汉字系统包含的成员与古代汉字有所不同。首先，现代汉字包含一批简化字。虽然这些简化字大多数来源于古代汉字，但它们在古代的汉字系统中属于"俗体"，没有取得"正字"的地位，一般不用于重要的场合。现代汉字规范字系统，既包含未简化的传承字，也包含2 235个简化字。这些简化字取得了规范字的资格，而与其相对应的繁体字却退出了通用场合。简化字减少了一部分字的笔画,提高了这部分字在手写条件下的书写速度,但也带来了一些问题:一是简化字增加了一些基础构字部件,降低了其构字率。二是采用了同音代替等办法,在一定程度上降低了汉字系统的有序性。三是造成了阅读古代文献中简化字与其原来的繁体字之间的矛盾。四是造成了汉字用字的不统一。在国内,大陆规定简化字为规范字,而台湾、香港、澳门却以繁体字为规范字。国外使用汉字,有的以繁体字为规范字,而有的则以简化字为规范字,颇不一致。

(三)现代汉字的地位

第一,汉字成了诸多书面交际符号的一种。在中国古代,汉字是汉语书面语唯一的文字符号[①],而在现代,汉字只是汉语书面语所用的主要的书写符号。在汉语书面表达中,除了使用汉字外,还使用其他一些书写符号,例如,汉语拼音是拼写和注音工具,也用于语言文字的教学,实际上是一种辅助性文字。在一些汉语书面语读物中,还夹杂着另外一些非汉字符号,如,阿拉伯数字、新式标点符号、科技符号、字母词,等等。这样,汉字就成了诸多书面符号的一种。

第二,现代汉字是国家法定的通用文字。2000 年 10 月 31 日,中华人民共和国第九届全国人民代表大会常务委员会第十八次会议通过了《中华人民共和国国家通用语言文字法》,该法规定:"本法所称的国家通用语言文字是普通话和规范汉字。""国家推广普通话,推行规范汉字。"还规定:"国家通用语言文字的使用应当有利于维护国家主权和民族尊严,有利于国家统一和民族团结,有利于社会主义物质文明建设和精神文明建设。"

第三,现代汉字是联合国工作文字之一,是重要的国际通用文字之一。同时,随着祖国的日益强盛与国际地位的不断提高,汉语、汉文化正在阔步走向世界,汉字作为汉语、汉文化的基本载体,成为面向世界的重要交际符号。

从上面的论述中可以得出以下几点结论:第一,汉字经历了古文字、今文字和现代汉字三个历史阶段。古文字是一种象形表词音节文字;今文字属于符号表词音节文字;现代汉字属于符号语素音节文字。第二,汉字的这种变化是在表意文字体系内的变化,是同一种文字类型的量变,而不是文字类型的质变。

---

① 当然,古代书面语也用一些非文字符号,例如插图、八卦符号、道教符箓等,但它们不是正式文字。

第三,汉字的发展变化是历史的必然。历史在不断发展,汉字作为一种社会符号,就要适应社会的要求,不断地变化。第四,汉字的变化具有突变与渐变两种形式。在社会制度基本不变的时候,汉字的变化主要表现为一种渐变,而当社会形态发生剧烈的根本性的变化的时候,汉字就会发生剧烈的变化。第五,汉字虽然面临各种挑战,但它总能通过调整来不断适应变化着的社会要求。

思考与练习

1. 简述汉字的来源。
2. 为什么说"汉字西来说"是错误的?
3. 试述汉字的产生过程。
4. 汉字的发展可以分为哪几个阶段? 每一阶段的主要特点有哪些?
5. 试述古文字、今文字与现代汉字的异同。
6. 解释:自源文字、八卦、陶符、甲骨文、金文、石鼓文、大篆、小篆、隶书、楷书。

第二章　汉字的构造

学习提示

1. 了解"六书说"理论的实质。
2. 掌握"三书说"的内容。
3. 掌握表意字、表声字、意声字的特点。

构造是指一种事物整体中各个组成部分的安排、组织和相互关系，本章所说的"汉字的构造"是指汉字构成要素形、音、义三者结合起来构成整字的方式。

第一节　"六书说"到"三书说"

一、六　书　说

（一）六书说的形成与内容

关于汉字的构造，影响最大的是"六书说"。"六书"的提法最早见于《周礼》。《周礼·地官·保氏》："保氏掌谏王恶，而养国子以道，乃教之六艺，一曰五礼，二曰六乐，三曰五射，四曰五驭，五曰六书，六曰九数。"这里只有"六书"的提法，而没有说明"六书"的具体名称。"六书"的具体名称始见于《汉书》。东汉班固《汉书·艺文志》中说："古者八岁入小学，故周官保氏掌养国子，教之六书，谓象形、象事、象意、象声、转注、假借，造字之本也。"汉末郑玄《周礼注》引郑众的解释说："六书，象形、会意、转注、处事、假借、谐声也。"这里虽然有了"六书"的名称，但没有解释。最早对"六书"作出解释的是许慎。许慎在《说文解字·叙》中说："周礼八岁入小学，保氏教国子，先以'六书'。一曰指事。指事者，视而可识，察而可见，上下是也。二曰象形。象形者，画成其物，随体诘诎，日月是也。三曰形声。形声者，以事为名，取譬相成，江河是也。四曰会意。会意者，比类合谊，以见指撝，武信是也。五曰转注。转注者，建类一首，同意相受，考老是也。六曰假借。假借者，本无其字，依声托事，令长是也。"

班固、郑玄、许慎所说的"六书"，名称和排列有同有异。班固所说为：象形、象事、象意、象声、转注、假借。郑玄所说为：象形、会意、转注、处事、假借、谐声。许慎所说为：指事、象形、形声、会意、转注、假借。从名称上看，象形、转注、假借，三家所说相同。班固说的"象事"，郑玄称"处事"，许慎称"指事"；班固说的"象意"，郑玄、许慎都称"会意"；班固说的"象声"，郑玄称"谐声"，许慎称"形声"。

这里需要注意三点：第一，班固所说"象形、象事、象意、象声"中的"象"是象征的意思，许慎"象形"中的"象"是模仿的意思。名称虽然一样，但内涵不同。第二，"象事"与"指事"，"象意"与"会意"，前者概括性强，后者具体而明确。概括性强，包容度就大；具体而明确，包容度就小。因此后世有研究者认为"六书"并不能概括汉字的所有类型，在对一些字的类型分析上也出现了种种分歧。第三，在排列顺序上，班固的排列由具体到抽象，似乎更符合汉字产生的逻辑发展。

唐代张参《五经文字·叙》采用班固的排序而用许慎的名称，这就是：象形、指事、会意、形声、转注、假借。从清代以后，对于六书的名称与次序，一般都采用这种说法。

许慎对"六书"的解释是汉字研究史上第一次对六书所作的具体说明，也是关于汉字构造的最早理论，因而成为汉字构造理论研究的基石，对后世产生了深远的影响。

（二）"六书"的性质

关于六书的性质，历代学者有不同的看法。班固称六书为"造字之本"。清代著名学者戴震对此提出了不同的说法，他在《答江慎修先生论小学书》中说："大致造字之始，无所凭依。宇宙间，事与形两大端而已。指其事之实曰指事，一、二、上、下是也；象其形之大体曰象形，日、月、水、火是也。文字既立，则声寄于字，而字有可调之声；意寄于字，而字有可通之意，是又文字之两大端也。因而博衍之：取乎声谐曰谐声，声不谐而会合其意曰会意。四者，书之体止此矣。由是之于用：数字共一用者，如初、哉、首、基之皆为始，卬、吾、台、予之皆为我，其义转相为注，曰转注；一字具数用者，依于义以引申，依于声而旁寄，假此以施于彼，曰假借。所以用文字者,斯其两大端也。"这就是说，在戴震看来，指事、象形、形声、会意四者是"书之体"，转注、假借二者是"所以用文字者"，后人概括为"四体二用说"。戴震的理论，得到清代段玉裁、桂馥、朱骏声、王筠等诸多《说文解字》研究者的支持。段玉裁《说文解字注》："戴先生曰：指事、象形、形声、会意四者，字之体也；转注、假借二者，字之用也。圣人复起，不易斯言矣。"王筠《说文释例》："观乎天文，观乎人文，而文生焉。天文者，自然而成，有形可象者也；人文者，人之所为，有事可指者也。故'文'统指事、象形二体。'字'者孳乳而浸多也，合数字以成一字者皆是，即会意、形声二体也。四者为经，造字之本也。转注、假借为纬，用字之法也。"六书中，转注和假借与其他四书，的确有所不同，对它们加以区分是有必要的。把前四书看做造字之法，人们的意见基本一致；至于后两书，究竟是造字之法还是用字之法，当代学者的意见颇不一致。

二、三　书　说

现代也有不少学者对"六书"说提出质疑，并提出自己的看法，其中影响较大的是"三书说"。唐兰、陈梦家、裴锡圭诸位先生都提出过"三书说"。

唐兰认为，"六书"的分类不够合理。他在《中国文字学》中说："刘歆或班固是首先对六书加以解释的（即使还另有所本）。照他们的说法，六书是造字之本，也就是造字的六种方法。象形、象意、象声三种，本已包括了一个字的形、音、义三方面，不过他们把图画实物的文字，和少数记号文字分开，所以多出了一种象事。至于转注和假借，实在只是运用文字来表达无穷的语言，跟产生新文字的方法，它们混合在一起，就和诗有六始，把风雅颂跟比兴赋混在一起是一样的。"① 他还说："我在《古文字学导论》里建立了一个新的系统，三书说：一、象形文字，二、象意文字，三、形声文字。象形象意是上古时期的图画文字，形声文字是近古时期的声符文字，这三类可以包括尽一切中国文字。"② "象形，象意，形声，叫做三书，足以范围一切中国文字，不归于形，必归于意，不归于意，必归于声。形意声是文字的三方面，我们用三书来分类，就不容许再有混淆不清的地方。"③ 唐兰的"三书说"，是对传统的"六书说"的一大突破，但是，他的归纳还存在一些问题。第一，"象形文字"与"象意文字"实际上都是以形表意的文字，可以归纳为一类。第二，把"形声文字"看做"声符文字"，不符合事实，因为形声字中既有声符，又有意符。第三，在唐兰的"三书"中，缺乏象声文字，这不符合事实，因为假借字就是表声的，由此产生的另一个问题就是："形声字"的"声"缺乏来源根据。

陈梦家在 1943 年《中国文字学》重订本中说："每个字皆具三个属性，即'形''音''意'。语言与文字必须表达'意义'，否则即失去所以为语言与文字者。一个文字的'义'可由三种方法表出：一由形表出，二由音表出，三由形与音表出。"④ "第一种是象形字，第二种是声假字（假借字或假音字），第三种是形声字。"⑤ 陈梦家比唐兰的进步之处在于：第一，从文字记录语言的角度，对造字法进行了划分。这种划分标准单一，而且划分彻底，符合逻辑，符合汉字的实际，是比较科学的。第二，把假借看做汉字的一种基本类型。清代以降，陈梦家以前的学者大都把假借看做一种用字法。陈梦家认为假借是利用字音表义的一种造字方法，这种认识是从文字是记录语言的符号的角度说的，其说能够成立。

裘锡圭在其《文字学概要》一书中继承了陈梦家的"三书说"，只是把陈梦家的"象形"改为"象意"。他说："我们认为陈氏的三书说基本上是合理的，只是象形应该改为表意（指用意符造字）。这样才能使汉字里所有的表意字在三书

① 唐兰：《中国文字学》，新1版，68页，上海，上海古籍出版社，1979。
② 唐兰：《中国文字学》，新1版，75~76页，上海，上海古籍出版社，1979。
③ 唐兰：《中国文字学》，新1版，78页，上海，上海古籍出版社，1979。
④ 陈梦家：《中国文字学》，256页，北京，中华书局，2006。
⑤ 陈梦家：《中国文字学》，256页，北京，中华书局，2006。

里都有它们的位置。"① "三书说把汉字分成表意字、假借字和形声字三类。表意文字使用意符，也可以称为意符字。假借字使用音符，也可以称为表音字或音符字。形声字同时使用意符和音符，也可以称为半表意半表音字或意符音符字。"②

本书以陈梦家的"三书说"为依据，根据表意表音的标准，对汉字的构造类型进行分类，把全部汉字分为三类：表意字、表声字与意声字。下面分类介绍。

第二节　表　意　字

表意字就是通过字形表示字的意义的字。"六书"中的象形字、指事字、会意字都属于表意字。

一、象　形　字

象形构字就是通过描摹该字所代表的事物的形状构成文字的造字方法。这种方法也就是许慎所说的"象形"造字法。许慎说："象形者，画成其物，随体诘诎，日月是也。"这句话的意思是：象形字就是画成那个字要表示的物体的形状，画的方法是，构成字形的线条随着物体形状弯曲，"日"、"月"就是这样的字。描摹事物，既可以勾勒其整体轮廓，也可以只勾画出它具有特征的部分。前者如甲骨文中的"象"写作"𧰼"，就是对"象"这一事物整体轮廓的勾勒；后者如甲骨文中的"羊"写作"𦍌"，只是一个羊头的形状，用以代表羊。进一步划分，象形字又可以分为本体象形和烘托象形③。

（一）本体象形

本体象形即字的形体画作它所代表的那个事物本身的形状，故称"本体

---

① 裘锡圭：《文字学概要》，106页，北京，商务印书馆，1998。
② 裘锡圭：《文字学概要》，107页，北京，商务印书馆，1998。
③ 段玉裁在《说文解字注》中说："有独体之象形，有合体之象形。独体如日月水火是也；合体者从某而又象其形，如眉从目而以⺊象其形，箕从竹而以𠀠象其形……独体之象形则成字可读，辅于从某者不成字不可读。"

象形"。又因这种字是用一个形体构成的,所以又称"独体象形",也称"纯象形"。如:

日,甲骨文或作"⊟",金文或作"⊖",小篆作"θ",表示太阳。《说文解字》:"日,实也。太阳之精不亏。从口、一,象形。"太阳始终是圆满的,不像月亮那样会有亏缺,所以画一个"○",象太阳之形,中间的一短横表示太阳不会亏缺之意。

月,甲骨文或作"☽",金文或作"☽",小篆作"☽",意为月亮。《说文解字》:"月,阙也。太阴之精,象形。"月有圆缺,常常处于亏缺状态,所以用半月之形象之。

壶,甲骨文作"壺",金文作"壺",小篆作"壺",象壶之形,其义为壶。《说文解字》:"壶,昆吾,圜器也。象形,从大象其盖也。"

朋,甲骨文作"玨",金文作"玨",象两串贝之形,本义表示两串贝,是货币单位。小篆作"玨",《说文解字》:"朋,古文凤。象形。"其释有误。凤,甲骨文作"凤",与朋是不同的两个字。

几,小篆作"几",象几之形,"几"是古代人们席地而坐时依靠的器具。《说文解字》:"几,居几也。象形。"

鼎,甲骨文或作"鼎",金文或作"鼎",象鼎之形。小篆作"鼎",《说文解字》:"鼎,三足两耳,和五味之宝器也。……《易》卦曰,巽木于下者为鼎。象析木以炊也。"鼎字只有鼎形,其下并无炊木,许释有误。

皿,甲骨文作"皿",小篆作"皿",象古时的一种吃饭器具之形。《说文解字》:"皿,饭食之用器也。象形。"

戊,甲骨文作"戊",金文或作"戊",象兵器之形,本义是兵器。小篆作"戊",《说文解字》:"戊,中宫也。象六甲五龙相拘绞也。戊承丁,象人胁。"其释不确。

戈,甲骨文作"戈",金文或作"戈",象兵器之形。小篆作"戈",《说文解字》:"戈,平头戟也。从弋,一横之。"戈为纯象形,并不从弋。

矢,甲骨文作"矢",金文作"矢",象箭矢之形,本义是箭矢。小篆作"矢",《说文解字》:"矢,弓弩矢也。从入,象镝栝羽之形。"矢为纯象形,不从入,许说有误。

册,甲骨文或作"册",金文或作"册",小篆作"册",象用绳子编在一起的简册,是书简的意思。

子,甲骨文作"子",金文或作"子",小篆作"子",象幼儿之形。本义为幼儿。《说文解字》:"子,十一月阳气动,万物滋,人以为称。象形。"此释以假借义为本义。

燕，甲骨文作"𦒎"，象燕之形。《说文解字》："燕，玄鸟也。籋口，布翅，枝尾。象形。"

虎，甲骨文作"𧆦"，金文或作"𧇤"，象虎之形。小篆作"𧇂"，《说文解字》："虎，山兽之君也。从虍，虎足象人足，象形。"虎字下面是虎的足尾之形，并无"人"字。

豕，甲骨文作"𡈼"，金文或作"豕"，小篆作"豕"，象猪之形，其意为猪。《说文解字》："豕，彘也。竭其尾，故谓之豕。象毛足而后有尾。"

犬，甲骨文作"𠂇"，金文或作"犬"，小篆作"犬"，象狗之形，其意为狗。《说文解字》："犬，狗之有县（悬之古字）蹄者也。象形。孔子曰：'视犬之字如画，狗也。'"

羊，甲骨文作"𦍌"，金文或作"羊"，象正面羊头之形，其义为羊。小篆作"羊"，《说文解字》："羊，祥也。从丫，象头角足尾之形。孔子曰：'牛羊之字，以形举之。'"此处对羊字的形体解说不确。

以上都是独体象形字，它们都是用一个表示事物的基本特征或轮廓的独立的形体来表示字义。

（二）烘托象形

烘托象形是用一个附加的形体来烘托该字所要表示的那个事物的形体，从而来显示该字意义的造字方法。某些字，如果只画出它所代表的事物的本体，其意义不够明显，所以需要画出与它相关的事物来衬托。为了便于称说，我们把这种字中表示意义部分的形体叫做"本体"，把用来衬托的形体叫做"烘托体"。因这种字由两个形体构成，所以又称"合体象形"，也称"杂象形"。如：

眉，甲骨文作"𥄉"，金文或作"𥄮"，意为眉毛。其形由眉毛和眼睛构成。人的眉的形状是"一"，如果仅画其形，其意不够明显，易与他物相混，而在眉毛下面再画上眼睛，它所要表示的意义就很清楚了。

舌，甲骨文作"𠮷"，意为人的舌头。如果单独写，意思不明，所以又加了"口"来烘托。小篆作"舌"。《说文解字》："舌，在口，所以言也，别味也。从干从口，干亦声。"其释有误，字中舌形不是"干"；"舌"是烘托象形字，不是会意字。

胄，金文作"𦙴"，意为头盔。其形为人的眼睛上面的头盔，其中头盔形系这个字的本体，眼睛形是烘托体。小篆作"胄"。《说文解字》："胄，兜鍪也。从月，由声。"其释有误，胄是象形字，不从月，不是意声字。

须，金文作"𩑋"，本意为人的胡须。其形为人脸上所生之毛，由胡须本体与烘托体人脸形构成。小篆作"須"。《说文解字》："须，面毛也。从页从彡。"金文须字，胡须与脸是连在一起的，系烘托象形字，不是会意字。

血，甲骨文作"血"，小篆作"血"，意为血液。其形为盛在器皿中的血水，其中血水形为这个字的本体，器皿形为烘托体。《说文解字》："血，祭所荐牲血也。从皿一，象血形。"

果，甲骨文作"果"，金文作"果"，其意为树上结的果实。其形由果实与树构成，如果仅仅画出果实，则其意不够明显；果实下面再画上树，它表示的"果实"的意义就被烘托出来了。

聿，甲骨文作"聿"，金文作"聿"，是"筆"（笔）的初文。其形为手执笔，其中笔形部分是这个字所要表示的事物的形体，而象手形部分则表示手，用来烘托"聿"的意义所指。

石，甲骨文作"石"，金文作"石"，小篆作"石"，意为石头。其形为山崖下的石头，其中"口"系石头本体，而"厂"为山崖之形，系烘托体。《说文解字》："石，山石也。在厂之下，口象形。"

牢，甲骨文或作"牢"，金文或作"牢"，小篆作"牢"，本义为关养家畜的圈栏。其形由圈栏和栏中的羊或牛组成，其中圈栏形表示字义，动物是烘托体。

尾，甲骨文作"尾"，意为尾巴，其形象人身后系有尾饰之形。《说文解字》："尾，微也。从到毛在尸后。古人或饰系尾，西南夷亦然。"

从字形看，象形字的主要特征是字形与其所代表的事物的形状具有一致性，因而表意具有直观性，可以使人见形而知义。从字义看，象形字主要是表示具体的实物的字，很难表示抽象的概念。但象形字为指事、会意、形声等类型的字的构造奠定了基础，因此象形字是汉字的基础。

二、指　事　字

指事字就是用一个字符来象征一种意义所构成的字，或者在象形字的基础上再加上指事符号来表明字义而构成的字。许慎说："指事者，视而可识，察而可见，上下是也。"意思是说，对于指事字，看一下它的形体，就大致可以认识；再仔细看一下，就可以看出它所要表示的意义。根据其形体结构，指事可以分为两类，即独体指事和加体指事。

（一）独体指事

独体指事字即用一个符号象征一种意义构成的字。因这种字所用的字符是一个独立的字符，所以叫做"独体指事字"。例如：

上，甲骨文作"⌒"，金文作"上"，意为上。"上"是抽象名词，无形可象。这个字符，下面的一画表示一个平面，作为基准；上面的一短画，表示上的方位所在。

下，甲骨文作"⌒"，金文作"下"，意为下。上面的一画表示一个平面，作为基准；其下面的一短画，表示下的方位所在。

一，甲骨文作"━"，金文作"━━"，小篆作"－"，用一横来表示数字一。《说文解字》："一，惟初太始，道立于一，造分天地，化成万物。"其说与造字的本意不符。

回，甲骨文作"ㄐ"，金文作"ᒷ"，小篆作"◎"，其形为一个曲屈回旋的符号，用以表示回转、回旋之意。《说文解字》："回，回转也。"

丩，这是"纠"的初文，甲骨文作"ㄖ"，小篆作"丩"，其形为一个形体纠结的符号，用以表示纠结、缠绕之意。《说文解字》："纠，相纠缭也。"

亼，小篆作"亼"，它用一个三条线从三个方向汇集在一起的字符表示汇集之意。《说文解字》："亼，三合也。从人一，象三合之形。"其释有误，"亼"是一个独体字符，不从"人"、"一"。

夭，甲骨文作"夭"，金文作"夭"，象人奔走时微屈的体形，表示弯曲的意思。小篆作"夭"。《说文解字》："夭，屈也。从大，象形。"

交，甲骨文或作"交"，金文或作"交"，小篆作"交"，象人两腿交叉之形，表示交错的意思。《说文解字》："交，交胫也。从大，象交形。"按，从古文用例来看，"交"只表示"交错"这样的抽象义，而不表示"交胫"这样的具体义。所以，"交"是指事字，而不是象形字。

宁，"贮"的初文，甲骨文或作"宁"，金文或作"宁"，小篆作"宁"。它用一个上下四方都有遮挡物、中间空虚的抽象字符来表示贮蓄、贮藏的意思。《说文解字》："宁，辨积物也。"

高，甲骨文或作"高"，金文或作"高"，小篆作"高"，象楼台层叠之状，表示高的意思。《说文解字》："高，崇也。象台观高之形。"

屰，是"逆"的初文，甲骨文或作"屰"，金文或作"屰"，象颠倒的人形，表示不顺的意思。小篆作"屰"，《说文解字》："屰，不顺也。从干，下屮，逆之也。"其释有误。"屰"是倒人形，不从"干"、"屮"。

大，甲骨文或作"大"，金文或作"大"，小篆作"大"，象一个四肢张开的人体形，表示大的意思。《说文解字》："大，天大，地大，人亦大，故大象人形。"

小，甲骨文或作"小"，金文或作"小"，象细小的颗粒形，表示小的意思。小篆作"小"。《说文解字》："小，物之微也。从八，丨见而分之。"此处对小的形体解说不确。

独体指事字与本体象形字十分近似，都是独体字，但它们是不同的两类字。其区别在于：第一，二者表意的方法不同。象形字用的是象形的方法，即字形是对它所表示的事物形状的描摹，因而字的形体和它所表示的事物是一致的；而指事用的是示意的方法，字的形体和它所表示的事物并不一致。例如：禾，金文或作"禾"，其形为禾，其意也是禾，形与义是一致的，所以它是象形字；齐，金文写作"齐"，其形象"禾麦吐穗上平也"，但它所表示的并不是禾麦这一事物本身，而是"齐平"、"齐同"这一类抽象的概念，所以，它是指事字而不是象形字。同样道理，上面所举的"交"、"高"、"大"、"小"等字是指事字而不是象形字。第二，它们表示的事物的性质不同。象形字表示的是具体的、个别的事物，而指事字表示的是抽象的、概括的事物。段玉裁在《说文解字·叙》注中说："指事之别于象形者：形谓一物，事赅众物，专博斯分。故一举日月，一举上下。上下所赅之物多，日月只一物。学者知此，可以得象形指事之分矣。"王筠在《文字蒙求》中说："有形者，物也，无形者，事也。物有形，故可象；事无形，则圣人创意以指之而已。"

（二）加体指事

加体指事是一种在象形字的基础上加上一个指事性符号以表明字义的造字方法。如：

本，金文作"本"，小篆作"本"，本义是树根。其字是在"木"下加一横构成的。"木"是树的意思，下面的一横是指事符号，用来指示树的根部位置所在，从而表明这个字的意思是树根。《说文解字》："本，木下曰本。从木，一在其下。"

末，金文作"末"，小篆作"末"，本义是树梢。其字是在"木"的上部加一横构成的。这一横是指事符号，用来指示树梢的位置所在，从而表明这个字的意思是树梢。《说文解字》："末，木上曰末。从木，一在其上。"

朱，是"株"的初文，甲骨文作"✳"，金文作"✳"，小篆作"✳"，本义是树干。《韩非子·五蠹》曰："兔走触株，折颈而死。"株即树干。其字是在象形字"木"的基础上加上指事性符号"一"构成的。"木"是树，而所加符号"一"则表明树的这个位置就是这个字所要表示的意义所在，即树干。《说文解字》："朱，赤心木，松柏属。从木，一在其中。"此处对字义解说有误。

刃，甲骨文作"✐"，金文作"✐"，小篆作"✐"，其义为刀的锋刃。其中的"刀"是刀，它上面的"、"是指事符号，用来指示刀锋的部位。《说文解字》："刃，刀坚也。象刀有刃之形。"

元，甲骨文或作"✐"，金文或作"✐"，本义为人头，是象形字。由于意义不明显，又在上方加了一画用来指示人头所在的部位。小篆作"✐"。《说文解字》："元，始也。从一从兀。"其释有误。

寸，小篆作"✐"，本义是人手腕处距手腕纹线一寸的地方。其中"又"表示手，其下方的点是指事符号，用来指示手腕所在的部位。《说文解字》："寸，十分也。人手却一寸动脉，谓之寸口。从又从一。"

厷，是"肱"的初文，小篆作"✐"，义为大臂，其中的"✐"表示手臂，附加在其上的弧线表示大臂所在的部位。《说文解字》："厷，臂上也。"

亦，是"腋"的初文，甲骨文作"✐"，金文作"✐"，小篆作"✐"，本义是胳肢窝。其字由"大"与两点构成，"大"表示人体，两点是指事符号，用来指示胳肢窝的部位。《说文解字》："亦，人之臂亦也。从大，象两亦之形。"

加体指事字与烘托象形字结构相似，都是由一个主要的形体和一个附加的形体构成的，但二者是不同的。首先，象形字中的烘托体，表示的是实有之物，而指事字所加的符号却是虚拟之物；其次，象形字中的附加形体，对于另外一个形体起烘托作用，而指事字中的指事符号却起一种指示或者示意的作用。多数指事字都是在象形字之上加符号以指示字义所在，局限性很大，所造之字并不多。

三、会　意　字

会意字就是把两个或者两个以上的意符组合在一起构成的整字。许慎说："会意者，比类合谊，以见指撝，武信是也。"句中的"类"是指字的形体，"谊"是指字的意义。这句话的意思是说：会意字是组合字的形体、合并字的意义（即把两个字合并在一起，把它们的意义也融合在一起），以此显现新字的意义，

"武"、"信"就是这样的字。根据不同的标准，会意字可以分为不同的种类。根据造字所用字符形体的异同，会意可分为同体会意和异体会意。

（一）同体会意

同体会意字即用两个或两个以上相同的形体组合的字。如：

从，甲骨文作""，金文作""，小篆作""，由二人构成，本义为跟从。《说文解字》："从，相听也。从二人。"

北，甲骨文作""，金文作""，小篆作""，本义为相背，由两个方向相反的人形构成。《说文解字》："北，乖也。从二人相背。"

棘，小篆作""，由两个"朿"字组成。"朿"是木本植物上面的尖刺，《说文解字》："朿，木芒也。""棘"的本义是酸枣刺丛，《说文解字》："棘，小枣丛生者，从并朿。"酸枣刺形小而多刺，所以用二"朿"会合成义。

林，甲骨文作""，金文作""，小篆作""，义为树林，由二"木"构成。《说文解字》："林，平土有丛木曰林。从二木。"

炎，甲骨文作""。金文作""，小篆作""，义为火光向上，由二"火"构成。《说文解字》："炎，火光上也。"

丝，甲骨文作""，金文作""，小篆作""，本意为蚕所吐之丝，由二"糸"构成。《说文解字》："丝，蚕所吐也。从二糸。"

多，甲骨文作""，金文作""，其义为众多，由两个表示物件的符号构成。小篆作""。《说文解字》："多，重也。从重夕。夕者，相绎也，故为多。"此说有误。

卉，小篆作""，义为百草的总称，由三个"屮"字组成，"屮"即"草"的古字。《说文解字》："卉，草之总名也。"

品，甲骨文作""，金文作""，小篆作""，本义为众人，由三个"口"字组成。《说文解字》："品，众庶也。从三口。"

晶，甲骨文作""，小篆作""，本义为光亮，由三个聚在一起的星星组成。《说文解字》："晶，精光也。从三日。"

森，甲骨文作""，小篆作""，本义是树木高耸繁密的样子，由三个"木"构成。《说文解字》："森，多木貌，从林从木。"

焱，甲骨文作""，小篆作""，本义是火花、火焰，由三个"火"构成。《说文解字》："焱，火华也。从三火。"

淼，是"渺"的异体字，义为大水辽远无际的样子，由三个"水"构成。徐铉《说文新附》曰："淼，大水也。从三水，作渺。"

（二）异体会意

异体会意字是用两个或两个以上不同的形体组合的字。如：

牧，甲骨文作"牧"，金文作"牧"，小篆作"牧"，从牛从攴，象人手执鞭策赶牛之状，表示牧人之义。《说文解字》："牧，养牛人也。从攴牛。"也可表示动作，是放牧的意思。

取，甲骨文作"取"，金文作"取"，小篆作"取"，由"又"与"耳"构成，表示手中拿着割下的耳朵，义为获取。《说文解字》："取，捕取也。从又从耳。《周礼》：'获者取左耳。'《司马法》曰：'载献聝。聝者，耳也。'"

鼓，甲骨文作"鼓"，金文作"鼓"，从攴从壴，象手执鼓棰击鼓之状，表示击鼓，也可表示鼓。《说文解字》："鼓，击鼓也。从攴从壴，壴亦声。"

有，金文作"有"，从又从肉，表示以手持肉，义为获有。小篆作"有"，《说文解字》："有，不宜有也。《春秋传》曰：日月有食之。从月，又声。"此系误解。

伐，甲骨文作"伐"，金文作"伐"，象以戈击人之头，义为击杀。小篆作"伐"，《说文解字》："伐，击也。从人持戈。一曰败也。"对"戈"的形体构造解释有误。

安，甲骨文作"安"，金文作"安"，小篆作"安"，《说文解字》："安，静也。从女在宀下。"

败，甲骨文作"败"，金文作"败"，小篆作"败"，象手持棍杖击打贝壳之形，义为毁坏。《说文解字》："败，毁也。从攴贝。败、贼皆从贝，会意。"

閒，金文作"閒"，小篆作"閒"，象月光从门缝照入，义为间隙。《说文解字》："閒，隙也。从门从月。"

陟，甲骨文作"陟"，金文作"陟"，小篆作"陟"，象二足登上山阜之状，本义为从低处向高处走。《说文解字》："陟，登也。从阜从步。"

叟，甲骨文作"叟"，象一人手持火把照亮全屋之状，当是"搜"的初文。小篆作"叟"，《说文解字》："叟，老也。从又从灾。"其释有误。

寇，金文作"寇"，从宀从元从攴，象室中手执武器击人头之状，表示施暴的意思。小篆作"寇"，《说文解字》："从攴从完。"对这个字的形体解释有误。

舂，甲骨文作"舂"，金文作"舂"，小篆作"舂"，象两手持杵在臼中捣粟之形，义为用杵臼捣去谷物皮壳。《说文解字》："舂，捣粟也。从廾持杵临臼上。午，杵省也。""午"是杵的象形，不是"杵"的省略。

宿，甲骨文作"⿱"，金文作"⿱"，象人躺在屋内席上之形，义为住宿。小篆作"⿱"。《说文解字》："宿，止也。从宀，佰声。佰，古文夙。"其释有误。

得，甲骨文作"⿰"，其形为手持贝，表示有所得；金文作"⿰"，表示人在路上拾到贝。小篆讹作"⿰"，《说文解字》："从彳，㝷声。"对这个字的构形解释有误。

依据会意字的意符表示整字意义的方式，会意又可分为字形会意和字义会意两类。

1. 字形会意

字形会意是用字的形体形象及其组合关系来表示整字的意义。例如：

臽，甲骨文作"⿰"，金文作"⿰"，小篆作"⿰"，其义为陷阱，其形为人在陷阱中。《说文解字》："陷，小阱也。从人在臼上。"陷阱的意思是通过人在陷阱中这样的字体形象来表示的。

初，甲骨文或作"⿰"，金文或作"⿰"，小篆作"⿰"，其义为开始，其形为刀和衣服。《说文解字》："初，始也。从刀从衣。裁衣之始也。""刀"和"衣"组合在一起，表示做衣服是从裁衣开始的。"初"字"开始"的意义就是通过"刀"和"衣"这样的字形及其组合来表示的。

秉，本义为手持一把禾，这个意思是由其字形来表示的。秉，甲骨文或作"⿰"，金文或作"⿰"，小篆作"⿰"，其形由"又"和"禾"组成，表示一把禾。《说文解字》："秉，禾束也。从又持禾。"

降，甲骨文作"⿰"，金文作"⿰"，小篆作"⿰"，本义为下降，这个意义是用二足下行的形状表示的。《说文解字》："降，下也。从阜，夅声。"将"降"解释成形声字，与它的最初构造不符。

字形会意的会意字很多，古文字阶段的会意字多是如此。

2. 字义会意

字义会意是用组字部件的意义及其组合来表示整字意义。例如：

圭，金文或作"⿱"，小篆作"⿱"，由两个"土"字构成，义为瑞玉，但这个意义不是由两个"土"的形象构成的，而是由两个"土"的字义构成的。《说文解字》："圭，瑞玉也。上圜下方……以封诸侯。从重土。"段玉裁注："重土者，'土其土'也。"土其土是以其土为土，也就是把土地作为土地的意思，意思是说，分封诸侯时，要把国家的土地分给他们，作为他们的土地。因为分封诸侯要拿"圭"这种瑞玉作为分封土地的象征物，所以为"圭"这个词造字时，就用了两个"土"字构成其字形,"圭"就取得了"土其土"的意思。而"圭"的"瑞玉"这个意义不是由它的字形表示出来的,而是由它"土其土"的字义表示出来的。

睡,《说文解字》:"坐寐也。从目、垂。""睡"的意思是坐着打瞌睡,这个意义不是用"坐寐"的形象来表示,面是用"目垂"这样的意义组合来表示的。

煣,《说文解字》:"屈申木也。从火、柔,柔亦声。""煣"的意思是用火把端直的木头弄弯曲。这个意思不是用图画式的字形来表示的,而是用"火"、"柔"二字的意义组合来表示的。

劣,《说文解字》:"劣,弱也。从力少。""弱"的意义不是由"力"和"少"的字形构成的,而是由它们的字义构成的。

芟,《说文解字》:"刈艸也。从艸从殳。""芟"是割草的意思,这个意义不是用描绘割草的情景的图画式的字形表示的,而是用"艸"与"殳"的字义会合成义的。

犓,《说文解字》:"以刍茎养牛也。从牛、刍,刍亦声。《春秋国语》曰:'犓豢几何。'""犓"是用草喂牛的意思,这个意义不是通过其意符的形象表示出来的,而是通过其字符意义的组合表示的。

以上这些字都属于字义会意的会意字。又如,"大力"为"夯","小土"为"尘",下"大"上"小"为"尖","不正"为"歪"之类都是如此。

会意字与指事字不同。指事字是独体字,即由一个字符构成的字,而会意字则是合体字,即由两个或两个以上的字符构成的字。王筠说:"会意者,会合数字以成一字之意也。指事或二体或三体,皆不成字,即其中有成字者,而仍有不成字者介乎其间以为注,斯为指事也。"

会意造字法可以制造出象形字、指事字无法表示之意义的比较抽象、含义比较复杂的字,这是这种造字法的优点。但是,使用这种方法造字,带有极大的主观性,所会之意有时类同谜语,因而往往不能确切地表达意思。

第三节 表 音 字

一、表 音 字

表音字是用字形表示语音、用语音表达字义的字,"六书"中称为假借字。许慎说:"假借者,本无其字,依声托事,令长是也。"这句话的意思是说,假借字本来没有为它造的专字，把所要表示的意义托付给表示别的意义的同音字，"令"、"长"就是这样的字。象形字、指事字、会意字都以形体表示意义，一些非常抽象的意思很难用形体表达，就借用音同或音近的字来表达，这就是假借字。例如：

其，甲骨文作"�"，金文作"𧰼"，本是表示箕畚的字，可是，口语中还有语音与"其"相同的虚词，人们很难根据意义为它造出一个字来，于是，就借用已有的表示箕畚的"ㄨ"字来作它的形体。

丁，甲骨文作"□"，金文作"●"，是钉子头的俯视形，是"钉"字的初文，后借作天干名。

午，甲骨文作"ξ"，金文作"↑"，象杵之形，是杵的初文，后被借作天干之名。

自，本是"鼻"的本字，后来被借作表示代词、介词的"自"。

亦，原是"腋"的本字，后被借作表示副词的"亦"。

戊，本是一种武器名，后被借作天干名。

八，原是表示分别相背的字，后被借作数字名。

北，原是表示二人相背的字，后被借作表示方位的字。

二、假借造成的结果

假借字的出现，给用字带来了重大的影响，学习汉字学，读文言文，对此不可不知，因此，有必要讲一下假借造成的用字后果。

一个字一旦被借，成为假借字，会发生两种情况：

1. 永借不还

这种借用是永久性的，也就是说，一个字如果被借去表示别的意义，那么，它也就永久性地去表示这个意义，从而具有了这个本来不属于自己的意义。如：

之，本来是表示动词的字，义为前往，后被借作表示代词和介词的"之"，它就一直被用作代词和介词的用字了。

子，本来是表示孩子的字，后来借作地支的名称，它就一直具有这个意义了。例如，"甲子"的"子"就是其假借义。

来，本来是表示名词的字，是"麦"的本字。后借作表示动词"来"的字。

至于假借字原来的意义，有三种情况：

第一，仍然由它兼任。假借字既表示其本义，又表示其假借义，也就是说，这个字兼有其本义（以及由此生出的引申义）和假借义两种意义。[①] 例如：

之，被借作表示代词、介词之后的字，仍然可以作动词用字，表示前往的意思。如：《孟子·滕文公上》曰："滕文公为世子，将之楚，过宋而见孟子。"

则，本来是表示名词的字，义为法则，后来借作表示连词的字。借作连词后，仍然具有原来的意义。《说文解字》曰："则，等画物也。从刀从贝。"段玉裁注："等画物者，定其差等而各为介画也。今俗云科则是也。介画之，故从刀；引申之，为法则；假借之，为语词。"

汝，本是河流名用字。《说文解字》曰："汝，汝水。……从水，女声。"后借作第二人称代词用字，但"汝"仍然保留着原来河流名称的用法。

第二，假借字成为借义的专字，只表示其借义，不再去表示它原来的意义；它原来所表示的意义，只好另造新字来表示。如：

自，借为介词、代词用字之后，就只表示介词、代词义。它原来的意义，只好又造了"鼻"字来表示。

亦，借为副词用字后，只作为副词用字。它原来的意义，又造了"腋"字来表示。

其，被借作代词、语气词用字之后，只作借义的用字。它原来的意义，又造了"箕"来表示。

第三，假借字成为借义的专字，它原来的意义随之消失。例如：

焉，小篆作"𤅵"，本义为鸟名用字，后借作语气词、指示代词用字，其本义就消失了。《说文解字》："焉，焉鸟，黄色，出于江淮。象形。"段玉裁注："今未审何鸟也。自借为助词而本义废矣。"

难，本来是鸟名用字。后被借作困难的"难"，它的本义就消失了。《说文解字》："难鸟也。从鸟，堇声。"段玉裁注："今为难易字而本义隐矣。"

我，金文或作"𢦔"，本是武器名用字，借作第一人称代词用字后，其本义就消失了。《说文解字》："我，施身自谓也。或说，我，倾顿也。"这里解释的就是其假借义，至于其本义，仅从字形中可以看到，而在古书用例中早就消失了。

2．借后归还

假借字被借用一段时间之后，人们给这个本无其字的意义造了专字，那个假借字就不再作假借字了，而是返回去仍旧作它原来的意义的用字。例如：

---

① 如果算上引申义，该字就有三种意义，但此处不讨论其引申义。

采，本义是采摘，借作彩饰的"彩"。《孟子·梁惠王上》曰："抑为采色不足于目与？""采"即借作"彩"。后来人们造了"彩"字作彩饰义的专字，"采"就不再作彩饰义的用字了。

与，本义是朋党。《说文解字》："与，党与也。"借为语气词，如《孟子·梁惠王上》曰："王之大欲，可得闻与？"后来又造了"欤"作语气词的专字，"与"就不再作语气词的用字了。

辟，本义是刑法，《说文》："辟，法也。"借为躲避的"避"，如《左传·宣公二年》曰："从台上弹人，而观其辟丸也。"后来又造了"避"作躲避义的专字，"辟"就不再作躲避义的借字了。

假借，没有直接造出新的字符，因而有人认为它是用字之法，而不是造字之法，但它为一些本无其字的词取得了书写形式，因此有人称假借为"不造字的造字法"。

假借的原则是借字和被借字的读音相同或相近。虽然借用同音字来表达词语的意义很方便，但它无法区别同音词，如果毫无节制地大量使用，势必削弱文字的表意功能，因此在汉字体系中，假借字所占的比例很小。假借字的意义在于使文字直接和语音发生了联系。当假借字在书面语言中所占比例超过一定的度，人们又在假借字上加上区别性符号，这样意声字——既表音又表意的新型汉字就出现了。

第四节　意　声　字

意声字就是字形既表意又表音的字，也就是"六书"中的形声字。许慎说："形声者，以事为名，取譬相成，江河是也。"意思是说，形声字是这样一种字：用表示意义的字作为新构字的一部分，再拿一个能够譬况字音的字来共同构成一个整字，"江"、"河"就是这样的字。可见，意声字由两类构字部件构成，其中一类表声，一类表意。我们把表意的构字部件称为"意符"，把表声的构字部件称为"声符"。意声字和会意字都是由两个以上的部件构成的，二者的区别在于，会意字的部件都是表意的，而意声字的部件既有表意的又有表声的。用意、声组成的意声字，既符合表达语言的需要又符合识读的要求，是一种优秀的汉字类型。意声字的出现，是汉字发展优化的结果，很快就在汉字的各种类型中占据了主流地位。据有的学者统计，在《说文解字》所收的 9 353 个汉字中，意声字所占比例高达 80% 以上。它是 "三书" 中的学习重点。

一、意声字的构成

意声字一般由一个意符和一个声符组成。如：

琢，《说文解字》："琢，治玉也。从玉，豖声。"

蹋，《说文解字》："蹋，蹈也。从足，聂声。"

储，《说文解字》："储，待也。从人，诸声。"

甍，《说文解字》："甍，屋栋也。从瓦，梦省声。"

儒，《说文解字》："儒，柔也，术士之称。从人，需声。"

脍，《说文解字》："脍，细切肉也。从肉，会声。"

也有少数字由一个声符与两个或两个以上的意符组成。例如：

碧，《说文解字》："碧，石之青美者。从玉、石，白声。"

嗣，《文字蒙求》："嗣，诸侯嗣国也。从册从口，司声。"

酱，《说文解字》："酱，醢也。从肉、酉……爿（qiáng）声。"

此外，还有所谓 "亦声字"，也叫做会意兼形声字，就是意声字中的某一个字符，在充当意符的同时还兼作声符。如：

婢，《说文解字》："婢，女之卑者也。从女、从卑，卑亦声。"

警，《说文解字》："警，戒也。从言，从敬，敬亦声。"

禬，《说文解字》："禬，福祭也。从示从會，會亦声。"

琥，《说文解字》："发兵瑞玉，为虎文。从玉从虎，虎亦声。《春秋传》曰：'赐子家双琥。'"

珑，《说文解字》："祷旱玉。龙文。从玉从龙，龙亦声。"

志，《说文解字》："意也。从心、之，之亦声。"

贫，《说文解字》："财分少也。从贝、分，分亦声。"

二、意声字中意符和声符组合的位置关系

意声字中意符和声符的位置结构主要有以下几种：

（一）左意右声

松，《说文解字》："松木也。从木，公声。"
睹，《说文解字》："见也。从目，者声。"
赂，《说文解字》："遗也。从贝，各声。"
赴，《说文解字》："趋也。从走，卜声。"
理，《说文解字》："治玉也。从玉，里声。"
绪，《说文解字》："丝端也。从糸，者声。"
错，《说文解字》："金涂也。从金，昔声。"

（二）右意左声

颗，《说文解字》："小头也。从页，果声。"
欺，《说文解字》："诈也。从欠，其声。"
救，《说文解字》："止也。从攴，求声。"
壮，《说文解字》："大也。从士，爿声。"
都，《说文解字》："有先君之旧宗庙曰都。从邑，者声。"
劲，《说文解字》："强也。从力，巠声。"
瓯，《说文解字》："小盆也。从瓦，区（ōu）声。"

（三）上意下声

苛，《说文解字》："小草也。从艹，可声。"
窒，《说文解字》："塞也。从穴，至声。"
罪，《说文解字》："捕鱼竹网。从网，非声。"
景，《说文解字》："日光也。从日，京声。"
毖，《说文解字》："慎也。从比，必声。"
完，《说文解字》："全也。从宀，元声。"
窘，《说文解字》："迫也。从穴，君声。"

（四）下意上声

基，《说文解字》："墙始也。从土，其声。"

常，《说文解字》："下裙也。从巾，尚声。"

衾，《说文解字》："大被。从衣，今声。"

忝，《说文解字》："辱也。从心，天声。"

妄，《说文解字》："乱也。从女，亡声。"

案，《说文解字》："几属。从木，安声。"

熬，《说文解字》："乾煎也。从火，敖声。"

（五）外意内声

固，《说文解字》："四塞也。从口，古声。"

闱，《说文解字》："宫中之门也。从门，韦声。"

街，《说文解字》："四通道也。从行，圭声。"

匣，《说文解字》："匮（柜之初文）也。从匸，甲声。"

戚，《说文解字》："戉也。从戉，尗声。"

鬮，《说文解字》："鬥取也。从鬥，龟声。"

（六）内意外声

辨，《说文解字》："判也。从刀，辡声。"

闻，《说文解字》："知声也。从耳，门声。"

冈，《说文解字》："山脊也。从山，网声。"

斋，《说文解字》："戒洁也。从示，齐省声。"

羸，《说文解字》："瘦也。从羊，蠃声。"

哀，《说文解字》："闵也。从口，衣声。"

（七）特殊结构

此外，还有几种特殊结构，如：

1. 意符偏于一隅

倏，《说文解字》："犬走疾也。从犬，攸声。"

彀，《说文解字》："张弩也。从弓，㱿声。"

腾，《说文解字》："传也。从马，朕声。"

载，《说文解字》："乘也。从车，𢦦声。"

颖,《说文解字》:"禾末也。从禾,顷声。"

务,《说文解字》:"趣也。从力,敄声。"

赖,《说文解字》:"赢也。从贝,剌声。"

2. 声符偏于一隅

徒,《说文解字》:"步行也。从辵土声。"

碧,《说文解字》:"石之青美者。从玉、石,白声。"

宝,《说文解字》:"珍也。从宀、玉、贝,缶声。"

3. 字符分拆,穿插结合

游,《说文解字》:"旌旗之流也。从㫃,汓声。"

随,《说文解字》:"从也。从辵,隋声。"

三、意声字中意符、声符的表意表音功能

(一)意符的表意功能

意声字中的意符与该字的本义有关。例如,"洞"字从水,同声,本义是水流得很快,其意符"水"表示它的本义与水有关。"狡"字从犬,交声,本义是"少犬",其意符"犬"表明它的本义与犬有关。"伯"字从人,白声,本义是弟兄中的老大,其意符"人"表明它的本义与人有关。

意符表意有以下两个特点:

首先,意符在整字中所表示的意义,只是该字的意义范畴,而不是具体的概念。例如:以"手"为意符的字有推、拉、排、把、提、按、拿、捏、掐、拧、打等,在这些字中,"手"只表示这些字的意义与手有关,而不表示手的具体动作或状态;以"木"为意符的字有桃、李、梨、杏、栗、杨、柳、松、柏、桧、桥、栅、梁等,"木"只表示这些字与树木有关而不表示具体的树种或器物种类。

其次,意声字的意符与本义之间的关系灵活多样,没有固定的模式。这表现在两方面:

第一,同一个意符,在不同的字中可以表示不同的意义。例如:"口"作意符,可以表示这样几种不同的意义:(1)与口有关的器官,例如,嘴、喙、吻(嘴边)、喉;(2)与口有关的行为,例如,含、叫、吞、吐、吸、吹、吮、咬;(3)象声词,例如,呱、啾、哗、呼、啦;(4)与语言有关的事情,例如,命、令、召、告、

唯、咨。又如,"人"作意符,可以表示下列四种不同的意义:(1)表示人的类别,例如,偶、仇、侠、儒、俊;(2)表示人的德性,例如,仁、佞、俭、侈、倨、傲、伪;(3)表示人的动作行为,例如,依、仗、作、企、仰、伏、伸、侵、伐、仕;(4)表示人的仪态,例如,仪、健、倦、佻、伟、佼。

第二,同一类意义,可以用不同的意符表示。例如,表示建筑物或其局部可以用"宀",如室、宅、宇;可以用"广",如庙、庑、廊;还可以用"户",如房、扃、扉;也可以用"尸",如屋、层。表示器皿,可以用"缶",如缸、罐、罍;可以用"瓦",如瓶、瓮、瓯;也可以用"皿",如盆、盂、盉。表示行走,可以用"辶",如返、还、追;可以用"走",如赶、赴、趣;可以用"彳",如往、徐、循;可以用"足",如跟、跑、跳;可以用"止",如步、前、歱;还可以用"行",如衙(本义是行走的样子)。

(二)声符的表音功能

意声字的声符对整字具有一定的表音作用。例如,以"马"为声符的字:吗、妈、玛、码、骂、蚂的读音都与其声符的读音相近或相同。以"冈"为声符的字:刚、岗、纲、钢的读音都与"冈"相近或相同。就是声符的这种表音作用,使得汉字具有了表音成分,变得容易认读,从而使意声字成为汉字的主流。但是,由于语音的历史演变,现代汉字中声符的表音作用已经大大减弱,许多声符表音只是近似而不再确切,有的声符甚至已经完全失去表音作用。例如,同是以"工"为声符的字,有的与它声韵虽同,但声调不同,如汞是上声,贡是去声;有的与"工"声母不同,如空、红;有的与"工"韵母不同,如缸;有的与"工"声韵都不同,如扛、江、腔、项、邛。又如以"寺"为声符的字,有的读"shī",如诗;有的读"shí",如時;有的读"shì",如侍、峙、恃;有的读"dài",如待;有的读"tè",如:特。以"兑"为声符的字,税、说、脱、悦等字读音也都不同。因此,对于现代汉字中意声字的读音,不要简单地用类推法去读。例如,以"复"为声符的有腹、馥、蝮、複、鰒、愎等,但前面的五个字都读"fù",而"愎"却读"bì"。"柔"为声符的有揉、糅、鞣、蹂、煣、輮、猱等,前面的六个字都读"róu",而"猱"却读"náo"。俊、峻、竣、骏、浚、悛等字声符相同,但"悛"的读音(quān)却与其他字不同。偶、耦与隅、愚、遇等字声符相同,但读音不同。对于此类字,如果用类推的办法去确定它的读音就会出错。

（三）声符的表意功能

声符可以表音，这是很自然的事，然而，除此而外，有些声符还可以表意。声符表意有这样几种情况：

1. 声符的形体表意

有少量的意声字是在原字的基础上增加意符而形成的新字。新字产生后，原字成为新字的声符。这种声符原来就是纯表意字，其形体具有直接表意功能，作了意声字的声符之后，其原有的表意功能依然存在。例如：

趾，初文作"止"，"止"是象形字，表示脚的意思。后来加上"足"作为意符，形变为"趾"，成为意声字，"止"就成为新字的声符，但是它仍然保留着原来的表意功能。

株，初文作"朱"，是指事字，是树干的意思。后来加上"木"字，作为意符，形变为"株"，成为意声字，"朱"就成为新字的声符，但是它原来的表意功能并未失去，只是隐藏起来而已。

暮，初文作"莫"，是会意字，表示太阳快要落的意思。后来加上"日"作为意符，"莫"就成为新字的声符，但是它原有的表意功能依然保留在其形体内。

2. 声符的字义表意

某些意声字的声符，原来就是意声字，后来给它加上意符，使它成为声符，这时，它仍然含有原来的意义。例如：

贾，原来是意声字，从贝，襾声，具有价格的意思，后来加上"人"字作为意符，原字就成为新字"價"（价）的声符。

责，原来就是意声字，从贝，朿声，具有债务的意思，后来给它加上"人"字作为意符，"责"变成新字"债"的声符。

奉，原来就是意声字，从手、廾，丰声，是捧的意思，后来，给它加上提手旁作为意符，它就变成了"捧"的声符。

又如：厷—肱，韋—圍，昏—婚，取—娶，景—影，杲—噪等，都是原字成为新字声符的例子。这一类意声字的声符原来独立成字时就具有表意功能，当它成为新字的声符后，旧有的表意功能仍未丧失，所以，这种声符除了表音而外，还兼有表意功能。

3. 声符的读音表意

声符表意，大多数不是以其形体或字义表意，而是以其读音表意的。例如：

以"音"为声符的字，多有增加的意思。如"倍"有加倍的意思，"陪"是陪伴的意思，所谓陪伴，就是为被陪伴者身边增加人；"赔"是增加财物；"培"是增加土。

以"巠"为声符的字多有细长的意思，如经、颈、径、茎、胫、泾、迳、弪，都含有"细长"这样的意义。

以"皮"为声符的字，多有外表的意思，如波、坡、披、被等字都有外表这样的意思（尽管相传有人用"波字是水之皮"嘲笑王安石，但是，波的确在水的外表）。

声符可以表意，这个规律，宋代学者就已经发现了。沈括《梦溪笔谈》卷十四载："王圣美（名子韶）治字学，演其义以为右文。古之字书，皆从左文。凡字，其类在左，其义在右。如木类，其左皆从木。所谓右文者，如'戋'，小也，水之小者曰'浅'，金之小者曰'钱'，贝之小者曰'贱'。如此之类，皆以'戋'为义也。"这就是所谓"右文说"。王氏的这个发现具有很重要的学术价值，但是，声符可以表意，这只是部分声符所具有的功能，而不是全部声符的功能。王圣美说"凡字，其类在左，其义在右"，把部分说成了全体，犯了以偏概全的错误。在自然语言中，语义是通过语音来表现的，也就是说，语音是表达语义的；在书面语言中，声符在整字中是表示该字的读音的，因此，它具有表达意义的功能是顺理成章的事，这并不难理解。

思考与练习

1. "六书"的实质是什么？
2. 试述"三书说"的内容。
3. 什么是表意字？表意字有哪几类？
4. 什么是表音字？
5. 假借法不产生新字，为什么把它看做一种造字法？
6. 什么是意声字？
7. 试述意声字的构成与意声字中意符与声符的位置组合关系。
8. 什么是象形？它与指事的区别是什么？
9. 举例说明象形字分哪几类。
10. 举例说明独体字与合体字的区别。

11. 举例说明会意字与形声字的区别。

12. 试述意符的表意功能。

13. 试述声符的表音功能。

14. 解释：象形、指事、会意、形声、转注、假借。

15. 用"六书说"分析下列各字的构造类型：燕、虎、眉、鼎、朋、壶、胄、牢、尾、上、回、交、高、朱、元、亦、多、北、取、鼓、败、叟、春、得、问、宿、锦、颖、修、随、徒、陡、炙、灸。

第三章　汉字的形体

学习提示

1. 掌握汉字形体的概念。
2. 掌握汉字形体构成要素和结构方式。
3. 掌握汉字形体变化的表现。

第一节　汉字形体的概念及汉字形体的功能

一、汉字形体的概念

汉字的形体，即汉字的物理存在形式，也就是显示出来被人们的视觉所感知的字的形迹。如果进一步区分，可以分为字形与字体。

（一）字　形

字形是指由字的构件及其组合方式所决定的字的样式。例如，"式"之所以呈现出"式"的样式，就是因为它是由"工"与"弋"以半包围的方式组合在一起的；"人"之所以为"人"，是因为它是由一撇一捺相接构成的。同样的构件，所处的位置不同，就构成了不同的字。例如，"唯"与"售"有别，是因为二者结构不同，一个是"口"左"隹"右，一个是"隹"上"口"下。"呆"与"杏"的构件都是"口"与"木"，可是一个是"口"上"木"下，另一个是"木"上"口"下，所以就成为两个不同的字。字形具有独特性。如"水"之所以不同于"山"，是因为二者都具有独特性，它们所用笔画和组合方式都不相同，因而显示出了不同的整体面貌。如果一个字的笔画或部件及其组合方式与另一个字相同，那么，它们就是同一个字。例如"天"与"天"，虽然样式有些不同，但它们所用的笔划及其组合方式是相同的，因而它们是同一个字。

（二）字　体

字体就是字的体式，指同一个字形因笔画、形态不同而形成的不同样式。例如：

立——立、立、立、立、立、立、立、立、立

走——走、走、走、走、走、走、走、走、走

人——人、人、人、人、人、人、人、人、人

这些字有着诸多不同的样式，却是同一个字。它们的不同，不在于构成它们的笔画、部件与其组合方式，而在于由不同形态的笔画所决定的整体形式。

二、字形的功能

字形是文字唯一可见的存在方式，任何对文字的研究都必须从字形开始。字形对内对外都有着至关重要的作用。所谓对内，就是字的形体对字音、字义的作用，我们称之为字的形体的内部功能。所谓对外，就是字的形体对文字本身以外的事物诸如语言、思维、文化、社会等的作用，我们称之为字的形体的外部功能。

（一）字形的内部功能

在字的形音义三要素中，字形具有以下功能：

1. 形成与显示文字

在文字的形音义三要素中，字形是字音、字义的代表者和承载者，如果没有字形，就无所谓字音、字义。因而，字形的首要功能就是形成并显示文字。

2. 表现字音字义

文字具有形音义三要素，但是字音、字义不是直接显示出来的，而是由字形来表现的。例如，"a"这个字音就得借助"阿"、"啊"、"锕"等字形显示出来；读音为"bān"的"发布,颁发"这个字义，就得借助"颁"这个字形显示出来。

3. 区分文字

文字是一个符号系统，这个系统中有许多不同的字，而这些不同的字都是靠字形来区分的。例如："字"、"学"、"觉"，这些字之所以是不同的字，就在于它们的形体不同。

（二）字形的外部功能

字形的外部功能即字形对文字之外的事物的功能。

汉字字形不仅仅对字音、字义具有作用，它还是语言符号、思维符号、审美符号、情感符号、文化符号、社会符号。这样，它就不可避免地对与之相关的事物产生一定的影响。文字的外部功能问题，内容比较丰富，将在第六章"汉字的功能"中详细介绍。

第二节　字形的结构

字形结构，是指整字内部的各级部件在组成整字时的组合方式。所谓整字，是指独立存在的、能自由运用的字形单位。例如，"间"、"杏"、"乂"就是整字。整字是由部件以一定的方式组合在一起而构成的。例如，"间"由"门"与"日"以内外结构的方式构成；"杏"由"木"与"口"以上下结构的方式构成；"乂"由"丿"与"乀"交叉构成的。字形的构成，包含两种要素：第一，构成整字的部件；第二，部件构成整字的方式。

一、汉字字形的构件

汉字字形的构件指构成汉字字形的材料，汉字字形的构件有两级，即笔画（线条）和部件。

（一）线条和笔画

线条和笔画是构成汉字字形最基本的材料。它们的作用是用来构成部件的形体。

1. 线条

线条特指古文字即甲骨文、金文、大篆、小篆构形所用的点画。古文字构形所用的材料是线条。线条的特点是长短不齐，曲直不一，起止不定，完全随着构形的需要而变化，而没有形成一定的规格。如：

（追）　（才）　（时）　（首）　（来）　（包）

（白）　（老）　（鬥）　（洹）　（魃）　（面）

这些字用来构形的材料就是线条。线条的构成方法是"画成其物，随体诘诎"，还没有形成基本的形制，所以我们很难把它们归纳为基本的笔形。

2. 笔画

笔画指今文字即隶书、楷书构形所用的材料。笔画与线条不同，笔画是具有一定规格的笔形，有明确的起迄和规范的写法。隶书、楷书常用的基本的笔画有 5 种，即"一"（横）、"丨"（竖）、"丿"（撇）、"丶"（点）、"乛"（折）。也有把笔画归纳为 8 种的，即在这 5 种笔形之外再加上提、捺、勾，从而成为 8 种笔形。还有把基本笔形归纳为 6 种的。由这些基本笔形又派生出多种笔形，有人把汉字的笔形分为 6 种基本笔形和 25 种派生笔形。

（二）构形部件

构形部件，简称部件，它是介于整字与笔画之间的字形单位，是构成整字的直接材料。汉字的数量众多，而且形体结构复杂，如果只把笔画作为整字的构字部件，那么，数以万计的整字的构成方式将千姿百态，各不相同。这样过于复杂，难以掌握。因而汉字在长期的发展过程中，形成了具有笔画、部件与整字的三级字形单位的符号体系。部件就是介于笔画与整字之间的汉字字形单位，它的基本职能就是充当整字的基本构件。例如：

部＝音＋阝，件＝亻＋牛，笔＝竹＋毛，组＝纟＋且，基＝其＋土。像这些用来组成整字的"音"、"阝"、"亻"、"牛"、"竹"、"毛"、"纟"、"且"、"其"、"土"等材料就是部件。

部件由笔画组成，具有相对的独立性和稳定性，在构字过程中可以独立应用。例如：

氵：江、河、湖、海、汗、湿。在这些整字中，"氵"可以与"工"、"可"、"胡"、"每"、"干"、"显"等许多不同的部件组字。

龶：青、毒、表、素、责。在这些整字中，"龶"可以和"月"、"母"、"衣"、"糸"、"贝"等部件组字。

灬：羔、魚、馬、鳥、無。在这些整字中，"灬"可以与"羊"、"鱼"、"馬"、"鳥"、"無"等部件组字。

部件又有单纯部件与合成部件之分。

1. 单纯部件

单纯部件是指最小的不能再分的部件。单纯部件是由一个部件构成的部件，例如"艹"、"手"、"牛"、"口"、"末"、"衣"、"山"、"土"等都是单纯部件。

单纯部件由笔画直接组成。例如"亻"由"丿"和"丨"构成；"龶"由一竖和三横组成；"艹"由一横和两竖组成。一般地说，部件和笔画的区别在于笔画都是单笔，而部件多数是复笔即笔画的组合。少数部件是由单笔构成的，例如"一"、"乙"、"丶"等就是由单笔笔画构成的部件。此外，在整字的形体中，处于分离状态中的横、竖、撇、折也单独充当部件。

2. 复合部件

复合部件是指由两个或两个以上的单纯部件组成的部件。例如：

列，可作烈、裂、洌、咧等字的部件，而"列"却由"歹"与"刂"组成。

旦，可作但、胆、担、疸等字的部件，而"旦"却由"日"与"一"组成。

只，可作识、知、职、织等字的部件，而"只"却由"口"与"八"组成。

共，可作供、拱、珙、龚等字的部件，而"共"却由"廿"与"八"组成。

要，可作腰、嵕、蒌、嘤等字的部件，而"要"却由"覀"与"女"组成。

赖，可作濑、癞、簸、藕等字的部件，而"赖"却由"束"、"夕"、"贝"三个部件组成。

最，可作蕞、撮、橃、嘬等字的部件，而"最"却由"曰"、"耳"、"又"三个部件组成。

这种由两个或两个以上的单纯部件构成的部件就是复合部件。

二、汉字字形的结构方式

汉字形体的结构方式是指汉字构件组成整字的组合方式。这种方式包括这样几个要素：接触关系、空间位置关系、组合的层级关系。

（一）笔画组合方式

笔画组合关系是一种接触关系，笔画组成部件或整字的基本方式有三种：

1. 相离

相离是指组成字形的笔画之间没有接触。如：川、三、小、六、八。

2. 相接

相接是指组成字形的笔画之间有接触，但没有穿插。如：人、丁、正、口。

3. 相交

相交是指组成字形的笔画之间有穿插。如：十、丰、九、力、丈。

大多数字都是综合应用几种基本方式组成的，例如，牛、羊、马、犬、弋、虎等都是运用了两种以上的方式组成的。

（二）部件组合方式

部件组合关系是一种空间位置组合。部件组成整字的基本方式有三种：

1. 纵向结构

纵向结构是指组成字形的部件纵向排列。如：岩、室、章、忠、芬。

2. 横向结构

横向结构是指组成字形的部件横向排列。如：例、江、鸿、鞭、树。

3. 内外结构

内外结构是指组成字形的部件内外组合。如：固、同、函、匡、勾、这、司。

这里讲的只是部件构字的几种最基本的方式，如果详细分类，还可以分得更多。实际上，许多字的结构往往同时运用了几种不同的组合方式，例如"结"，既有横向结构，又有纵向结构；"构"，既有横向结构，又有内外结构。

（三）结构的层级关系

从几何的角度看来，文字所有的笔画都处在同一平面上，就这个意义上说，所有的文字都是平面结构，但是，从文字内部各构件组成整字的构成关系来看，它却不是平面结构，而是层级结构。所谓层级结构，就是说，构成整字的构件与整字不处在同一个层次上，各种构件之间也往往不处在同一层次上。整字字形是三级结构。整字由部件直接构成，而部件又由笔画构成。如"件"字，首先由撇、竖、横等笔画组成"亻"和"牛"两个部件，再由这两个部件组成"件"字。这样，整字就是三级结构，即笔画、部件、整字。

另外，复合部件的结构又有层次之分：如果一个部件之内又包含一层部件，那就是两级结构的部件，例如，"吉"是"结"的部件，而"吉"又包含"士"与"口"两个部件，这样，"吉"就是两级部件；"族"是"簇"的部件，但它本身又是由处于不同层次的三个末级部件即"方"、"𠂉"、"矢"组成的。如果一个部件内包含着两级部件，那么，这个部件就是三层部件。例如，"聂"是"摄"的部件，但"聂"又包含着"耳"与"双"两个部件，而聂的部件"双"又包含着两个"又"，这样，"聂"就是三层部件。依此类推，部件的结构层次可以达到四五层之多。

三、整字的结构类型及其拆分

（一）整字的结构类型

按整字所包含的部件数量分，整字可以分为独体字和合体字。

1. 独体字

独体字是由一个部件构成的整字。例如：力、电、田、不、正、门。独体字只能做一次性分析，分析出的字形单位是笔画。例如："力"分析为撇与折两个笔画；"电"分析为竖、折、横、横、折五个笔画；"不"分析为横、撇、竖、点四个笔画。

2. 合体字

合体字是由两个或两个以上的部件构成的整字。例如：体、独、形、多、翻。合体字则可以作两次分析，先分析出单纯部件，再分析出笔画。例如："利"可以分析出"禾"与"刂"两个部件，而"禾"又可进一步分析出撇、横、竖、撇、捺五个笔画。"刂"可以分析出竖、竖勾两个笔画。

（二）对于合体字中部件的拆分

在研究与应用中，常常需要把整字拆分为部件。合体字中部件的拆分规则如下：

1. 分隔沟拆分

一些整字中的若干部件，中间存在着分隔沟，那么，这种字的拆分，就以分隔沟为界，相互离开的就是部件。例如：树—木、又、寸。笔—竹、毛。层—尸、云。

2. 相接点拆分

一些字的若干部件存在着相接关系，那么，就从相接点拆分，例如：早—日、十。右—ナ、口。耂—十、ナ。

有多个相接点时，可先拆分相接点少的，再拆分相接点多的，例如：充—亠，允；允—厶、儿。克—十、兄；兄—口、儿。光—⺌、兀；兀—一、儿。

3. 独立的单笔拆分

一般地说，部件由多个笔画构成，但是，也有一些单笔画可以充当部件。当某个笔画出现在整字中的时候，判断它是否是部件，主要看它的使用是否具有独立性：具有独立性者为部件，不具独立性者不是部件。例如，"买"字中的"一"是部件，而"犬"字中的"丶"则不是部件。判断一个单笔画是否具有独立性，应该看它在整字中与部件的关系。如果它一直单独使用，而不是某一个部件的一部分，那么，它就是独立的；如果它一直作为某一个部件的一部分出现，那么，它就不是独立的。例如，"一"在"买"字中，与"头"是相互独立的两个单位，而"犬"字中的一点，在作部件时，一直是其整体的一个有机组成部分。例如，獒、臭、戾。

4. 逐层拆分

对于包含多层次部件的整字的拆分，应该从大到小。判断部件的大小，一般可以分隔沟的长短为据。例如：繁—敏、糸；敏—每、攵；每—𠂉、母。

但是，层次拆分要符合汉字结构的基本类型。例如，"键"有两个分隔沟，如果按照分隔沟的长短次序拆分的话，就应该先把"聿"字拆分出来，但这样做是不符合汉字结构的基本类型的。所以应该先把"钅"与"建"分开，然后再分。

以上分拆部件的规则只是相对的，不同部门或学者可以根据不同的需要制定不同的规则。例如，国家语言文字工作委员会于 1979 年 12 月 1 日发布的《信息处理用 GB13000.1 字符集汉字部件规范》说："本规范是根据汉字的构形规律、现行汉字的发展现实和汉字的历史承袭性，采用'从形出发、尊重理据、立足现代、参考历史'的原则制定的。"这就表明，该规范对于部件的切分原则，不是单纯根据形体结构标准，而是兼顾了部件的造字理据。

多层次的复合部件的切分，方法与整字相同。

四、字形结构与字的结构的区别

字形结构与字的结构不同。

第一，字形结构仅是字的形体组合，而字的结构则是字的形体及其所表示的音义的组合。字形结构是字的形体结构，这种结构仅仅是指字形的组合要素及其空间位置组合关系，不涉及字的音义。例如，"忠"是上下结构，"陶"是左右结构，"固"是内外结构，"颖"由"匕"、"禾"、"页"三个部件组成，"章"由"立"、"日"、"十"三个部件组成，"鸿"由"氵"、"工"、"鸟"三个部件组成，"整"由"束"、"攵"、"正"三个部件组成。因此，字形结构分析，只要分析出构成整字形体的部件与构成整字的空间位置关系及其层级关系就行了。

字的结构是字形及其所表示的音义的组合，组成整字的部件都具有一定的表意和表音作用，因此，汉字的结构就不再是单纯的形体组合，而是一种具有双重性质的结构；它一方面是字的形体构件的组合，另一方面又是这些构件所代表的一定的意义或语音的组合，而且，字的结构的依据是其构件在其整字中的表音表意功能。也就是说，字的结构是字的形体所代表的语言要素的音义或者意义组合。因此，字的结构分析，就不再是单纯的形体组合分析，而是一种具有双重性质的结构分析：它一方面是字形结构分析，另一方面又是整字的音义组合分析，而且分析的依据是其构件在整字中的表音表意功能。例如：

忠，《说文解字》："忠，敬也，尽心曰忠。从心中声。"意思是说，忠是敬的意思，也就是全心全意、毫无保留的意思。"忠"由"中"与"心"两个构件组成，在其组成的"忠"字中，"心"表示"忠"的意义类别，"中"表示"忠"的读音。

陶，《说文解字》："陶，再成丘也，在济阴。从阜，匋声。"意思是说，陶是两重的山丘，在济阴郡。"陶"这个字由"阜"与"匋"两个构件组成，在由它们组成的"陶"字中，"阜"表示"陶"具有的意义类别，"匋"表示"陶"的读音。

固，《说文解字》："固，四塞也。从囗，古声。"意思是说，固是四面堵塞的意思。"固"由"囗"与"古"两个构件组成，在由它们组成的"固"字中，"囗"表示"固"的意义类别，"古"表示"固"的读音。

颖，《说文解字》："颖，禾末也。从禾，顷声。"意思是说，颖指禾穗的末端。"颖"由"禾"与"顷"两个构件组成，在由它们组成的"颖"字中，"禾"表示"颖"意义类别，"顷"表示"颖"的读音。

整，《说文解字》："整，齐也。从攵，从束、正，正亦声。"意思是说，整是齐的意思。"整"由"攵"、"束"与"正"三个构件组成，在由它们组成的"整"字中，"攵"、"束"与"正"这三个构件共同组成了"齐"的意思，而"正"还表示着"整"这个字的读音。

像《说文解字》分析的这种结构，并不是字的形体组合关系，而是字的音义组合关系，这种结构就是字的结构。为了便于区分，这种结构也可以叫做字的表词结构。

第二，字形结构与字的结构所含的结构单位层次不同。字形结构具有三级单位，即笔画（或线条）、部件、整字；字的结构只有两级单位，即字素（在整字结构中，能够表示一定意义或读音的构字部件叫做字素）和整字。

第三，人们研究字形结构与字的结构的角度和目的不同。对于字形结构的研究，仅仅限于字的形体，这种研究有助于人们掌握汉字的构形规律，在应用于书写时可以帮助人们科学地安排字的间架结构，使书写过程合理，所写的文字形体美观；整字字形切分出来的部件可以用作检字部首。对于字形结构进行切分，也是计算机文字处理的需要。对于字的结构的研究，是从字的表意表音的角度进行的。这种研究有助于人们掌握汉字以形表意表音的规律，从而更好地掌握通过汉字的形体来了解它的音义，极大地提高学习汉字的效率。

当然，汉字的字形结构和字的结构并不是截然分开的，而是互有联系的。字形结构是字的结构的基础，因为汉字表意是通过字的形体来实现的，如果去掉字形，表意就无从谈起。尽管汉字的形体结构与表词结构是两种性质不同的结构，但是如果单纯从形体上看，某些字的两种结构是重合的。例如，"休"，其字形结构可以分析为"亻"与"木"，其字的结构也分析为"亻"与"木"；"功"，其字形结构可以分析为"工"与"力"，其字的结构也分析为"工"与"力"。有些字的字形结构与字的结构不一致。例如"燕"，其字形结构可以分析为"廿"、"コ"、"口"、"匕"、"灬"五个部件，而作为字的结构则只是一个"燕"字；"斗"，其字形结构可以分析为"丶"、"十"两个部件，而字的结构则只是一个"斗"字；"亭"，其字形结构可以分析为"亠"、"口"、"冖"、"丁"四个部件，而字的结构则只是两个部件，即从高省，丁声。

第三节　字形的变化

汉字产生以后，其字形一直处于变化之中。这种变化具有循变与讹变，增繁与省简，分化与归并以及结构类型的变化等几种基本情况。

一、循变与讹变

从字形继承和变异的角度看，有循变与讹变两种情况。

1. 循变
循变是字的形体遵循着原来的基础和造字意图的变化。例如：

毛，金文作"𝑡"，小篆作"𝑡"，隶书作"毛"，楷书作"毛"，象毛发之形，表示毛发。《说文解字》："毛，眉发之属及兽毛也。象形。"

手，金文作"𝑦"，小篆作"𝑦"，隶书作"手"，楷书作"手"，象手形，表示手。《说文解字》："手，拳也。象形。"

象，甲骨文作"𝑔"，金文作"𝑔"，小篆作"𝑔"，楷书作"象"。象大象之形，表示大象。《说文解字》："象，长鼻、牙，南越大兽。三年一乳，象耳、牙、四足之形。"

雨，甲骨文作"𝑟"，金文作"𝑟"，小篆作"雨"，楷书作"雨"，表示降雨。《说文解字》："雨，水从云下也。"

夹，甲骨文作"𝑗"，金文作"𝑗"，小篆作"𝑗"，楷书繁体作"夾"。象一个人夹持着两个人，表示夹持。《说文解字》："夹，持也。从大挟二人。"

这种变化都是在原有的字形基础上的变化，而且变化后的字形依然保留了原来的造字意图。这种变化就叫做循变。

2. 讹变

讹变指字的形体在演变过程中脱离了原来的形体基础与造字意图。例如：

前，小篆作"𦦙"，象人足置于舟上，表示人在舟上，借助舟来行进。《说文解字》："不行而进谓之前。从止在舟上。"楷书作"前"，其形体脱离了原来的基础，同时也失去了原有的表意功能。

更，甲骨文作"𠬝"，金文作"𣪊"，其形象手持鞭棍敲击器物之状，表示击打。小篆作"𣅉"，义为更改。《说文解字》："更，改也。从攴，丙声"。楷书作"更"，完全脱离了原来的造字结构与意图。

走，小篆作"𧺆"，上面是一个处于奔跑状态的人，下面是一个"止"即人的脚，合起来表示奔跑的意思。楷书作"走"，是"土"字下面一个变形的"止"字。

吏，甲骨文作"𠉂"，金文作"𤲃"，小篆作"�"，从又持中。楷书作"吏"，变成了独体字。

书，金文作"𦘔"，小篆作"𦘘"。《说文解字》："书，箸也。从聿，者声。"楷书繁体作"書"，"者"字省去了"耂"。简化字作"书"，脱离了原来的字形基础与表意意图。

父，甲骨文作"𠂇"，金文作"𤓯"，小篆作"𤓯"，象手中持棍之形，象征着权威，表示父亲。《说文解字》："父，矩也。家长率教者，从又举杖。"楷书作"父"，脱离了原来的字形基础与表意意图。

这种变化完全脱离了原来的基础，而且也失去了原有的表意功能，所以叫做讹变。

二、增繁与省简

从字形繁简的角度看，有增繁与省简两种情况。

1. 增繁

增繁即一个字因增加笔画或部件而导致形体繁复。例如：

上，表示上下的上，甲骨文作"二"，因其形易与"二"相混，为了区别，金文作"上"，笔画增加。①

途，甲骨文作"𣥠"，从止，余声，表示道路。于省吾："𥥛文之途，从止，余声，以为道路之途者,本字也。"② 小篆作"𨑒",在原来的基础上,增加了"彳",形体增繁。

逐，甲骨文作"𧗆"，金文作"𧗵"，在甲骨文的基础上增加了"彳"，小篆作"𨑔"，《说文解字》："逐，追也。从辵，从豚省。"其说"以豚省"不确。

德，甲骨文作"𢔚"，金文作"𢔌"，在甲骨文的基础上增加了"心"。小篆作"德"，《说文解字》："德，升也。从彳，悳声。"

网，甲骨文作"𠔢"，象捕捉动物之网，后加声符作"罔"。汉印作"罔"，《说文解字》或体作"网"，又加意符作"網"。

禽,甲骨文作"𥄕",形为捕获动物的工具,是"擒"的初文。金文加声符"今"作"𢄾", 小篆作"禽"。《说文解字》："禽，走兽总名。从厹，象形，今声。"

乘，甲骨文作"𠅞"，金文作"𠅷"，在"人"的字形上增加了表示脚的字形。小篆作"𣎵"。《说文解字》："乘，覆也。从入桀。桀，黠也。"其说不确。汉印作"𣜩"，字形逐渐增繁。

2. 省简

省简即一个字因减少线条、笔画或偏旁而使形体简易。例如：

鱼，甲骨文作"𤉢"，金文作"𩵋"，小篆作"𩵋"，楷书繁体作"魚"，简化字作"鱼"，笔画逐渐减少。

车，甲骨文作"𤆍"，金文作"車"，小篆作"車"，楷书繁体作"車"，简化字作"车"，笔画逐渐减少。

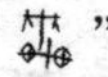

粪，小篆作"糞"，楷书繁体作"糞"，简化字作"粪"，笔画逐渐减少。

星,甲骨文作"𤊥",金文作"𤉡",小篆作"星",《说文解字》："星，万物之精，上为列星。从晶，生声。一曰象形，从〇，古〇复注中,故与日同。"楷书作"星"，笔画逐渐减少。

报，甲骨文作"�"，金文作"報"，小篆作"報"，《说文解字》："报，当罪人也。从㚔从𠬝。𠬝，服罪也。"楷书繁体作"報"，简化字作"报"，笔画逐渐减少。

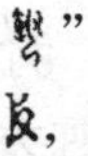

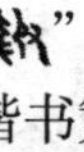

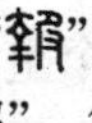

---

① 此字小篆作"上"，《说文解字》："上，高也。此古文上，指事也。"楷书作"上"。

② 参见王延林：《常用字字典》，101页，上海，上海书画出版社，1987。

有的字在单独成字时不曾省简，而在组合新字的时候，形体会省简一部分。《说文解字》解释某些字时说"从某省"，就是这种情况。如：

亭，《说文解字》："民所安定也。从高省，丁声。""高"省去下面的"口"。

孝，《说文解字》："善事父母者。从老省，从子。""老"省去下面的"匕"。

融，《说文解字》："炊气上升也。从鬲，蟲省声。""蟲"省去下面的"蚰"。

炊，《说文解字》："爨也。从火，吹省声。""吹"省去左面的"口"。

犖，《说文解字》："杂色牛也。从牛，劳省声。""劳"省去下面的"力"。

"亭"、"孝"是省简了形符的部分形体，一般称为"省形"；"融"、"炊"、"犖"是省简了声符的部分形体，一般称为"省声"。对于省形和省声的字，在分析字形的时候，必须把省略的部分补充出来，否则，这种字的结构就无法理解。例如"炊"，"吹省声"，如果不把"欠"还原为"吹"，就无法理解"炊"的读音。

增繁和省简构成了汉字字形演变的一对基本矛盾，二者形成一种张力，字形的变化就在这张力中不断地调整，以求得最佳效果。它们相反相成，相互制约，相互促进，成为汉字形体演变的主要形式。但是有的学者夸大了繁化或简化的作用，绝对地把繁化或简化说成汉字发展的规律，既不符合汉字发展的事实，也不符合汉字发展的内在逻辑。

三、分化与归并

从变化后有关字形的关系看，有分化与归并两种情况。整字与部件都有这种情况。

（一）整字的分化与归并

1. 整字的分化

整字的分化是指一个整字分化为几个不同的整字。例如：

受、授，本为一字。甲骨文作"🔆"，金文作"🔆"，既表示付与，也表示接受。小篆发生了分化，以"受"表示接受，以"𤔲"表示付与。

育、毓，本为一字，后来分化为两个不同的字。未分化时，甲骨文或作"🔆"，金文作"🔆"，并象妇女生小孩之形。小篆作"毓"。秦以后，分化为"毓"与"育"，前者用作生育之义，后者用作教育之义。

吏、事、使，三字本为一字，后来分化为三个不同的字。未分化时，甲骨文作"𠁁"，金文作"𠁁"，既表示使令、派遣，也表示做事者，还表示所作之事。小篆发生了分化，以"𠁁"表示做事者，楷书作"吏"；以"𠁁"表示使者，派遣等义，楷书作"使"；以"𠁁"表示所作之事，楷书作"事"。

勾、句，本为一字，小篆写作"𠃌"，后来分化为两个不同的字。《说文解字》："句，曲也。"段玉裁注："凡曲折之物，侈为倨，敛为句。……凡章句之句，亦取稽留可钩乙之义，古音总如钩。后人句曲音钩，章句音屦，又改句曲字为勾，此浅俗分别，不可与古道也。"

亨、享、烹，本为一字，原写作"亯"，后来分化为三个不同的字。《说文解字》："亯，献也。从高省。"段玉裁注："亯象荐孰，因以为饪物之称，故又读普庚切。亯之义训荐神，诚意可通神，故又读许庚切。古音则皆在十部。其形，荐神作亨，亦作享；饪物作亨，亦作烹；《易》之元亨，则皆作亨。皆今字也。"

张、涨、胀，本为一字，在小篆中写作"𢏚"，后来分化为三个不同的字。

2．整字的归并

整字的归并是指原来不同的字后来归并为一个字。例如：

商，小篆作"𠰛"，《说文解字》："商，从外知内也。从丙，章省声。"本义是"从外知内也"，即商量的商。而商贾的商本作𧶜，从贝，商声，唐慧琳《一切经音义》卷七引《周礼·考工记》："通四方之珍异以资之，名为旅𧶜。"后来，两个字都写作"商"。

娘，从女，良声，本来是"姑娘"的"娘"。"爹娘"的"娘"本写作"孃"，后来二字归并了。《说文解字》的"孃"，段玉裁注："《广韵》：孃，女良切，母称。娘亦女良切，少女之号。唐人此二字分用画然，故耶孃字断无有作娘者，今人乃罕知之矣。"

字形的归并，在历史的不同时期都发生过，在简化字中也出现了一批归并字。例如：

板、闆：板的本义是木片，引申为片状的物体，节拍等；闆是老闆的闆。二字意义不同，且不通用。简化字中"闆"并入"板"。

丰、豐：丰本义是草木茂盛，引申为丰满、丰采（风采，风度）等；豐，指丰富。二字意义完全不同，且不通用。简化字"豐"并入"丰"。

汇、匯、彙：匯具有会合、聚集等意义；彙，指种类。二字意义不同，且不相通，简化字中均归并为"汇"。

胡、鬍：胡本义是动物颔下的垂肉，引申有颈、下、大、老、远、黑、任意乱来、少数民族的称呼等各种意义，可作代词、副词、姓氏用字；鬍是胡须专字。二字不通用。简化字归并作"胡"。

划、劃：划是划船的划，也指小船，还有合算、划拳的意思，又读 guǒ，有镰、割的意思；劃是用尖利物把东西割开的意思，又有擦、划分、计划、分拨、忽然等意义。划、劃意义不同，互不通用。简化字归并作"划"。

伙、夥：伙具有同伴、共同等意义，也用于傢伙；夥，指很多。二字意义不同，且不通用。简化字归并作"伙"。

仆、僕：仆本读 pū，本意是以头撞地，引申为向前扑倒，泛指倒下；僕音 pú，本义是仆人，引申有驾车的人、依附、官名、谦称等多种意义。二字不相通。简化字归并作"仆"。

曲、麴：曲是多义字，本义是弯曲；麴是一种发酵物。二字不通用。简化字归并作"曲"。

纤、纖：纖是多音多义字，本义是细小；縴是拉船前行的绳子，也指牵牲口的绳索。二字不通用。简化字归并作"纤"。

咸、鹹：咸、鹹都是多音多义字。咸本义是普遍，作副词，是"都"的意思；鹹，本义是像盐一样的味道。二字不通用。简化字归并作"咸"。

吁、籲：吁有两读，读 xū 时，可表示叹息，也可作叹词等，读 yù 时是应答声；籲（yù）是呼喊的意思。二字意义完全不同。简化字归并作"吁"。

云、雲：依《说文解字》，云是雲的古字，但是在古书中，表示说话的"云"与表示云雨的"雲"已经有了明确的分工，绝不相混。简化字归并作"云"。

筑、築：筑是古乐器名；築是多义字，本义是捣土用的杵。二字不通用。简化字归并作"筑"。

（二）部件的分化与归并

部件的形体变化与整字的形体变化有许多共同的地方，但也有一些形体，在作整字时不会发生变化，只有在作部件时才发生某些变化。

1．部件的分化

部件的分化是指一些部件在构成整字时，其形体发生的变化。如：

刀，小篆作"𠃌"，象刀之形。隶变后或作"刀"，如：切、叨；或作"刂"，如：副、判、割；或作"⺈"：如：班、辨。

网，小篆作"𠔌"，象网罟之形。楷书或作"罒"，如：罪、罗、置；或作"冈"

如：罔、冈；或作"冖"如：罕。

肉，小篆作"❾"，象肉块之形。楷书或作"肉"，如：脔、腐；或作"夕"，如：祭、然；或作"月"，如：肖、胜、胡。

水，小篆作"㶤"，象水流之形。楷书或作"水"，如：颖、荥、泵；或作"氵"，如：江、河、洋；或作"氺"，如：泰、桼、黍。

火，小篆作"火"，象柴禾燃烧之形。楷书或作"火"，如：炙、烟、灼；或作"灬"，如：煎、熙、热；或作"小"，如：尉；或作"示"，如：票。

心，小篆作"❤"，象心脏之形。隶变后或作"心"，如：思、想、念；或作"忄"，如：性、情；或作"⺗"，如：慕、恭、忝。

邑，小篆作"❾"。楷书或作"阝"（在右），如：邦、都、郭；或作"邑"，如：挹、悒、扈。

阜，小篆作"𨸏"。楷书或作"阝"（在左），如：阿、陵、陌。

玉，小篆作"玉"。楷书或作"玉"，如：璧、玺、莹；或作"王"，如：理、瑞、瑜。

爪，小篆作"爪"。楷书或作"爪"，如：抓；或作"爫"，如：孚、舀、采。

舟，小篆作"舟"。楷书或作"舟"，如：般、船、舫；或作"月"，如：服、俞、朕。

手，小篆作"手"。楷书或作"手"，如：拳、掌、擘、搴；或作"扌"，如：推、捐、提；或作"⺓"，如：奉、举。

犬，小篆作"犬"。楷书或作"犬"，如：倏、突、默、戾、状；或作"犭"，如：狐、猎、狂。

部件的分化与整字的分化不同。整字的分化是以字义的分化为前提的，分化以后产生了新字；而部件的分化仅仅是同一个表意符号的分化，分化后的部件尽管与原来的形体有所不同，但仍然保留着原来的表意功能。

2．部件的归并

部件的归并是指一些原来不同的部件（或者字的局部）因发生变异而形体相同了。例如，肉、舟、月本是不同的构字部件，在楷书的一些字中形体都变为"月"。胡、肥、胄、股等字本从肉；服、俞、朕等字本从舟；朔、明、朗等字本从月。再如下列各部件，都是不同的形体归并的结果。

龶：表，小篆作"𧘝"，从衣，从毛。

责，小篆作"𧴩"，从贝，朿声。

青，小篆作"𩇩"，从丹，生声。《说文解字》释为"从生丹"，不妥。

素，小篆作"繁"，从系、垂。

田：男，小篆作"𤰟"，从田、力。

思，小篆作"𱲒"，从心从囟。

胃，小篆作"𱞨"，从肉，囟象形。

畏，小篆作"𤰲"，上部作⊕，象鬼头，下为虎爪。

宀：安，小篆作"𡦅"，从宀，从女。

牢，小篆作"𤙺"，象养牛羊之圈栏形。

寅，金文作"𡩺"，象双手奉矢之形。

宁，小篆作"𡩄"，象储藏室之形。

它，小篆作"𡩃"，象蛇之形。

再如，"覀"在贾、罩、粟、票、要等字中，"爫"在爰、爱、舜等字中，"夫"在春、舂、泰、秦等字中，"灬"在燕、魚、馬、熬等字中的小篆形体都是各不相同的。

部件的变异，有的仅仅是同一个表意符号的变化，变异后的部件尽管与原来的形体不同了，但仍然保留着原来的意义；有的则是一种讹变，已经失去了原有的表意功能。

四、整字结构类型的变化

字的结构类型也在发生变化，有的从独体字向合体字演变，有的则从合体字变为独体字。

（一）从独体字变为合体字

许多象形字的形体最初是独体字，后来演变成了合体字。上述鸟、象、鼠、龟、马等字的甲骨文形体都是独体字，后来变为合体字。下面再举一些例子：

彘，甲骨文作"𫜹"，象矢射穿豕之形，其中"矢"与"豕"交错，成为一体，是一个独体字。小篆作"𧰨"，《说文解字》："彘，豕也。后蹄废，谓之彘。从彑矢声。从二匕，豕足与鹿足同。"变成了由四个部件组成的合体字。

鹿，甲骨文作"𩢏"，金文作"𩣡"，小篆作"𪊽"，《说文解字》："鹿，兽也。象头角四足之形，鸟鹿足相似。"象鹿之形，是个独体字。楷书作"鹿"，是由四个部件构成的合体字。

蜀，甲骨文作"𤓰"，象卷曲的蚕虫之形，是个独体字。金文作"𤓰"，增加了"虫"字。小篆作"蜀"，《说文解字》："蜀，葵中蚕也。从虫，上目象蜀头形，中象其身蜎蜎。"楷书作"蜀"，变成了由"罒"、"勹"、"虫"三个部件组成的合体字。

畐，甲骨文作"�"，金文作"畐"，象长颈圆腹的酒瓶之形，是一个独体字。甲骨卜辞用作"福"，应是"福"的初文，小篆作"畐"，《说文解字》："畐，满也。从高省，象高厚之形。"变为由"一"、"口"、"田"三个部件构成的合体字。

鬲，甲骨文作"鬲"，金文作"鬲"，小篆作"鬲"，《说文解字》："鬲，鼎属。……象腹交文，三足。"楷书作"鬲"，演变成了由四个部件构成的合体字。

黍，甲骨文本作"黍"，是个独体字，后来加水作"黍"。金文仍之，作"黍"。小篆作"黍"，《说文解字》："黍，禾属而黏者也。以大暑而种，故谓之黍。从禾，雨省声。孔子曰，黍可以为酒，禾入水也。"楷书作"黍"，变成了由"禾"、"人"、"水"三个部件组成的合体字。

朋，甲骨文作"朋"，金文作"朋"，表示两系贝（每系五枚贝）。楷书作"朋"，成了由两个"月"构成的合体字。

首，甲骨文作"首"，金文作"首"，小篆作"首"，象人头有头发的样子，表示头。《说文解字》："首，𦣻同。古文𦣻也。巛象髮，谓之鬊，鬊即巛也。"楷书作"首"，成了合体字。

（二）从合体字变为独体字

有的字从合体字演变为独体字。例如：

史，甲骨文作"史"，金文作"史"，小篆作"史"，《说文解字》："史，记事者也。从又持中。中，正也。"本是合体字，楷书作"史"，演变成了独体字。

皮，金文作"皮"，小篆作"皮"，《说文解字》："皮，剥取兽革者谓之皮。从又，为省声。"楷书作"皮"，合体字演变为独体字。

戋，甲骨文作"戋"，小篆作"戋"，《说文解字》："戋，贱也。从二戈。《周书》曰：'戋戋巧言。'"徐锴曰："兵多则残也。故从二戈。"楷书繁体作"戋"，本是合体字，简化字作"戋"，演变成了独体字。

韦，甲骨文作"韦"，金文作"韦"，小篆作"韦"，《说文解字》："韋，相背也。从舛，口声。"楷书繁体作"韋"，简化字作"韦"，由合体字演变为独体字。

卑，甲骨文作"🖐"，金文作"🖐"，小篆作"🖐"，《说文解字》："卑，贱也。
执事者。从ナ，甲声。"徐锴曰："右重而左卑。故在甲下。"本是合体字，楷书
作"卑"，演变成了独体字。

丈，小篆作"🖐"，《说文解字》："丈，十尺也。从又持十。"楷书作"丈"，
由合体字演变为独体字。

第四节　汉字形体变化的原因

字形是人工制作的一种社会符号，它要不断地适应个人的使用要求与社会
发展的需要。个人使用的要求与社会的发展变化是字形变化的根本原因，这可
以从两方面来考察：一方面是从个人即字的制作者、使用者对字形的需求的角
度来考察；另一方面是从社会因素对字形的制约的角度来考察。

一、个人需求是字形变化的根本动力

汉字是人用来进行书面交际的工具。它首先是一种个人使用的符号，使用
者要求这种符号不断适应自己变化着的需要。这种需要成为字形变化的根本动
力。使用者对于汉字的要求，主要表现在书写、认知与心理需求三方面。

（一）书写的要求是字形变化的基本原因

汉字产生以来，其形体主要是靠人工书写而成的，因而，字形要适应书写
的要求。书写的基本要求是方便快捷。所谓方便，是指字形书写要符合人的生
理机能，而且省力、易写；所谓快捷，就是要有一定的速度、一定的效率。如
果字的形体不符合书写的要求，就要被改造，被新的更方便、更适宜快捷书写
的字体所取代。具体地说，书写要求对汉字形体的变化产生了以下两种影响：

1. 书写快捷方便的要求使字体从图画型转变为笔画型

最初的汉字是图画型的符号，到了今文字阶段，演变成了笔画型的符号。
发生这种变化的根本原因就是书写的要求。图画式的文字，表意性强，但不便
于书写，因此它逐渐为隶书、楷书所取代。具体地说，象形文字的基本构形材
料是线条，基本方法是勾画，这与作画差不多，速度比较慢；而笔画型文字构

形的基本构件是笔画，这些笔画都是简短平直的线段和点，书写容易，速度较高。例如：

甲骨文	金文	小篆	隶书	楷书
			秦	秦
			系	系
			執	執（执）
			義	義（义）
			刺	刺

2．书写快捷方便的要求使字形趋于省简

如果字的笔画过繁，就不便于书写，而且影响书写速度。这种字一般要被简化，例如：

尘，大篆楷化作"麤"，小篆楷化省作"塵"，简化字作"尘"。它的不同形体的部件数目及其结构方式都不相同。大篆体"麤"由三"鹿"二"土"构成，整字是上下结构，其中上下两部分，又分别是左中右结构与左右结构，部件"鹿"又由四个基本部件组成；楷书繁体"塵"仅含一"鹿"一"土"；简体字"尘"，上部变成了"小"。结构越来越简单。部件多，结构复杂，书写时不易协调安排；部件少，结构简单，则容易协调。这三个不同的形体，由繁到简，其书写难度在逐步降低。它们的笔画数分别是 39、14、6，逐步减少。笔画减少，就意味着书写效率提高。在相同速度下，书写"尘"所用的时间，仅占书写"麤"所用时间的 15% 以上，也就是说，在同样的时间内，写一个"麤"，可以写六个"尘"。

袭，大篆楷化作"龖"，小篆楷化省作"襲"，简化字作"袭"。大篆体"龖"由二"龍"一"衣"构成，整字是上下结构，其上部是左右结构，下部是独体构件，其第三个层次的部件"龍"又由三个基本部件组成。楷书繁体"襲"仅含一"龍"一"土"。简体字"袭"，上部"龍"字简化为"龙"。这三个不同的形体，由繁到简，其书写难度在逐步降低。其笔画数分别是 38、22、12，逐步减少。在相同速度下，书写"袭"所用的时间，仅占书写"龖"所用时间的不到 32%，也就是说，在同样的时间内，写一个"龖"，可以写两三个"袭"。

六朝时期的应用文和宋元明清小说中有很多简化字。陆明君所著《魏晋南

北朝碑别字》举例所用简体字即达 100 个。1930 年刘复、李家瑞合著的《宋元以来俗字谱》收集了宋元以来通俗小说中的简体字 1 660 多个。民国时期，简体字更是大量滋生。汉字的书写要求导致了字形的简化，可见书写者追求省力与效率是汉字简化的根本原因。

（二）认知的需求是字形变化的重要原因

字形是需要人来认知的，人的认知需求影响着字形的变化。人对于文字的认知大致包括感知、理解和记忆三个环节，这三个环节都影响着字形的变化。

1. 字形感知的要求对字形变化的影响

人们对字形感知的要求是字形要容易识别，这就要求不同字的形体之间必须有一定的区别度。如果区别度过小，就不易辨认。例如，已、己与巳，儿与几，巨与臣，氏与氐，卩与阝，未与末等，这些字或部件经常被混淆，原因就在于笔画太少，区别度过低。而一、人、山、牛、河、鼎、国等字容易辨认，容易区分，就是因为它们与别的字之间的区别度大。

2. 文字理解活动的需求对字形变化的影响

所谓文字理解，就是对字形所代表的意义和字音的理解。字形不是单纯的视觉图形，它还是一定的意义和语音的载体，它的根本使命在于表意和表音，因此，字形的变化要适应表意和表音的需要。汉字增强表意表音功能的主要办法就是增加笔画或者增加表意与表音部件，这就使得字形趋向繁化。

（1）增加笔画。例如，玉与王，这两个字原来都写作三横一竖，容易混淆。后者为了与"王"区别，就增加了一点，写作"玉"。"太"与"大"原来都写作"大"，后来为了区别，后者改写作"太"，增加了一点。

（2）增加意符。例如，"从"变为"從"，"舍"变为"捨"，"州"变为"洲"，"原"变为"源"，"尊"变为"鐏"，"豆"变为"荳"，"益"变为"溢"，"贾"变为"價"，"支"变为"枝"，"毌"变为"贯"等，就是如此。

（3）增加声符。例如，"网"变为"罔"，"处"变为"處"，"鬥"变为"鬭"，"自"变作"鼻"，"吅"变作"喧"等，就是如此。

3. 记忆的要求对字形变化的影响

文字只有被记忆才能被熟练地使用，因此，字形要便于人们记忆。人的记忆同样遵循着经济的原则，即要求省力高效。这种要求对字形的影响有三种，一是个体字的形体不能太繁，太繁不便于记忆，因此，字的笔画数量不能太多，太多了就得简化；二是记忆的文字数量不能太多，太多了不易记忆，因此，总字数得有限制，这样，一些用途不大的字就得合并，于是就出现了不同的字混同的现象；三是字形要有明显的特征，相互之间要有明显的区别度，这样，一些形似的字就得改变写法或者增加笔画或部件。

（三）心理需求对字形变化的作用

字形不仅是人的视觉感知的对象，还是人的心理感知的对象，因此人的心理需求就对字形的变化发生了作用。

1. 美化心理对字形变化的作用

字形作为一种视觉符号，不仅具有实用价值，而且还是审美对象，于是，人们的审美要求就推动着字形发生变化。例如，为了美观，就增加一些装饰笔画或部件。据研究，在西周金文中，这种被用作美饰的部件有 10 个，它们是女、口、臼、攴、贝、土、水、金、二、乚。这些部件经常附加在一些整字上，既不表音，也不表意，更不是为了区别形体，而是只起美饰作用。[①] 再如，为了美观而改变一些字的结构，"腾"，睡虎地秦简作 "🐎"；"羞"，金文或作 "🐐"；"脩"，睡虎地秦简作 "🍖"，"俯"，金文作 "🦴"，这些字原来都是不甚规则的上下结构，后来都调整为左右结构了。又如，汉字书体定型为楷书，除了这种形体方正、笔画平直的字体便于书写与认知的原因外，还与中国人的审美观有关。中国审美的主流意识是喜欢平衡、对称、方正、稳定，楷书刚好适应了这种审美需求，所以，后来虽然也产生过许多艺术性很强的字体，但它们无法取代楷书成为汉字的主体。

2. 类化心理对字形变化的影响

人们在认知中总希望把事物归类，以便有规律可循，变难为易。这种心理投射到字形上，就产生了字的类化。例如，前面提到的归并就是类化的一种表现。另外，一些字出于表意需要也会发生类化，例如，狮子之"狮"，原来写作"师"，因为狮子是动物，所以后来就给它加上了表示动物的字符"犭"，变成"狮"了。葡萄，原来写作"蒲桃"，元代以后改作"葡萄"，这是因为人们认为它是草本植物，应该用"艹"字头。凤凰，原写作"鳳皇"，后来因为要与"鳳"（凤）字具有相同的部件，"皇"就变成"凰"了。

---

① 参见张再兴：《西周金文文字系统论》，204～209页，上海，华东师范大学出版社，2004。

3. 异化心理对字形变化的影响

人们也总是喜欢标新立异，追求个性。这种心理投射到文字中，就会导致创造新的字形字体。例如，"左"，战国时期的中山王鼎上作"𠂇"；"乍"，中山王鼎上作"𠂤"；"世"，金文或作"𠀧"；"及"，《说文解字》古文作"𢎘"。又如武则天改"天"为"兲"，改"照"为"曌"，等等。宋徽宗的瘦金体、郑板桥的"六分半书"等书体都是追求新意、彰显个性之作。这些怪异的字形与奇特的书体，都是出于异化心理的创造。

以上把字形变化的原因分为不同的类型，是为了便于叙述，实际上，字形变化往往是各种原因综合发生作用导致的，而且有些原因还相互制约，从而达到某种平衡。例如，字形繁简的变化，背后起决定作用的是人的使用的需要。文字书写简易的要求使字形趋简，文字易于认知的要求使字有一定的区别度，这又制约了简化的过度发展。因此，在汉字历史上，不仅出现过字形省简的趋势，也发生过字形增繁的变化，甚至在某些时候，字形增繁会成为主要趋势。在古文字时期就是如此。有人从高明的《古文字类编》中选取了 687 个从甲骨文发展到小篆的文字，对它们的繁简变化情况作了统计，结果表明，在这批汉字中，无繁简变化的有 378 字，占总量的近 55%；增繁的 210 字，占总量的 31% 以上；省简的 99 字，约占总量的 14%。[①]另外，汉字形声化，也使许多汉字增加了偏旁。当然，字形增繁到了一定程度，妨碍到人们的认读书写时，就又得省简。例如，"从"经历了"从—從—従—从"这样的变化，"冈"经历"冈—岗—冈"这样的变化，"网"经历了"网—網—网"这样的变化。

二、社会因素对字形变化产生影响

社会因素主要有社会物质生产与社会环境两方面。关于社会环境对汉字发展演变的影响，在第一章已经作了阐述，这里主要讨论一下物质因素对字形的影响。字形的产生，一方面是一种精神活动过程，另一方面又是一种物质运动过程，这样，字形的变化就无可避免地受到物质因素的影响，如果说文字使用者的个人需求是字形变化的根本动力，那么，物质因素就是字形变化的外部条件。物质因素对于字形变化的影响主要表现在以下几方面：

---

① 参见王凤阳：《汉字学》，811页，长春，吉林文史出版社，1989。

（一）字形载体对字形的影响

字形载体是指字形所附着的物质材料。载体对汉字形体的影响表现在很多方面，这里主要谈载体面积、载体形状和载体价格的影响。

1. 载体面积对字形的影响

载体面积对字形变化的影响很大，载体面积不同，字体的面貌就不同。例如印章（如图 25）面积小，印章上的字形要随着印章面积的大小与形状的情况而发生变化，因而最终形成了刻印章的专用字体；石碑（如图 26）面积大，因而字体可以比较自由地变化，非常舒展。

图25　汉代印章，左为护军印章，中为徐安私印，右为司马纶印

图26　泰山经石峪金刚经

《泰山经石峪金刚经》刻于泰山南麓斗母宫东北 1 000 米处的花岗岩溪床之上。刻石南北长 56 米，东西宽 36 米，约计 2 000 多平方米，是汉字刊刻面积最大的作品，字径多为 50~60 厘米，线条浑厚丰满，结体端庄宽博，浑穆简静，大有容天下万事的雍容气度。这风貌与面积乃至四周的环境的影响都有关系。

2. 载体形状对字形的影响

载体形状对字形的影响在隶书字体的形成过程中表现得很清楚。隶书作扁平状，这与它的载体——竹简的形状密切相关。因为竹简本身是狭长的，字形如果狭长，形成重复，视觉上不舒服，所以字形逐渐趋扁。在竹简上字与字之间有距离，但左右顶边，编在一起就形成了行距小、字距大的布局，这种审美模式影响到汉碑隶书的章法。试观察睡虎地秦墓竹简（如图27），整体感觉没有汉简（如图28）舒服，因为它上面的字还没有变为扁平状，不适应视觉需要。

图27　睡虎地秦墓竹简　　　　图28　汉简

（二）工具和制作方法对字形的影响

工具和制作方法对字形的影响很大。制作方法的影响在甲骨文、金文的差异中表现明显。甲骨文（如图29）是单刀刻的，线条细，形体细长；金文（如图30）是铸造出来的，线条粗，形体丰满。

图29　甲骨文　　　　　　　图30　金文

制作方法的影响还可以从魏晋南北朝时期北朝汉字形体上看出来。北朝汉字形体方劲雄强，笔画棱角分明，形成了与南朝迥然不同的"北碑"风貌，其重要原因之一就是契刻。这种字是工匠用铁锤钢凿，大刀阔斧、不加修饰地凿出来的。

毛笔在隶书到楷书演变过程中的影响也很大。隶书长横用蚕头燕尾左右对称的办法取得平衡，而楷书是用最后的顿笔来取得平衡。如果没有可以写出笔画粗细自如的毛笔，字形就不会出现这样的改进，也不会出现楷书的形体。印刷术的出现，使字的产生方式由一个一个地"写"变成了一批一批地"印"，这就提高了对字形规范性的要求。电脑的出现，给字形带来了各种变化的可能，人们可以借助电脑随意变换字体。

（三）书写介质对字形的影响

书写介质是指书写文字时用来涂写在载体上以形成字迹的物质。汉字的书写介质主要有墨汁、墨水、油墨、油漆等。不同的介质有不同的物理特性，适用于一定的书写工具和载体，因而直接或间接地影响到字的形体。例如，用漆汁书写就产生了"漆书"。《千字文》中有一句"漆书壁经"，这里的"漆"指的是漆树汁，就是生漆。"壁经"指的是在孔子旧宅墙壁中所藏的经卷。秦始皇焚书坑儒，收缴所有的儒家书籍。孔子的八世孙怕儒学从此失传，就把一部分经卷藏在了夹壁墙里边。汉武帝的弟弟鲁恭王想侵占孔子的旧宅修花园，在拆墙的时候发现了里边的竹简，内有《孝经》、《尚书》、《论语》等。上面的字有一个特点，就是头粗尾细，像蝌蚪，这是因为漆比较稠腻，书写不流畅，新蘸时漆多，落在竹简上就粗，运笔时漆越来越少，就成了蝌蚪的形状。再如，用墨汁、墨水、铅笔书写的字，形体的风格都不相同，由此也可以看到书写介质对字形的影响。

汉字形体演变的原因是多方面的，有直接的，有间接的，而且这些原因往往是综合发挥作用的。

思考与练习

1. 什么是汉字的形体?

2. 试述字形的功能。

3. 汉字字形构件包括哪两级?

4. 字形结构和字的结构有什么不同?

5. 汉字字形变化有哪几种基本情况?

6. 试述汉字变化的原因。

7. 为什么说个人需求是字形变化的根本原因?

8. 为什么说社会因素是字形变化的重要原因?

9. 解释:

笔画 部件 循变与讹变 增繁与省简 分化与归并 独体字 合体字

10. 下面的字各包含哪些笔画?

羊、马、国、过、丰、廿、四、凸、专、九、匚、那、力、厂

第四章　汉字的字音

学习提示

1. 了解字音的要素结构与汉字注音的方式。
2. 了解单音字、多音字与同音字的概念。
3. 了解古音与今音的差别，古音今读的原则。
4. 了解正音与讹音，弄清楚讹音的原因，掌握正音的标准。

字音即汉字的读音，它是由字形所代表的读音。例如"羊"读为"yáng"，这个读音是由"羊"这个形体所代表的，这种由字形所代表的读音就是字音。

第一节　字音的结构与显示

字音的结构可以从两方面分析，一是组成字音的要素，一是表现字音的单位。

一、字音的要素结构与汉字注音

（一）字音由声、韵、调三部分构成

汉字的音来自汉语，它标记的是汉语中的音节，汉语的音节包含声、韵、调三个部分，因而汉字的音也就包含三个部分：声、韵、调。例如：汉，音 hàn。金，音 jīn。马，音 mǎ。虎，音 hǔ。整，音 zhěng。在这些字音中，声、韵、调都在其中，如用汉语拼音字母来标记"汉"的读音，就是"hàn"，其中"h"标记声，"an"标记韵，而"丶"则标注声调。

（二）给汉字注音的方法

由于汉字读音具有整体性，所以，学习汉字的字音，起初要一个一个地学。这样就很费事，如果没有老师，就很难学习。为了弥补汉字表音的缺陷，人们先后发明了一些标注字音的办法。这些方法包括用汉字为汉字注音和用字母为汉字注音两种。

1. 用汉字为汉字注音

这种方法有以下几种情况：

（1）用整字标注整字音。这种方法叫做"直音法"，例如：挥，音辉。（《经典释文·周易音义》）蛊，音古。（《经典释文·尚书音义上》）匕，音比。（《康熙字典·辨似》）匚，音方。（《康熙字典·辨似》）尢，音汪。（《康熙字典·辨似》）丏，音勉。（《康熙字典·辨似》）丐，音盖，（《康熙字典·辨似》）

（2）用两个汉字给另外一个汉字标注读音。这是我国历史上给汉字注音的一种传统方法，称为"反切注音"，亦称"反语"、"反音"。用来注音的两个字中，前者称"反切上字"，后者称"反切下字"。被切字的声母与反切上字相同，被切字的韵母和声调与反切下字相同。切音时，上字取声母，下字取韵母和声调，快速拼读，即得被切字的读音。例如：

妃，芳非反。（《经典释文·毛诗音义上》）取"芳"的声母"f"，"非"的韵母和声调"ēi"，二者拼合起来，就是"妃"的读音"fēi"。

兴，虚应反。（《经典释文·毛诗音义上》）取"虚"的声母"x"，"应"的韵母和声调"īng",二者拼合起来,就是"兴"的读音"xīng"。

夸,苦瓜切。(《六书故》卷九)取"苦"的声母"k","瓜"的韵母和声调"uā",二者拼合起来,就是"夸"的读音"kuā"。

号,胡到切。(《重修广韵》卷四)取"胡"的声母"h","到"的韵母和声调"ào",二者拼合起来,就是"号"的读音"hào"。

在这些反切用字中,反切上字代表的是声母,反切下字代表的是韵母和声调,而始终没有一种专门的符号来单独标出声调。

2. 用字母为汉字注音

用反切注音的方法使用不够方便,到了近代,出现了用注音字母、汉语拼音字母为汉字注音的方法。

(1)注音字母,又称国音字母、注音符号[①]、注音字符,是我国第一套法定的汉字形式的标注汉字的拼音字母。1913年由读音统一会制定,1918年由中华民国北洋政府教育部公布。1919年,当时的教育部又公布《注音字母音类次序》,重新排列字母顺序。共有39个字母。1920年审音委员会增加字母"ㄜ",使注音字母成为40个,即ㄅㄆㄇㄈㄢ、ㄉㄊㄋㄌ、ㄍㄎㄫㄏ、ㄐㄑㄣㄒ、ㄓㄔㄕㄖ、ㄗㄘㄙ、ㄧ(直行作ㄧ)ㄨㄩ、ㄚㄛㄜㄝ、ㄞㄟㄠㄡ、ㄢㄣㄤㄥ、ㄦ。

注音最初以读音统一会所定字音为标准,故有ㄢ、ㄫ、ㄣ三个字母。后来以北京音为标准,ㄢ、ㄫ、ㄣ三个字母用来标注方音。1922年教育部公布《注音字母书法体式》,改订标调法,废除四角点声法,改用标调符号。

注音字母的特点是:字母选自古汉字,音节拼字法采用三拼制,主要用来标注汉字读音。1918—1958年在汉语拼音方案公布前一直通行,对统一汉字读音、推广国语、普及拼音知识有很大贡献。

(2)汉语拼音方案。汉语拼音方案是给汉字注音和拼写普通话语音的符号系统,1955—1957年中国文字改革委员会"汉语拼音方案委员会"研究制订,1958年2月11日全国人民代表大会批准公布。该方案采用拉丁字母,并用附加符号表示声调,是帮助学习汉字和推广普通话的工具。从1958年秋季开始在全国小学教学中使用。

拼音字母有着广泛的用途,如字典、词典的注音,辞书和百科全书的

---

① 1930年南京国民政府曾把注音字母改名为"注音符号"。

条目排列顺序，书刊的索引，还用于视觉通信和无线电报、聋人的手语字母与各种产品的型号标记。1977 年联合国地名标准化会议采用拼音字母作为拼写中国地名的国际标准。1982 年国际标准化组织采用拼音字母作为拼写汉语的国际标准。中国对外书报文件和出国护照中的汉语人名地名一律用汉语拼音字母书写。

二、字音的表现方式

字音是通过字形来表现的，字音的表现方式有两种：整字表音、声符表音。

（一）整字表音

整字表音就是用一个整字字符来代表一个音节。例如：

象形字：马、牛、羊、人、口、手、山、水、田。

指事字：本、末、朱、回、丩、寸、上、下、刃。

会意字：莫、休、盥、彝、安、林、友、从、卉。

这些字的字音都是由整字来表示的，它们的音与整个形体联系在一起。整字表音，一般是一形一音，但也有一形多音的，这样就形成了多音字；也有多形一音的，这样，就形成了同音字。

（二）声符表音

声符表音就是用声符来表示整字的读音，形声字都是如此。例如：

宇，《说文解字》："宇，屋边。从宀，于声。"

皎，《说文解字》："皎，月之白也。从白，交声。"

蹑，《说文解字》："蹑，蹈也。从足，聂声。"

储，《说文解字》："储，待也。从人，诸声。"

甍，《说文解字》："甍，屋栋也。从木，梦省声。"

脍，《说文》："脍，细切肉也。从肉，会声。"

在这些字中，声符都起着标注其整字读音的作用。

关于声符的表音功能，有几点需要注意。首先，形声字其实是双重表音，即存在着整字表音与声符表音两个层次。例如：

字,既由"字"这个形体整体表示"zì"这个读音,同时还由"字"中的"子"表示"字"的读音。

茅,既由"茅"这个形体整体表示"máo"这个读音,同时还由"茅"中的"矛"表示"茂"的读音。

倪,既由"倪"这个形体整体表示"ní"这个读音,同时还由"倪"中的"兒"表示"倪"的读音。

其次,声符所表示的读音是造字时代的音。起初,声符的音与其整字的音应该基本一致,否则,声符就没有存在的必要。然而语音是个动态的事物,处在不断的变化之中,而字形却是相对静态的,变化不大。在发展过程中,有的字的整字音与字符都没有发生变化,或者发生了同步变化;而有些字的整字音发生了变化而其声符者却未改变,或者二者的变化并不同步。这样,随着语音的变化,造成了声符的音与其构成的一组整字读音之间有异有同的关系。有的声符的读音与整字音相同,例如:"胡"与其整字"湖"都读"hú","录"与其整字"禄"都读"lù","原"与其整字"源"都读"yuán"。有的声符的读音与其整字音不同,例如:"各"读"gè",而其整字"络"却读"luò";"方"读"fāng",而其整字"旁"却读"páng";"吉"读"jí"而其整字"洁"却读"jié"。当声符的读音与整字的读音发生矛盾的时候,该字的音以整字为准,声符的表音功能就失去了作用。例如,"绽"的声符"定"读"dìng",但整字读"zhàn";"墅"的声符"野"读"yě",而整字读"shù","输"的声符"俞"读"yú",而整字却读"shū"。

对于声符表音的总体情况,一些学者从不同的角度进行了系统的研究。关于声符的总体数量,清代学者朱骏声的《说文通训定声》得出的结论是 1 137 个。他所用的材料有《说文解字》所收正篆 9 353 字,重文 1 163 字,还有其他文字,共计 17 240 字。陈燕、康加深对 7 000 个通用字进行了研究,得出的结论是,这 7 000 字中共有声符 1 325 个,它们分布在 5 631 个整字中。他们还对这些声符的构字能力进行了研究,得出的结论是,每个声符参与构成的整字的平均数为 4.25 字次。高于此数的声符有 355 个,高于 10 字次的声符有 115 个。[①] 关于声符在现代汉字中的表音有效率,周有光先生曾经作过研究。他以《新华字典》

---

① 参见陈燕、康加深:《现代汉语形声字声符研究》,载陈原主编:《现代汉语用字信息分析》,上海,上海教育出版社,1993。

（1971）所收全部整字为材料，研究的结果是声符在现代汉字中的表音有效率为 39%。

一些整字的读音变化了，而其中的声符的读音却没有发生同步变化，后人通过字形来求字音，往往会被误导。例如，许多人读"例"为"liě"，读"愎"为"fù"，读"掣"为"zhì"，这都是因为声符的读音而误读。汉字是音节文字，它记录的语音单位是音节。这样看来，声符的表音作用远不如它的表义作用那样可靠，然而，对于声符的表音作用则不能不了解。这是因为，第一，古代汉字中的声符毕竟曾经发挥过表音作用，而作为语言的符号，文字的音和义是互为表里的，要读懂古书，就不能不探求字的读音，而要探求字的读音，就不能不知道声符的表音作用。第二，现行汉字中，形声结构的字占绝大多数，在这些字中，声符依然发挥着一定的表音作用。第三，形声结构目前仍然是汉字的最佳结构，研究声符的表音作用，对于今天和今后的汉字发展依然具有重要的意义。

第二节 单音字、多音字与同音字

一、单 音 字

只有一个读音的字叫单音字。汉字的基本字绝大多数都是单音字。例如：来，音 lái；天，音 tiān；马，音 mǎ；刀，音 dāo；土，音 tǔ；立，音 lì。

关于单音字，可以从共时与历时两个角度来考察。所谓共时，就是同一个历史时期；所谓历时，就是不同的历史时期。单音字一般指共时的单音，例如，上述例子就是这些字在现代的读音。而从历时的角度来看，没有绝对的单音字，因为语音总是变化的，同一个字在不同的历史时期往往具有不同的读音。例如："鞋"，现代普通话读"xié"，而其上古音为匣纽，支部，拟音为 [ɣe][1]；"街"，现代普通话读"jiē"，但是，其中古音为见纽，佳部，平声，拟音为 [kɑi]。这些字音，一直沿着汉语语音系统的变化规律而变化，但是，在某一阶段的语音历史时期，它们总是只有一个读音，所以，它们仍然是单音字。

---

① 其时平声尚未分化，故无法用现代声调符号标示。

在语言中，语音是语义的物质外壳，一定的语义通过一定的语音表现出来；在汉字中，除了字形是字义的物质外壳而外，字音也是字义的形式之一，一定的字音表示一定的字义。单音字音义关系明确，是一种比较理想的匹配。

二、多 音 字

一个字有两个或两个以上的读音（一个读音就是一个音项），叫做多音字。例如：

丁，音 dīng，如壮丁、肉丁、丁酉、丁忧。又音 zhēng，如丁丁，象声词。

正，音 zhēng，如正月、新正。又音 zhèng，如正确、端正。

鬲，音 gé，如鬲津，水名；胶鬲，古人名。又音 lì，古代炊具。

龟，音 guī，如乌龟。又音 jūn，如龟裂（皲裂）。又音 qiū，如龟兹。

夹，音 gā，如夹肢窝（也作胳肢窝）。又音 jiā，如夹击、夹子、夹杂。又音 jiá，如夹层。

多音字具有几种不同的情况：

（一）异读字

异读字是指一个形体、一个义项、两个或两个以上音项的字。例如《普通话异读词审音表》规定：

臂，在"手臂、臂膀"中读"bì"；在"胳臂"中读"bei"（轻声）。

剥，文读"bō"；口语读"bāo"。

伯，在"伯伯"中读"bó"；在"大伯子"中读"bǎi"。

藏，在"矿藏"中读"cáng"；在"宝藏"中读"zàng"。

虹，单说时读"jiàng"；在"彩虹"、"虹吸"等词语中读"hóng"。

血，其血液义，在文读中，用于复音词及成语时读"xuè"；在口语中单用时读"xiě"。

再如，《新华字典》所收的异读字：

壳，义为坚硬的外皮，在"核桃壳儿"、"鸡蛋壳儿"、"贝壳儿"等词语中读"ké"；在"甲壳"、"地壳"中读"qiào"。

片，在表示平而薄的物体的义项时，如在"相片儿"、"画片儿"、"电影片"

等词语中读"piān"；在"片子"、"片儿"等词语中读"piàn"。

核，在"桃核"、"细胞核"、"原子核"中读"hé"；在"梨核儿"、"煤核儿"中读"hú"。

异读字的形成与方言有关。中国地域辽阔，人口众多，历来就存在许多方言，而不同的方言使用着同一个文字体系，这样，一字异读的现象就在所难免。例如，尿，一般读作"niào"，而在有些地方读作"suī"。异读字的形成，也与语音的历史发展有关。同一个字，在不同的历史时期有着不同的读音，一些字的异读音就是它在历史上不同时期的读音的积累。例如，字音的文白问题，所谓"文读"，实际上反映了它在历史上的读音，这个读音被文字所记载，累代传承，一直到现在，但它只存在于传统的文献之中。而所谓"白读"，就是大众口语中的读音，它反映的是现实中的读音。

异读字在历史上很多，古代的字书一般都收有这种异读字。例如，"足，即玉切，又将喻切。"（《广韵·烛韵》）"洚，户公切，又户东切，下江切。"（《广韵·东韵》）"虹，户公切，又古巷切。"（《广韵·东韵》）以上各例中的"又某某切"、"又音"，标注的是它们当时的异读音。

作为语言符号，异读字是字音的一种冗余现象，它的存在加重了汉字认读使用的负担。字音最主要的任务是表义，一个义项有一个音项也就够了，如果多于一个音项，那些多出来的音项就是多余的。当然，如果作为标音符号，异读字也有作用。例如，古诗押韵，就可以利用异读字的异读音，让同一个字分别押不同的韵。

1949 年新中国成立以后，国家有关机构多次对语音进行了规范，但仍旧保留了一些异读音。在 1985 年由国家语言文字工作委员会、国家教育委员会、广播电视部审核通过公布的《普通话异读词审音表》中，仍旧保留了 31 个异读音，有的属于文白异读，有的属于习惯异读。

（二）多音多义字

多音多义字是指一个形体具有两个或两个以上音项与两个或两个以上的义项的字。例如：

湫，音"qiū"，水池。又音 jiǎo，低洼。

父，音"fù"，义为：①爸爸；②对男性长辈的称呼。又音"fǔ"，义为：①老年人；②古代在男子名字下加的美称。

的，音"dǐ"，义为箭靶的中心。又音"dí"，是真实、实在的意思。又音"de"，作助词用。

多音多义字产生的主要原因是字义的演变和文字的假借。例如：

姐，本读"jiě"，是母亲的意思。《说文解字》："蜀谓母曰姐。"后用来指称"姊"，即今之"姐姐"。宋洪迈《夷坚志·贾廉访》："当时驰白姐姐即加郎。"其中"姐姐"即指"姊"。又借为"媎"音"jù"，是"骄"的意思。东汉王符《潜夫论·述赦》："孺子可令姐。"

棍，本读"kùn"，是捆束的意思。《汉书·扬雄传上》："棍申椒与菌桂兮，赴江湖而沤之。"颜师古注："棍，大束也。"引申为混同。《汉书·扬雄传下》："形之美者，不可棍于世俗之目。"颜师古注："棍，亦同也。"后读为"gùn"，是棍棒的意思。元纪君祥《赵氏孤儿·三》："是那一个实丕丕将着粗棍敲。"又读为"gǔn"，指能转动的旋纽，可用于缠绕绳弦。唐玄应《一切经音义·卷一》："棍，转也。谓箜篌上弦绳也。"《一切经音义·卷三》："棍，谓转弦者也。"

祇,本读"tí"，是"缇"的异体字，指橘红色的丝织品。后借为"祇"，读"zhǐ"，表示适、恰好、仅仅等义。《左传·僖公十五年》："晋未可灭，而杀其君，祇以成恶。"杜预注："祇，适也。"又读"qí"，用于连绵字"祇袳"，指袈裟，即僧尼的法衣。《新唐书·李罕之传》："初为浮图，行丐市，穷日无得者，抵钵襦祇袳去，聚众攻剽五台下。"

以上所讲的异读字与多音多义字，从音的角度来看，都属于多音字。不论在古代汉字系统还是在现代汉字系统中，多音字都大量存在。在国家语言文字工作委员会和中华人民共和国新闻出版总署于1988年3月25日发布的《现代汉语通用字表》的7 000字中，有多音字625个，占总字数的8.8%。有705个异读音，占本音数的10%。[①] 在3 500个常用字中，共有多音字896个，占总字数的25.6%。

多音字和多音多义字的形成，主要是出于文字使用的经济原则，所谓文字经济的原则，就是用尽量少的字符，表现尽量多的音义。多音字实质上就是一形多用，这样可以减少字的数量。但是，一个字的义项、音项过多，就会变得使用复杂，让人难以掌握。所以，一个字的义项、音项发展到一定的数量时，又会减少。

---

① 参见龚家镇：《汉字汉语汉文化集》，108页、112页，成都，巴蜀书社，2002。

三、同 音 字

　　同音字是指读音相同而形体、意义不同的一组字。同音字又可分为基本同音字与完全同音字两类。基本同音字是指声调不同，声母、韵母相同的字。例如青、倾、晴、请、箐等，声母、韵母相同，而声调不同。完全同音字则指声韵调完全相同的字。例如：介、界、戒、借、届等，这些字的形体与意义都各不相同，属于不同的字，但它们的读音相同，都读作"jiè"。

　　字音是与字形、字义相匹配的，如果有多少音节就有多少个形义，那就不会产生多音字的问题了，可是，汉语音节少，而字的形义数量多。现代汉语有 431 个基本音节（不计声调），1 376 个带调音节①（声母韵母相同，声调不同，算做一个音节），可是，汉字的数量远远不止这些。《汉语大字典》共收字 56 000 多个②，如果以基本音节计，每个音节约有 130 个字；如果以带调音节计，则平均每个音节有 44.3 个字。现代汉语通用字有 7 000 个，其中有 625 个多音字。这 7 000 个现代汉语通用字共有 7 707 个音项，这些音项共有 405 个基本音节，平均每个音节约 19 个字。③如果以 1 300 个带调音节计，则每个音节有 5.37 个字。当然，并不是每个音节都有同音字的，在这 7 000 字中，没有同音字的音节共有 279 个；如果以基本音节计，则没有同音字的音节有 17 个。在有同音字的音节中，每个音节所拥有的字数也各不相同。有同音字最多的音节是"yi"，共有 63 个同音字。

　　同音字有多种作用。同音字可以区别同音词。自然语言是以音表意的，也是以音来区别词的。例如，如"人"、"民"读作"rén"、"mín"，两个音节各不相同，在人们的听觉中自然区别出来了。"仁"与"人"都读作"rén"，如果在口语中去掉具体语境，只发这两个音，人们就无从辨别它们是否相同。可是它们一旦被写成文字，立刻就可以区分出来了。汉语中的同音单音节词很多，同音字可以有效地区分它们。复音节同音词语也有许多，口语很难区分，但写成文字，就可区分。例如，"终止"、"中止"、"中指"；"期中"、"期终"；"授奖"、"受奖"这

---

①　转引自潘文国：《字本位与汉语研究》，131页，上海，华东师范大学出版社，2002。
②　2010年4月《汉语大字典》第2版出版，增收楷书单字至60 370个。
③　参见龚嘉镇：《汉字汉语汉文化集》，117～118页，成都，巴蜀书社，2002。

几组词中的各个不同的词，语音完全相同，如果在口语中单独说出来，听觉是无法分辨的，可是一旦写成文字，虽然仍旧同音，但其形体立刻就把它们区分开来了。

同音字还可以用来注音，例如，懿，音一。用同音字注音的方法叫做"直音"，这是中国古代最早的注音方法，也是常用的注音方法之一。古人在经典注解、字典的注音中都经常用到它。

同音字之间，有的还具有同义关系，人们可以利用同音字来解释字义，谓之"声训"。如：《易经·说卦》："乾，健也。""乾"与"健"上古音同，用"健"释"乾"，就是说"乾"具有"健"的意思。再如《礼记·哀公问》："政者，正也。"《尔雅·释训》："鬼之言归也。"《尔雅·释地》："土，吐也。能吐生万物也。"《尔雅·释水》："山夹水曰涧。涧，间也。言在两山之间也。"《尔雅·释形体》："身，伸也。可屈伸也。"这些解释都是利用同音字的同义关系来解释的，即所谓"声训"。

人们也可以利用同音字来探求词的同源关系。例如：《说文解字·马部》："騢，马赤白杂毛。从马，叚声。谓色似鰕鱼也。""騢"与"鰕"上古同音，都具有"赤白"的意思，它们是同源词。《说文解字·艸部》："芋，大叶实根，骇人，故谓之芋也。从艸，亏声。"段玉裁注："口部曰：'吁，惊也。'毛传曰：'訏，大也。'凡于声字多训大。芋之为物，叶大根实，二者皆堪骇人，故谓之芋。其字从艸，于声。""芋"与"吁"皆从"于"得声，都有"大"的意思，它们是同源词。

同音字之间，还可以形成通假关系。假借字就是利用同音关系而去借别的字的义，从而形成假借，如果不是同音或近音，就无法假借。

第三节　字音的种类

一、古音与今音

（一）字音的变化造成古今字音的差异

古音与今音是相对的。同一个字，时间在前的读音叫做古音，时间在后的读音叫做今音。语音是在不断地发展变化着，如果一个变化了的音仍用原来的字来表示，就产生了字音的古今差异问题。东汉刘熙《释名》卷七："车，古者

曰车，声如居，言行所以居人也。今曰车，车，舍也。行者所处若车舍也。"就
是说，同一个"车"字，汉以前，曾读过类似"居"的音，而在东汉，则读为
"车"，类似"舍"的读音了。明代陈第在《尚书疏衍》中也举过一些古今异读
的例子，他说："'皇祖有训，民可近不可下，民惟邦本，本固邦宁。予视天下，
愚夫愚妇，一能胜予。一人三失，怨岂在明。不见是图，予临兆民，懔乎若朽
索之驭六马。……'下，古读虎；予，古读舞；图，古读睹；马，古读母。义则
不异。"① 这里指出，"下，古读虎；予，古读舞；图，古读睹；马，古读母。义则
不异"。意思是说，"民可近不可下"之"下"，在上古读如"虎"；"一能胜予"
之"予"，在上古读如"舞"；"不见是图"之"图"在上古读如"睹"；"懔乎若
朽索之驭六马"之"马"，在上古读如"母"。陈第是明代人，那时候字的读音
与现代汉语没有多大差别，他是用"下"、"予"、"图"、"马"这几个字的明代
读音与上古读音作对比的。这些字的古音与今音差异很大。再如，"南无般若"，
今读"nán wú bān ruò"，古读"ná mó bō rě"。

　　同一个字的古今音不同，这在理论上容易理解，但在实践中不容易把握。因
为汉字记音只是一种约定，本身不会发音。一个字在几千年或几百年之后，人们
只能看到它的形体，而看不到它的古音，人们所了解的只是它的今音。就像刻舟
求剑的故事那样，"船行而剑不行"，伴随着字形的是它的今音，它的古音业已沉
没在历史的长河之中了。因此，通过字形来求古音是不可靠的。探求字的古音，
必须另外寻求可靠的标记。古今字音的差别，在以下一些场合可以看到。

1. 字音古今的差别从韵文押韵用字中很容易发现

　　韵文的创作有押韵的要求，所谓押韵（也叫压韵），就是把相同韵部的字
安排在规定的位置上。这些使用了同一韵部字的地方，就是韵脚。将同韵的字
归纳到一类，就是韵部。例如：

> 我东曰归，我心西悲。
> 制彼裳衣，勿士行枚。
> 蜎蜎者蠋，烝在桑野。
> 敦彼独宿，亦在车下。
>
> 　　　　　（《诗经·东山》）

---

① （明）陈第：《尚书疏衍》，第3卷，见景印文渊阁《四库全书》，第64册，758页，台北，
商务印书馆，1984。

诗中"野"与"下"相押，属于同一韵部，都属鱼部。不过在现代汉语中，"野"和"下"的韵母差别很大，由此可见语音的变化。

2. 古今音的差别还反映在一些字的双声与叠韵的关系的变化上

所谓双声，就是两个字的声母相同。所谓叠韵，就是两个字的韵相同。有些古代的双声或叠韵字，到现在变得不是双声或叠韵了。例如：

双声字：

髯发：上古都属帮母；现代读音，"髯"的声母是"b"，"发"的声母是"f"。

缤纷：上古都属滂母；现代读音，"缤"的声母是"b"，"纷"的声母是"f"。

憔悴：上古都属从母；现代读音，"憔"的声母是"q"，"悴"的声母是"c"。

叠韵字：

窈纠：上古同属幽部；现代读音，"窈"的韵母是"ao"，"纠"的韵母是"ou"。

茉苢：上古同属之部；现代读音，"茉"的韵母是"u"，"苢"的韵母是"i"。

仓庚：上古同属阳部；现代读音，"仓"的韵母是"ang"，"庚"的韵母是"eng"。

3. 古今音的差别也反映在一些姓氏、地名中

一些专有名词保留着古音，与现代读音差异很大。常用的有：查良镛之"查"读"zhā"不读"chá"；任弼时之"任"读"rén"不读"rèn"；仇士良之"仇"读"qiú"不读"chóu"；蚌埠，读"bèngbù"，不读"bàngfǔ"；番禺，读"pānyú"，不读"fānyǔ"；东阿之"阿"读"ē"不读"ā"；燕山之"燕"读"yān"不读"yàn"；铅山之"铅"读"yán"，不读"qiān"；虎跑泉之"跑"读"páo"不读"pǎo"。

4. 古今音的差别还反映在音译字中

汉字翻译外文，对于同一个对象，在不同的时代采用了不同的字。例如，"印度"，是对这个国家梵语名称的音译，最早出现在唐代。而在汉代曾翻译为"天督"、"捐毒"、"天竺"、"身毒"。吴玉搢《别雅》卷五："天督、捐毒、天竺也。"他列举了大量的训诂资料证明"是知督、笃、竺三字古通"，"古曰捐毒，即身毒、天笃也。本皆一名，语有轻重耳"。这说明，在汉代"督"、"毒"、"竺"数字基本同音，可是在现代汉语中，这些字不同音了。这也反映出古今音的差别。

5. 古今音的差异还反映在一些被国外借用的汉字的语音上

汉字在古代就传入日本、韩国等国，传入时保留了当时的读音，有的一直传承到现在。日语中所用汉字的"音读"，就是汉字传入日本时的读音。从这些字与它们在现代普通话的读音中，也可看出古今音的差别。例如，"書"，在现代汉字中读"shū"，而在日文中的音读是"しょ"，读音与中文的"敩"（xiào）相似；"館"，在现代汉字中读"guǎn"，而在日文中的音读是"かん"，读音与中文"看"的现代读音相似；"聞"在现代汉字中读"wén"，而在日文中的音读是"ぶん"，读音与中文"甬"的读音相似。这些字的音读大致反映了它们传入日本时在汉语中的读音①。又如"街"在现代汉字中读"jiē"，而在韩语中却读如"郊"②，也大致反映了它在传入韩国时在汉语中的读音。

（二）古音今读的问题

古书中这些读音发生了变化的字，究竟读古音还是读今音？有人认为，读古书应该用古音。这实际上是不现实的，也是不必要的。对于一些大众普遍改换为今音的，一般应该从俗。例如，姓氏"费"，本读"bì"，可是现代人多读"fèi"，字典也认可了这种读法。"叶公好龙"之"叶"，本读"shè"，现在通读为"yè"。《论语》"仁者乐山，智者乐水"之"乐"，是喜好、喜爱的意思，古读"yào"，今读"lè"。诸如此类，只要社会认可就行。这种变化，就是人们所说的"积非成是"：起初是不规范的，后来由于得到多数人的认可，就变成规范的了。这也表现了语言文字约定俗成的一面。但是，对于一些具有区别意义和承载历史文化意义的古音，还是应该读古音。例如一些专有名词：

古国名、地区名、族名：

龟兹 qiū cí	大宛 dà yuān
月氏 ròu（或 yuè）zhī	康居 kāng qú
身毒 yuān dú	高句丽 gāo gōu lì
吐谷浑 tǔ yù hún	荤粥 xūn yù
先零 xiān lián	土蕃 tǔ bō

地名：

镐京 hào jīng	华不注 huá fū zhù
阿房宫 ē páng gōng	天姥山 tiān mǔ shān
阳夏 yáng jiǎ	会稽 kuài jī

人名名号：

皋陶 gāo yáo	伍员 wǔ yún

---

① 古代汉字传入日本、韩国时有许多方言音，而且另一个民族用他们的发音方法来读汉字总是有些差异的，因而，这些读音反映汉字的古音只能是大致的。

② "街"字的韩语读音，系韩国江陵原州大学洪映熙教授见告。

角里 lù lǐ
金日磾 jīn mì dī
兒宽 ní kuān
尉迟恭 yù chí gōng

郦食其 lì yì jī
曹大家 cáo dà gū
万俟卨 mò qí xiè

二、正音与讹音

正音即正确的读音,指规范的读音;讹音即错误的音,指不符合规范的读音。

说到正音,首先有个标准问题。正音是以通用语的读音为标准的,不同的时代具有不同的通用语,这个通用语基本上是以当时的政治经济文化中心的方言为基础形成的。例如,周秦时代的通用语就是所谓雅言,大致就是今陕西、河南洛阳一带的语言。中古时期的通用语,北方以洛阳话为基准,而南方话以金陵(今南京)话为基准。近代汉语的官话,则以元大都(今北京)话为基准。现代汉语的通用语就是普通话,语音标准是北京语音,字音的正音是以北京音为标准的。国家语言文字委员会、国家教育委员会、广播电视部于 1985 年 12 月 27 日联合发布的《关于〈普通话异读词审音表〉的通知》说:“这次修订以符合普通话语音发展规律为原则,以便利广大群众学习普通话为着眼点,采取约定俗成、承认现实的态度,进行修订工作。”这个表虽然审的是“词音”,但在书面语中,它们的音就是“字音”了。

讹音有两种情况。一种是把适用于甲义的音误用于乙义。例如,“叶公好龙”的“叶”有两个读音,一读“yè”,一读“shè”。用于“叶公”时,应读“shè”,可是,由于这个音罕用,而它的另一个读音“yè”广为人知,于是这个字也就讹读为“yè”了。“叶公好龙”的“叶”是姓,读为“yè”不妨碍理解,但有些讹读却会引起对字义的误解。例如,“哑然失笑”之“哑”音“è”,“哑然”是笑声、笑貌。《列子·周穆王》:“同行者哑然大笑。”汉赵晔《吴越春秋·越王无余外传》:“禹乃哑然而笑。”“哑然而笑”中的“哑然”是形容笑的样子,今读“哑”为“yǎ”,这个读音是不出声的意思。这样就会把“哑然失笑”误解为不出声的笑。再如,“心广体胖”之“胖”,本读“pán”,是安泰舒适的意思。《礼记·大学》:“富润屋,德润身,心广体胖。”朱熹集注:“胖,安舒也。”可是不少人把它读为“pàng”,理解为“肥胖”,大失其义。讹音的另一种情况是误读了一个本来没有的音。例如,有人把郛(fú)读作“rǔ”,把市(fú)读作“shì”,把愎(bì)读作“fù”,等等。

出现讹音的原因主要有以下四种：

（1）因声旁而误读。例如：

诃：音 hē，误读 kē。

诣：音 yì，误读 zhǐ。

诩：音 xǔ，误读 yǔ。

蔫：音 niān，误读 yān。

抨：音 pēng，误读 píng。

咆：音 páo，误读 bāo。

猱：音 náo，误读 róu。

庖：音 páo，误读 bāo。

浣：音 huàn，误读 wán。

沁：音 qìn，误读为 xīn。

毗：音 pí，误读 bǐ。

钗：音 chāi，误读 chā。

瞠：音 chēng，误读 táng。

（2）因同旁字类推而误读。例如：

悛：音 quān，误读 jùn（俊），怙恶不悛。

隅：音 yú，误读为 ǒu（偶），向隅而泣。

愎：音 bì，误读为 fù（腹），刚愎自用。

（3）因形似而误读。例如：

丏：音 miǎn，误读 gài（丐）

粤：音 yuè，误读 ào（奥）

卮：音 zhī，误读 è（厄）。

汆：音 tǔn，误读 cuān（汆）

佘：音 shé，误读 yú（余）

垤：音 dié，误读 zhì（至）

亳：音 bó，误读 háo（豪）

菅：音 jiān，误读 guǎn（管）。

葺：音 qì，误读 róng（茸）。

啜：音 chuò，误读 zhuì（缀）。

淖：音 nào，误读 zhào（棹）

逄：音 páng，误读 féng（逢）。

（4）不明字意而误读。

对于多音字来说，一定的读音总是与一定的意义联系在一起的。有的人不明白一些字的特殊读音所表达的特殊意义，因而误读。例如：

射，本读"shè"，义为"射箭"。例如，《左传·成公十六年》："潘尪之党与养由基蹲甲而射之，彻七札焉。"《论语·述而》："子钓而不纲，弋不射宿。"其中的"射"，都是"射箭"的意思。可是，在"无射"一语中，"射"却是"厌弃"的意思，音读"yì"。例如，《诗·小雅·车舝》："式燕且誉，好尔无射。"郑玄笺："射，厌也。"意思是说"无射"的"射"是"厌弃"的意思。陆德明《经典释文》解释"无射"之"射"说："射，音亦。"意思是说"无射"的"射"读音为"亦"。"射"在"射干"、"射姑山"等词语中则读"yè"。例如，《楚辞·刘向〈九叹·愍命〉》："掘荃蕙与射干兮，耘藜藿与襄荷。"洪兴祖《楚辞补注》为"射干"之"射"注音，说："射，音夜。"意思是说"射干"之"射"读音为"夜"。"射姑山"之"射"，也读"夜"。《资治通鉴·汉顺帝永和六年》引《后汉书·顺帝纪》："六年春正月丙子，征西将军马贤与且冻羌战于射姑山，贤军败没。"胡三省注云："射，音夜。"意思是说"射姑山"之"射"读音为"夜"。如果不了解"射"的这些特殊意义，就可能把它误读为"shè"。

徵，本义为预兆、迹象，音"zhēng"。例如，《国语·周语上》："夫国必依山川。山崩川竭，亡之徵也。"句中的"徵"，用其本义，是预兆、迹象的意思，音"zhēng"。而"徵"常常被假借作"惩"，表示警戒、惩罚的意思，这时，就读为"chéng"了。例如《荀子·正论》："凡刑人之本，禁暴恶恶，且徵其未也。"杨倞注："徵，读为惩。"意思是说，句中的"徵"读为"惩"，同时也表示"惩"即"惩罚"的意思。再如《史记·〈建元以来侯者年表〉序》："戎狄是膺，荆荼是徵。"其中的"徵"也是"惩"的借字，应读为"chéng"。"徵"用于古地名时也读作"chéng"。《史记·河渠书》："于是为发卒万余人穿渠，自徵引洛水至商颜山下。"司马贞索隐："徵，音惩，县名也。小颜云即今之澄城也。"当"徵"用作古代五音"宫商角徵羽"之"徵"时，音"zhǐ"。南朝梁刘勰《文心雕龙·声律》："古之佩玉，左宫右徵，以节其步，声不失序。"句中的"徵"指的是音乐中的一个音级，读音为"zhǐ"。如果不懂得"徵"的这些特殊意义，就难免把它们都读为"zhēng"。

思考与练习

1. 举例说明汉字记音的特点。

2. 举例说明用汉字给汉字注音的方法。

3. 举例说明字音表现的方式。

4. 举例说明汉字声符的表音作用。

5. 什么是多音字？多音字有哪几种情况？

6. 什么是字的古音与今音？从哪些地方可以发现古今音的差别？

7. 怎样对待古音今读问题？

8. 何为正音？现代汉字的正音标准是什么？

9. 何为讹音？字音误读的常见原因有哪些？

10. 解释：

单音字　多音字　异读字　同音字　直音　反切　注音字母

11. 给下列各字注上正确的读音：

诃　诣　诩　荨　蔫　抨　咆　庖　浣　沁　毗　钗　瞳

悛　隅　愎　丏　粤　卮　亳　菅　葺　啜　逄

12. 给下列加点的字注音：

龟兹　大宛　月氏　康居　身毒　高句丽　吐谷浑　荤粥　先零　土蕃

镐京　华不注　阿房宫　天姥山　阳夏　会稽　皋陶　伍员　角里

郦食其　金日磾　曹大家　兒宽　万俟卨　尉迟恭

第五章 汉字的字义

学习提示

1. 理解字义的定义。
2. 了解汉字根据义项多少划分的类别。
3. 了解同义字之间的异同。
4. 了解多义字义项的分类。
5. 了解字义的变化情况。

所谓字义，是文字所具有的意义，亦即字形所代表的意义。例如，"山"这个视觉图形，代表着"地面形成的高耸的部分"[①]这样的意义，"地面形成的高耸的部分"这个意义就是"山"的字义。下面主要从字的义项、字义的种类、字义的变化等角度对字义问题加以介绍。

第一节 单义字、多义字与同义字

根据一个字意义的多少，可以把整字分为单义字和多义字。

---

① 中国社会科学院语言研究所词典编辑室：《现代汉语词典》（修订本），1 098页，北京，商务印书馆，1999。

一、单 义 字

只有一个意义的字叫做单义字。例如，昊，广大的天。皓，白的样子。盉，古代用来调和酒的器具。悖，混乱、违反。彖，论断、推断。像这种只有一个义项的字就是单义字。再如：佟，姓。赢，瘦弱。耒，古代的农具。酹，把酒洒在地上表示祭奠。这些字也都是单义字。

单义字可以从历时与共时两个角度来考察。

（一）历时单义字

历时单义字是指在不同的历史时期都是单义的字。例如：

骡，从古到今只有一个义项，即家畜名。例如：《吕氏春秋·爱士》："赵简子有两白骡而甚爱之。"在现代，它指的还是这种家畜。例如，茹志鹃《剪辑错了的故事》（六）："于是大家一条声地推老寿带队，决定一起去找老甘，带上骡马牛羊，愿跟老甘一起上山。"

豹，兽名。从古到今，"豹"都只有这一个义项。如，《左传·襄公四年》："因魏庄子纳虎豹之皮，以请和诸戎。"汉张衡《西京赋》："总会仙倡，戏豹舞罴。"毛泽东《七律·冬云》："独有英雄驱虎豹，更无豪杰怕熊罴。"

姝，美好。在汉代，它只有这一个义项。扬雄《方言》卷一："凡好而轻者，赵、魏、燕、代之间曰娃，或曰姝。"到了唐宋，仍然只有这一个义项。唐皮日休《桃花赋》："姝姝婉婉，妖妖怡怡。"其中的"姝"就是美好的意思。《广雅·释诂一》："姝，好也。"

镒，古代重量单位。先秦时只有这一个义项，如，《墨子·号令》："又赏之黄金，人二镒。"《国语·晋语二》："黄金四十镒，白玉之珩六双。"明清时，仍然只有这一个义项。如，明孟称舜《娇红记·妓饮》："他那双小脚儿，果然值千镒之金。"清方文《四令君诗·张武进环生》："赠金累十镒，深哀犹未匮。"

历时单义字比较容易掌握，因为它们的字义从古到今基本没有变化。

（二）共时单义字

共时单义字是指某一个历史时期的单义字。可粗略分为古代共时单义字和现代共时单义字。

1. 古代共时单义字

古代共时单义字是指在古代的某一个时期的单义字。例如：

豵，一岁的小猪 ①。《诗·豳风·七月》："言私其豵，献豜于公。"毛传："豕一岁曰豵。"《诗经·驺虞》："彼茁者蓬，一发五豵，于嗟乎驺虞。"毛传："一岁曰豵。""豵"字在先秦以后，除了被一些文人偶尔在诗文中用于沿袭古称外，在日常应用中已经退出了使用。所以，它只是先秦时的单义字。

睒，赌博。《康熙字典》引《字汇》："楚锦切，音磣，赌也。"

甀，古代礼器。瓦豆。《玉篇·瓦部》："甀，瓦豆也。"

戣，击踝。《说文·丮部》："戣，击踝也。"

像这一类字，多见于字书，在古代文献中极少用例。它们是仅存于某一个时代的单义字，后世没有传承，多数成了死字。遇到时，如不知其义，可查字典解决，学习中不要把它们作为重点。

2. 现代共时单义字

现代共时单义字是指现代汉字中的单义字。例如：邈，远。懈，松懈，不紧张。狗，一种家畜。姹，美丽。诫，警告，劝人警惕。瞧，看。

单义字的形、音、义，匹配单一，关系明确，只要正确地掌握了三者的关系，就不会在使用中出错。然而，绝对的单义字较少，特别是在常用字中更少。大多数都是共时性的单义字。现代汉字中的单义字，形义对应单一清楚，容易掌握，但它们多数是从古代多义字发展来的，读古书时，不要以今律古。

二、多　义　字

具有两个或两个以上的义项的字叫做多义字。多义字，也可以从历时与共时两个角度来考察。

---

① 一说，豕生三子谓之"豵"，郑玄笺《诗经·豳风·七月》："豕生三曰豵。"但毛、郑两说不能同真，不管取哪个义项，"豵"都只能是单义字。

（一）历时多义字

搜，《汉语大词典》为它设立了 3 个音项，共 11 个义项。"搜"的第一个音项是"sōu"。有下列义项：①搜索；搜查。如，《庄子·秋水》："或谓惠子曰：'庄子来，欲代子相。'于是惠子恐，搜于国中三日三夜。"张天翼《蜜蜂·仇恨》："'他们准抢得有银子钱。''搜他！'"②寻求；找出。例如，南朝宋刘义庆《世说新语·纰漏》："王安丰选女婿，从挽郎搜其胜者。"张天翼《温柔制造者》："不错，他得安慰她。他得想出散步的地方来，他得搜出一大堆话来说。"③聚集。如，晋郭璞《山海经图赞·巫咸》："群有十巫，巫咸所统，经技是搜，术艺是综。"④清除，消除。例如，《礼记·郊特牲》"帝牛必在涤三月"，汉郑玄注："涤牢中所搜除处也。"孔颖达疏："搜谓搜扫清除。"⑤萧疏貌。例如，《艺文类聚》卷七引晋张协《登北芒赋》："松林掺映以攒列，玄木搜寥而振柯。"句中的"搜寥"是萧疏寥落的意思。⑥清冷貌。如，宋苏辙《买炭》诗："苦寒搜入骨，丝纩莫能御。"⑦象声词。如，《诗经·鲁颂·泮水》："角弓其觩，束矢其搜。"孔颖达疏："搜为矢行之声。"朱熹集传："矢疾声也。"《西游记》第六十一回："胡乱嚷，苦相求，三般兵刃响搜搜。"⑧通"獀"。春天打猎。《汉书·刑法志》："春振旅以搜……冬大阅以狩。"清朱骏声《说文通训定声·孚部》："搜，假借为獀。""搜"的第二个音项是"shǎo"。读此音时有下列义项：①扰乱。唐韩愈《岳阳楼别窦司直》诗："炎风日搜搅，幽怪多冗长。"宋黄庭坚《谢送碾赐壑源拣芽》诗："搜搅十年灯火读，令我胸中书传香。"宋方岳《赵龙学寄阳羡茶》诗："相思几梦山阴雪，搜搅平生书五车。"②搅和，拌和。唐费冠卿《答萧建》诗："搜泥如和面，拾橡半添穄。"搜的第三个音项是"xiāo"，字义是"动貌"。如《庄子·寓言》："搜搜也，奚稍问也？"陆德明释文："搜，本又作叟……又音萧。向云：动貌。"成玄英疏："叟叟，无心运动之貌。""搜"的上列 3 个音项，11 个义项，并不是产生、使用于某一个时代的，而是从先秦到现代累计的，它是历时多义字。

手，《汉语大词典》为它设立了 20 个义项，即①人体上肢腕以下持物的部分。②指动物前肢或动物前部伸出的感触器官。③指某些代替手工作的机械。④表示手的动作。执持。⑤表示手的动作。击杀。⑥表示手的动作。取。⑦亲手。⑧手迹。⑨中医指寸口。⑩手艺；本领。⑪手中，手里。指控制、掌握的范围。⑫指边，面。⑬指次序。⑭指在某种技术或工作中居某种地位的人。⑮指从事某种行业、活动或作出某种行动的人。⑯量词。西南少数民族地区货币计算单位。⑰量词。犹个、只。⑱量词。用于技能、技巧。⑲通"首"。⑳通"杸"。枷锁。

这 20 个义项，最早的是"人体上肢腕以下持物的部分"，如《诗经·邶风·简兮》："左手执籥，右手秉翟。"最晚的是"指某些代替手工作的机械。如：扳手；机械手"，这个义项产生于现代。"手"也是历时多义字。

猫，《汉语大词典》为它设立了 3 个音项，共有 8 个义项。"猫"的第一个音项是"māo"，读这个音时，具有 2 个义项：①哺乳动物。行动敏捷，善跳跃，能捕鼠。《玉篇·犬部》："猫，食鼠也。"《礼记·郊特牲》："迎猫，为其食田鼠也。"②方言。躲；躲藏。如，周立波《暴风骤雨》第一部："他赶一张爬犁上大青顶子去拉木头，打柴火，回来就猫在家里。""猫"的第二个音项是"máo"，读这个音时，具有 3 个义项：①方言。弯曲。如，浩然《弯弯的月亮河》："柳顺猫下腰，伸手一摸，原来是个人。"胡万春《蛙女》："花园里没有什么动静，她就猫着身子来到关押史小文的地下室窗洞口。"②假借为"锚"。船只的停泊设备，多以铁制。如宋周密《癸辛杂识续集·海蛆》："〔海舟〕铁猫大者重数百斤，尝有舟遇风下钉，而风怒甚，铁猫四爪皆折。"③假借为"茅"。如金董解元《西厢记诸宫调》卷七："口啜似猫坑，咽喉似泼忏。"句中"猫坑"即茅坑，指厕所的粪坑。"猫"的第三个音项是"miáo"，有 2 个义项：①古代指夏季狩猎。《玉篇·犬部》："猫，夏田也。"②我国少数民族名。"猫"的这些不同义项也是不同的历史时期形成的，它是历时多义字。

（二）共时多义字

共时多义字是指某一个历史时期中的多义字。可粗略分为古代共时多义字与现代共时多义字。

1. 古代共时多义字

古代共时多义字是指古代某一个时期的多义字。例如：

鼓，在先秦就有几个不同的义项。①指打击乐器。《书·胤征》："瞽奏鼓，啬夫驰，庶人走。"②泛指器乐。《诗经·商颂·那》："奏鼓简简，衎我烈祖。"郑玄笺："奏鼓，奏堂下之乐也。"③鼓声。《诗经·周颂·执竞》："钟鼓喤喤，磬筦将将。"④鼓面。《周礼·考工记·韗人》："鼓长八尺，鼓四尺，中围加三之一，谓之鼖鼓。"郑玄注引郑司农曰："鼓四尺，谓革所蒙者广四尺。"贾公彦疏："云鼓四尺者，谓鼓面也。"⑤钟磬被敲击之处。《周礼·考工记·凫氏》："于上谓之鼓。"郑玄注引郑司农曰："于，钟唇之上袪也；鼓，所击处。"《周礼·考工记·磬氏》："股为二，鼓为三。"郑玄注引郑司农曰："股，磬之上大者；鼓，其下小者，所当击者也。"⑥击鼓。《易·中孚》:"得敌,或鼓或罢,或泣或歌。"《逸周书·大武》:"五虞:一鼓走疑,二备从来,三佐车举旗,四采虞人谋,五后动捴之。"《春秋·庄公二十五年》:"鼓,用牲于社。"杜预注:"鼓,伐鼓也。"⑦敲击或弹奏(乐器)。《诗经·小雅·鼓钟》:"鼓钟钦钦,鼓瑟鼓琴。"孔颖达疏:"以鼓瑟鼓琴类之,故鼓钟为击钟也。"⑧振动;摇动。《易·系辞上》:"鼓之以雷霆,润之以风雨。"⑨击鼓的乐师。《论语·微子》:"鼓方叔入于河。"⑩古代量器或衡器名。《左传·昭公二十九年》:"遂赋晋国一鼓铁,以铸刑鼎。"杨伯峻注:"鼓为衡名,亦为量名。《管子·地数篇》:'武王立重泉之戍,令曰,民有百鼓之粟者不行',注云,'鼓,十二斛',此鼓为计容量之单位与器皿。""鼓"的这 10 个义项都出自先秦,如果把先秦算做同一个历史时期,它就是共时多义字。

逆,在先秦也是多义字。①迎接;迎候。《书·顾命》:"虎贲百人,逆子钊于南门之外。"②迎受;接受。《书·吕刑》:"尔尚敬逆天命,以奉我一人。"③迎战;迎击。《管子·大匡》:"〔齐桓公〕兴师伐鲁,造于长勺,鲁庄公兴师逆之,大败之。"④退却。《周礼·考工记·匠人》:"困窌仓城,逆墙六分。"郑玄注:"逆,犹却也。"孙诒让正义:"《广雅·释言》云:'却,退也。'却墙,谓墙上退却,杀减其广也。"⑤违背;拂逆。《书·太甲下》:"有言逆于汝心,必求诸道。"⑥背叛;作乱。《诗经·鲁颂·泮水》:"既克淮夷,孔淑不逆。"⑦排斥;拒绝。《鹖冠子·天则》:"圣王者,有听微决疑之道,能屏谗权实,逆淫辞,绝流语。"⑧考察。《周礼·地官·乡师》:"乡师之职……既役则受州里之役要,以考司空之辟,以逆其役事。"郑玄注:"逆,犹钩考也。"贾公彦疏:"钩考役事者,恐有滥失。"《墨子·贵义》:"今若过之心者,数逆于精微,同归之物,既已知其要矣,是以不教以书也。"⑨背理;失常。《荀子·非十二子》:"行辟而坚,饰非而好,玩奸而泽,言辩而逆,古之大禁也。"杨倞注:"逆者,乖于常理。"⑩回旋。《周礼·夏官·田仆》:"田仆掌驭田路,以田以鄙。掌佐车之政,设驱逆之车。"郑玄注:"逆,衙旋之,使不出围。""逆"的这 10 个义项都出自先秦,它是共时多义字。

水,在先秦也是多义字。①指无色、无臭的液体。《易·比》:"地上有水。"《荀子·劝学》:"冰,水为之,而寒于水。"②特指河流。《书·禹贡》:"漆沮既从,沣水攸同。"③泛指一切水域。对陆地而言。《书·微子》:"今殷其沦丧,若涉大水,其无津涯。"④指大水;水灾。《左传·襄公二十四年》:"〔襄公〕会于夷仪,将以伐齐,水,不克。"⑤指水攻。放水淹没敌方。《墨子·备城门》:"今之世常所以攻者,临、钩、冲、梯、堙、水、穴、突、空洞、蚁附、辕辐、轩车。"《战国策·赵策一》:"知伯从韩魏兵以攻赵,围晋阳而水之,城下不沉者三版。"⑥洪水。《荀子·劝学》:"假舆马者,非利足也,而致千里;假舟楫者,非能水也,而绝江河。"⑦浸泡;润泽。《周礼·秋官·柞氏》:"夏日至,令刊阳木而火之;冬日至,令剥阴木而水之。"贾公彦疏:"至秋以水渍之。"⑧五行之一。《书·洪范》:"五行:一曰水,二曰火,三曰木,四曰金,五曰土。"⑨官名。《左传·昭公十七年》:"共工氏以水纪,故为水师而水名。"杜预注:"以水名官。"⑩中医学称肾。《灵枢经·热病》:"肤胀口干寒汗出,索脉于心,不得索之水。水者,肾也。""水"的这 10 个义项都出自先秦,它是共时多义字。

2. 现代共时多义字

现代共时多义字是现代汉字中的多义字。例如:

摩:①摩擦。②研究切磋。

肩:①肩膀。②担负。

敌:①敌人。②相当。③抵挡。

尽:①完毕。②全部用出。③都,全。

闻:①听见。②听见的事情、消息。③出名,有名望。④用鼻子嗅气味。

浮:①漂,跟"沉"相对。②表面的。③暂时的。④不沉静,不沉着。⑤空虚。⑥超过。

多义字的"多义"当然是指一个字所具有的全部的静态的意义,也就是说,是把一个字在不同语境中所具有的不同意义收集在一起的意义,例如字典中所收集的意义。而在具体的语境中,除了修辞时的双关用法外,一个字只能有一个意义,否则,这个句子就有了歧义。例如,嫌,《汉语大词典》为它设立了7 个义项,即:①嫌疑。②猜疑;怀疑。③避忌。④妨碍。⑤厌恶;埋怨;不满。⑥怨尤,仇隙。⑦相近,接近。而它在《荀子·礼论》"一朝而丧其严亲,而所以送葬之者不哀不敬,则嫌于禽兽矣,君子耻之"这段话中,只有一个意义,那就是"接近";而在北魏贾思勰《齐民要术·养羊》"积茭着栅中,高一丈亦无嫌,任羊绕栅抽食,竟日通夜,口常不住"这段话中,是"妨碍"的意义。

从汉字的内部要素之间的关系来看,多义字就是一个形体具有多个不同的意义。它的优点在于能够节约字形,一形多用,而不便处在于给理解字义造成了一定困难。如果文字素养不够,常常会张冠李戴,误解其义。例如,"戏"在现代汉语中的常用义是游戏、戏剧,而它在古代还有一个义项"角斗,角力"。《左传·僖公二十八年》:"子玉使斗勃请战,曰:'请与君之士戏,君冯轼而观之,得臣与寓目焉。'"有人不知道"戏"具有"角斗,角力"的义项,就用"游戏"

来解释此句中的"戏",把"请与君之士戏"解释成"与您的战士游戏",那就错了。此句真正含义是"与您的战士角力"。再如,徐州有一处古迹叫做"戏马台",所谓"戏马"就是赛马的意思,戏马台就是观看赛马的台,而不是马做游戏的台。汉语特别是古汉语中多义字非常多,要想正确解读古籍,就要掌握一些常用多义字,而且阅读古书时要多查字典,还要结合语境,细审文意,如前人所说"好学深思,心知其意"。

(三)多义向单义的转化

有的字从历时角度来看是多义字,而从共时角度来看就是单义字。例如:

侣,《汉语大词典》为它设立了3个义项,即:①同伴,伴侣。汉王褒《四子讲德论》:"于是相与结侣,携手俱游。"唐韩愈《利剑》诗:"故人念我寡徒侣,持用赠我比知音。"②结为伴侣;陪伴。晋葛洪《抱朴子·臣节》:"然而愚瞽舍正即邪,违真侣伪,亲览倾债,不改其轨,无祸之集,非降自天也。"宋苏轼《赤壁赋》:"吾与子渔樵于江渚之上,侣鱼虾而友麋鹿。"③僧侣,出家修行的佛教徒。北齐颜之推《颜氏家训·归心》:"且阙行之臣,犹求禄位;毁禁之侣,何惭供养乎?"而《新华字典》为它设立的义项只有一个:"同伴(伴侣);情侣。"《汉语大词典》是一部历史性的语文词典,它解释的是"侣"在历史上不同时期的意义。而《新华字典》是现代字典,它解释的是"侣"字在现代的意义。如果从历时角度来看,"侣"是多义字了,而从现代的共时角度来看,"侣"就是单义字了。

湿,《汉语大字典》为它设立了3个义项,即:①低下潮湿。②沾水,含水多。③中医术语。据《康熙字典》解释,"湿"在汉代的一些方言中还有"忧"的意思。"湿"还可叠用,构成"湿湿"一词,表示"水光开合之貌"。而《新华字典》为它设立的义项只有一个:"沾了水或是水分多,跟'干'相反。"不同字典对"湿"所设义项的多寡不同,这表明如果从历时角度来看,它是多义字。而从现代的共时角度来看,它就是单义字。

杨,《汉语大词典》为它设立了9个义项。①杨柳科,杨属植物的泛称。②杨桃的省称。③指杨朱及其学派。④鸟名。⑤古国名。⑥通"阳"。⑦通"扬"。⑧通"炀"。⑨姓。而《新华字典》为它设立的义项只有一个:"杨树,落叶乔木,有白杨、大叶杨、小叶杨等多种,有的木材可作器物。"《汉语大词典》对"杨"的解释是其历时性的意义,它是多义字。而《新华字典》对"杨"的解释是其现代共时性的意义，它是单义字。

从以上不同时代的辞书对于同一词语的不同解释的对比中可以看出，从字义发展的历史过程来看，许多古代汉语中的多义字到了现代汉语中都变成了单义字。这就提醒我们，阅读古籍时遇到的字，不要轻易用我们所熟悉的现代单义去解释它。例如，叟，《新华字典》只设立了一个义项"老头儿"，可是，在古代汉语中，它除了具有"老头儿"的义项外，还用为汉至六朝时对分布在今甘肃东南部、四川西部、云南东部和贵州西部等地部分少数民族的泛称。如《后汉书·刘焉传》："兴平元年，征西将军马腾与范谋诛李傕，焉遣叟兵五千助之。"《三国志·蜀志·刘璋传》："璋复遣别驾从事蜀郡张肃，送叟兵三百人并杂御物于曹公。"句中的"叟兵"指的就是"叟人之兵"。如果不知道"叟"是个多义字，只是用"老头儿"这个义项去解释"叟兵"，就会把它误解为"老头儿兵"。

当然，多义字也是从最初的单义字发展来的，但这种情况主要存在于古代汉字发展的过程中，在现代汉字中这种情况比较少见。

三、同 义 字

同义字是指形体不同、读音不同而意义相同或相近的一组字。同义字，具有广、狭不同的概念。狭义的同义字，指一组字的意义完全相同，即所谓等义字。广义同义字指某个或某些义项相同的一组字。等义字非常少，一般所说的同义字指的是广义的同义字。如《尔雅·释天》："载，岁也。夏曰岁，商曰祀，周曰年，唐虞曰载。"意思是说，在作为时间单位，指地球绕太阳一周的时间这个意义上，"载"、"岁"、"祀"、"年"这四个字是同义字。可是这四个字除了这个共同的义项外，各自都还有一些别的义项，在这些不同的义项上，它们就不是同义字了。

同义字是在某些义项上相同的一组不同的字组成的字族，弄清楚它们彼此之间的异同，是正确理解和应用同义字的前提。同义字的同异情况，大致有以下几种类型：

（1）所指对象相同，但称谓不同。例如：

蚊、蚋，是蚊子的不同名称。《说文解字》："秦晋谓之蚋（即"蚋"字），楚谓之蚊。"

衰、革，是蓑衣的不同名称。《说文解字》："衰，艹雨衣。秦谓之革。"

桷、庌，是屋檐的不同名称。《说文解字》："庌……一曰屋梠也。秦谓之桷，齐谓之户。"

庠、序、学、校，是学校的不同名称。《孟子·滕文公上》："设为庠序学校以教之。庠者，养也。校者，教也。序者，射也。夏曰校，殷曰序，周曰庠，学则三代共之，皆所以明人伦也。"

猪、豭、豨、豕，是猪的不同名称。《方言》卷八："猪，北燕朝鲜之间谓之豭，关东西或谓之豨，或谓之豕，南楚谓之豨，其子或谓之豚，或谓之貕。吴扬之间谓之猪子。"《尔雅·释兽》："豕子，猪。"郭璞注："今亦曰豨，江东呼豨，皆通名。"

又如，在古代汉语中，"头"与"首"，"足"与"脚"，"眼"与"目"，等等，也是同义字。

（2）意义相同，但主体不同。例如：

白、皎、皑、皙，都有白的意思，但其主体不同。《说文解字》："白，西方色也"；"皎，月之白也"；"皑，霜雪之白也"；"皙，人色白也"。

崩、薨、卒，都有死亡的意思，但死亡者的主体身份不同。《礼记·曲礼》："天子死曰崩，诸侯曰薨，大夫曰卒，士曰不禄，庶人曰死。"

饥、馑、荒，都有未成熟的意思，但其主体不同。《尔雅·释天》："穀不熟为饥，蔬不熟为馑，果不熟为荒，仍饥为荐。"

栖、宿，都是止息的意思，但其主体不同。宋蔡卞《毛诗名物解》卷七："《禽经》曰：陆鸟曰栖，水鸟曰宿。"

啄、啮，都表示进食时的动作，但主体不同。《释名·释语言》："鸟曰啄，如啄物，上复下也。兽曰啮，啮齾也，所临则秃齾也。"

（3）意义相同，但使用对象不同。例如：

谏、诫，都有用语言阻止别人的意思，但"谏"一般用于下级对上级，晚辈对尊长或朋友之间，而"诫"则用于上对下，尊对卑。例如，《论语·里仁》："事父母几谏，见志不从，又敬不违，劳而不怨。"汉刘向《说苑·臣术》："有能尽言于君，用则留之，不用则去之，谓之谏；用则可生，不用则死，谓之诤。"句中的"谏"，用于下对上。《史记·魏公子列传》："公子恐其怒之，乃诫门下：'有敢为魏王使通者，死。'"唐韩愈《送杨少尹序》："乡人莫不加敬，诫子孙以杨侯不去其乡为法。"句中的"诫"则是上对下的告诫。

诛、弑，都有杀的意思，但"诛"一般用于杀死有罪的人，而"弑"则用于下杀上。例如，《孟子·梁惠王下》："闻诛一夫纣矣，未闻弑君也。"唐柳宗元《佩韦赋》："尼父戮齐而诛卯兮，本柔仁以作极。"句中的"诛"表示所杀的是有罪之人。《易·坤》：“臣弑其君，子弑其父，非一朝一夕之故，其所由来者渐矣。”《左传·宣公十八年》：“凡自内虐其君曰弑，自外曰戕。”句中的“弑”表示下杀上。

（4）基本意义相同但程度或数量不同。例如：

疾、病，都是指生理或心理不正常的状态，但轻重程度不同。“疾”程度轻而“病”程度重。《周礼·天官冢宰下·医师》：“凡邦之有疾病者，疕疡者造焉。”宋朱申《周礼句解》：“轻曰疾，重曰病。头疮曰疕，身疮曰疡。皆造医师求药。”

嗛、饥、馑、康，都是收成不好的意思，但有程度上的差别。《穀梁传》：“一谷不升曰嗛，二谷不升曰饥，三谷不升曰馑，四谷不升曰康，五谷不升曰大侵，五谷皆熟为有年。”《墨子·七患》：“一谷不收谓之馑，二谷不收谓之旱，三谷不收谓之凶，四谷不收谓之馈，五谷不收谓之饥。”

舍、宿、次，都有军队临时驻扎的意思，但时间长短不同。《左传·庄公三年》：“凡师，一宿为舍，再宿为信，过信为次。”

（5）同类事物的不同形态。例如：

箪、笥，都是盛饭之器，但形状不同，箪是圆形，笥是方形。《礼记·曲礼上》：“凡以弓剑苞苴箪笥问人者。”郑玄注：“箪笥，盛饭食者。圆曰箪，方曰笥。”

锜、釜，都是烹煮食物的器具，但形状不同。锜有腿，釜无腿。《诗经·召南·采蘋》：“于以湘之，维锜及釜。”毛亨传：“锜，釜属。有足曰锜，无足曰釜。”

负、抱，都有持有的意思，但持有的方式不同。用手臂持于前叫做“抱”用脊背承载叫做“负”。《老子·四十二章》：“万物负阴而抱阳，冲气以为和。”

郊、牧、野、林、坰，都指郊外，但与城邑的距离远近不同。《尔雅·释地·五方》：“邑外谓之郊，郊外谓之牧，牧外谓之野，野外谓之林，林外谓之坰。”意思是说城邑之外叫做“郊”，郊之外叫做“牧”，牧之外叫做“野”，野之外叫做“林”，林之外叫做“坰”。

隰、平、原、陆、阜、陵、阿，都指地形地貌，但其形状不同。《尔雅·释地·五方》：“下湿曰隰，大野曰平，广平曰原，高平曰陆，大陆曰阜，大阜曰陵，大陵曰阿。”意思是说，低湿之地叫做“隰”，广大之地叫做“平”，广平之地叫做“原”，高平之地叫做“陆”，大陆叫做“阜”（土山），大阜叫做“陵”，大陵叫做“阿”。

同义字的情况还有多种类型，例如，字义的范围有大有小，字义的侧重方面不同，字义的褒贬不同，等等。

同义字可以表达事物的细微差别，如“视”、“见”、“睹”都有用眼睛看的意思，但“视”侧重行为，而“见”、“睹”则侧重结果。在成语“视而不见”、“熟视无睹”中，它们就表现出了这种细微的差别。同义字在文字应用中还可以构成变化，从而避免因重复造成的单调。例如，《淮南子·说山》："象解其牙，不憎人之利之也；死而弃其招蕡，不怨人取之。"高诱注："怨亦憎也。"文中"憎"、"怨"同义，都是怨恨的意思，由于用了不同的字，所以避免了单调的重复。又如，《仪礼·士冠礼》："令月吉日，始加元服。"郑玄注："令、吉皆善也。"句中"令"、"吉"同义。《淮南子·氾论》："存亡之迹若此其易知也，愚夫蠢妇皆能论之。"句中"愚"、"蠢"同义。《左传·昭公二十六年》："在礼：家施不及国，民不迁，农不移，工贾不变。"句中"迁"、"移"、"变"同义。

第二节　字义的种类

单义字只有一个义项，无须对它进行分类。对于多义字的字义，可以根据生成次序及生成关系，把它们分为本义、引申义与假借义三类。

一、字的本义

字的本义指文字产生时获得的意义，例如：

昕，本义是黎明、天亮。《说文解字》："昕，且明也，日将出也。从日，斤声。"意思是说，"昕"是天将要亮的意思，太阳将要出来。"昕"的结构，从日，表示它的意义与太阳有关；而其中的"斤"则表示它的读音。《礼记·文王世子》："天子视学，大昕鼓征，所以警众也。"郑玄对"大昕鼓征"的注释是："早昧爽击鼓以召众也。""昧爽"是黎明天还未大亮的时候。他用"昧爽"来解释"昕"，可见"昕"就是黎明的意思。又如，三国魏曹植《藉田说》之一："日殄没而归馆，晨未昕而即野。"意思是说，太阳沉没之后才回到住所，早晨天未亮就到田野。句中的"昕"是天未亮的意思。

本义的确定有两条标准，即字形标准与字用标准。所谓字形标准，就是字的本义一定要与字形有着密切联系，从字形中能得到说明。所谓字用标准，就是说，与字形相联系的这个意义，一定要有文献用例。

之所以要坚持字形标准，是因为所谓字的本义就是造字时的意义，最初的字形就反映了当时的字义。如果一个字义与其最初的字形不符，那么，它就不是本义。例如：

朱，《说文解字》："朱，赤心木，松柏属，从一在其中。"这里所作的解释，不是"朱"的本义，而是它的引申义。许慎说解的根据是小篆，其形作"米"，这已经是变化了的形体。"朱"的本义保留在比小篆更古老的金文中。"朱"在金文中作"米"，"木"的中间不是一横，而是一点。"木"表示树，中间的一点指示"朱"的所在部位，即树干部分。郭沫若《金文丛考》："朱乃株之初文，金文于木中著圆点以示其处。"意思是说，"朱"是"株"的古字，金文的"朱"在"木"的中间部位加上圆点，用来表示这个字的所指部位。在郭沫若之前，就有人对"朱"的本义作出了正确的解释。宋戴侗《六书故》："朱，干也。木中曰朱。木心红赤，故因以为朱赤之朱。"[①]意思是说，朱是树干的意思。树的中部（除去树冠与树根）叫做"朱"。因为树干的内心是红色的，所以"朱"引申为"朱红"的"朱"。这就说清楚了"朱"的本义与引申义以及二者之间的关系。"朱"表示"树干"的意义，后来写作"株"。《周易》："臀困于株木。"《韩非子·五蠹》："田中有株，兔走触株，折颈而死。"句中的"株"是"朱"的今字，正是树干的意思。

乘，小篆作"𣜩"，《说文解字》："乘，覆也。从入桀。"这个意义应是"乘"的引申义，而不是本义。乘，金文作"𥝅"，其形象人登在树上之形，表示登高。《易·同人》："乘其墉，弗克攻，吉。"《诗经·豳风·七月》："亟其乘屋。"句中"乘"都是登高的意思，可见它的本义是"登高"，而不是"覆"。

寻，是个多义字，有寻找、探求、平常、不久等意思，也表示长度单位，那么哪个义项是它的本义呢？这要参考它最初的形体。寻，甲骨文作"𦥔"，象展开两臂度量席子之状。最初，人们没有度量工具，常常用自身肢体作标准来度量物体。双臂伸开的距离是一个长度单位，由此可见，"寻"的本义与长度有关。《诗经·鲁颂·閟宫》："是断是度，是寻是尺。"郑玄笺："八尺曰寻。或云七尺、六尺。"

之所以要坚持字用标准，是因为文字的意义是在社会应用中得以确定的。探求字的本义，必须要有字形证据。然而，仅有字形依据是不够的，还得有字用证据。也就是说，关于本义的认定，一定要有文献用例作为证明，否则，就可能把字义考求变成猜谜。这是因为，一种字形与某种意义联系的可能性不是唯一的，同样的字形，可能表示多种意义。那么，一种字形的本义究竟是什么，要看当时的造字者是怎样约定的。这种约定通常保留在当时的社会用字中，反

---

①　（宋）戴侗：《六书故》，第21卷，见景印文渊阁《四库全书》，第226册，38页，台北，商务印书馆，1984。

映在文献中。例如：

旦，金文作"☉"，小篆作"旦"，象太阳与地面若即若离的状态。这种情景在早晨太阳初升与傍晚太阳将落的时候都能看得到。如果仅仅根据字形来探求字义，那么，"旦"表示早晨或表示傍晚都是可能的。然而，求诸文献，"旦"只有早晨的意义，而没有用作傍晚的例证。

大，金文作"大"，单纯从字形看，它是一个四肢张开的人体形，那么，它的本义是"人"还是"伸张"呢？仅凭字形，难以决断。而考诸文献，它表示的只有"大"，而不是人。因此可知，它的本义是"大"。

胄，金文作"胄"，下面是一只眼睛，上面像一个器物。单凭字形，把它解释为偷窥也未尝不可，然而，考诸文献，它却是头盔的意思。《书·费誓》："善敹，乃甲胄。"孔颖达疏引《说文解字》："胄，兜鍪也。"《诗经·鲁颂·閟宫》："公徒三万，贝胄朱绶，烝徒增增。"句中的"胄"也是头盔的意思。

总之，考求字的本义，如果仅从字形判断，可以对一些字作出多种不同的解释，但它们实际上所具有的本义不可能像字形所展示的那样具有多解性，正确的答案只能依据字形所提供的可能从典籍中去寻找证据来判定。而条件不充分时，字的本义就难以确定。例如，东，金文作"東"，一般根据字形把它解释为"橐囊"，但在甲骨文、金文中，它都被用为东方的东，那么，它的本义究竟是什么，就很难下定论了。

在文字研究中，经常看到一些人脱离文献例证，仅仅依据字形来考求字义，随意训解，形同猜谜。例如，甲骨文中有个"88"字，楷体作"兹"，是"丝"字的初文。有人却另创新说，认为该字是"两组相连的'8'字形是卵形，具体地说，就是鱼卵"[1]，并以此为据，断言"絲"之初义为"卵"。这种说法只是猜测，缺乏文献根据。据文献看来，"絲"的本义是"乱"，或"治"，或"不绝"。《说文》："絲，乱也。一曰治也，一曰不绝也。从言、丝。"更为错误的是，这位学者并没有到此止步，而是以自己对"絲"的错误解释为据，进一步对其他相关字进行推论，他说"戀"字"上从絲，下从心，雌性的卵吸收了雄性的精子，紧密结合，发育成新的个体，所以恋有两性互相爱慕之义"[2]。这种解释固然新颖，

① 董来运：《甲骨文、金文的卵字》，载《文字学论丛》，第3辑，119页，北京，中国戏剧出版社，2006。
② 董来运：《甲骨文、金文的卵字》，载《文字学论丛》，第3辑，121页，北京，中国戏剧出版社，2006。

但是缺乏文献根据，把严肃的文字考证变成了单凭字形展开的想象力游戏。

探求字的本义要依据最初的字形，而不是后起的字形。因为后起的字形发生了变化，与本义的联系不再那么密切了。例如，"何"的本义是"担"，这个意义与它的早期形体联系在一起。其甲骨文作"𡗗"，金文作"𡢍"，正象人肩担物之形，表示"担荷"的意思。后来小篆形变为"𠤎"，就看不出它的本义来了。《诗经·曹风·侯人》："彼侯人兮，何戈與祋。""何"用的正是其本义，而高亨注："何，通荷，扛在肩。"错把本字讲成通假字了。《易·大畜》："何天之衢。"句中的"何"也是"承担"的意思。

一些人在解释汉字形义关系时忽略了文字本义与最初形体的联系，而是拿后来演变了的形体来做依据，所以不免讲错。例如，有人讲田地的重要性时说，我们的祖先深知田地的重要性，所以造字时，就在"福"字中安排了"畐"，畐者，一口田也，人人都有田地，就是幸福。其实，"畐"，甲骨文作"𠦉"，金文作"𠦒"，象长颈圆腹之酒器，是"福"的初文。古人迷信，向神鬼求福，祭祀时要用酒，于是就把像酒器形的"畐"字与"福"联系在一起了。这里与"田"没有任何关系。

二、字的引申义

引申义是从字的本义引申出来的意义。例如，"昕"除了前面说到的"黎明，天亮"的义项外，还有"鲜明，明亮"的意思。《初学记》卷十二引汉扬雄《太仆箴》："檀车孔夏，四骐孔昕。"句中的"昕"是鲜明的意思，这个意思是从天亮的意思引申出来的。字义的引申可以是连续性的多次引申，因而字的引申义有近有远，距离本义近的叫近引申义，距离本义远的叫远引申义。例如"火"的本义是"物体燃烧时所发的光和焰。"甲骨文作"𤆍"，象火焰之形。《说文解字》："火，毁也。南方之行，炎而上。象形。"《书·盘庚上》："若火之燎于原，不可向迩。"孔传："火炎不可向近。"这里的"火"，用的是本义。后来，"火"字产生了许多新的义项，《汉语大词典》为之设立的义项有：①焚烧；焚毁。②用火加热。③火灾；发生火灾。④指灯烛或火把。⑤古代指雷电，电光。⑥用火光照视。⑦光芒。⑧热，热气。⑨形容红色。⑩喻紧要；紧急。⑪喻指发怒，气。⑫喻强烈的感觉或欲望。⑬中医指引起烦躁、发炎、红肿等症状的病因。⑭古代兵制单位。十人为火。⑮指若干人结合的一群。⑯犹年、岁等义项。显然，其中从①至⑨这些意义是从其本义中的不同角度直接引申出来的，是其近引申义；而"喻强烈的感觉或欲望"、"中医指引起烦躁、发炎、红肿等症状的病因"以及其余的义项则是从这些引申义中再引申出来的，是远引申义。

近引申义与本义的关系密切，容易理解，而一些远引申义与本义的联系要经过许多中间环节，如果不知道这些中间环节，那么，一些远引申义就往往被误认为是假借义。例如，"莫"，具有"寂寞"义。《汉书·外戚传下·孝成班婕妤传》："白日忽已移光兮，遂晻莫而昧幽。"颜师古注："一曰，莫，静也。"句中的"莫"就是"寂静"的意思。这一字义，正是从其"傍晚"的意义引申出来的。古时候，天黑之后，人们就休息了，所以显得寂静，所谓"暧暧黄昏后，寂寂人定初"。由寂静自然可以引申为寂寞，可是《汉语大词典》却把"莫"的寂寞义解释为通假义。再如，郑樵《六书略》常把一些字的引申义误释为假借义，他在"借同音不借义"条目下所举的例子有："牢，牛圈也，而为牢固之牢。""题，额也，而为题命之题。""节，竹目也，而为节操之节。"并说"凡此之类并同音不借义者也"。其实这些字的后起义都是其本义的引申义，而不是假借义。

三、字的假借义

假借义是一个字因被借用而产生的意义。某个字，本来没有某种意义，因为它被借去表示另外一个字的意义，从而产生了这个字的意义，这种意义就是假借义。例如：

離，本来是鸟名。《说文解字》："離，離黄，仓庚也。鸣则蚕生。从隹，离声。"《诗经·豳风·七月》"有鸣仓庚"毛传"仓庚，離黄也。"唐陆德明《经典释文》："離，本又作鸝、作鸝。""離"也被借去表示"螭"。"螭"音"chī"，是古代传说中的一种龙。《集韵·支韵》："螭，《说文》：'若龙而黄，北方谓之地蝼。一说无角。'"于是，"離"就有了"螭"的意义。

刃，本来是"刀锋，刀口"的意思。《书·费誓》："砺乃锋刃。"孔传："磨砺锋刃。""磨砺锋刃"就是"磨砺刀锋"的意思。"刃"就是"刀刃、刀口"。可是后来被借为"纫"，指制作。五代王定保《唐摭言·海叙不遇》："虬怒，拂衣而起，诘旦，手刃绝句百篇，号比红诗，大行于时。""手刃绝句百篇"，就是亲手制作绝句百篇，"刃"借作"纫"是制作的意思。"刃"还可通"韧"，义为柔韧而坚固。《礼记·月令》："命泽人纳材苇。"汉郑玄注："蒲苇之属。此时柔刃，可取作器物也。""柔刃"就是"柔韧"，"刃"假借为"韧"。"刃"还可通"仞"，指古长度单位。汉桓宽《盐铁论·诏圣》："严墙三刃，楼季难之。""三刃"就是"三仞"。"仞"是古代长度单位，七尺为一仞。一说，八尺为一仞。

"光"，本义是"光线"。《诗经·齐风·鸡鸣》："匪东方则鸣，月出之光。"南朝梁江淹《望荆山》诗："寒郊无留影，秋日悬清光。"句中的"光"就是"光线"。"光"可通"广"，表示"广"的各种意义：其一，可以表示"广阔"。如，《左传·昭公二十八年》："昔武王克商，光有天下。""光有天下"就是"广有天下"，即占有了广阔的天下。其二，表示"充满"的意思。如，《书·洛诰》："惟公德明，光于上下。"孔颖达疏："此光亦为充也。言公之明德充满天地。"其三，表示"大"的意思。《荀子·不苟》："言己之光美，拟于舜禹，参于天地，非夸诞也。""光美"就是"广美"，即"大美"的意思。其四，表示"远"的意思。《穀梁传·僖公十五年》："德厚者流光，德薄者流卑。"杨士勋疏："光，犹远也。"

第三节　字义的变化方式

字义总是在不断地变化着，观察其变化可以有不同的角度。譬如，从变化结果的角度去看，就存在着义项多寡的变化，这在前面已经作了一些介绍。这里主要从字义变化方式的角度来谈谈字义的变化。字义变化的方式主要有引申、分化、假借与更替四种。

一、字义的引申

所谓字义引申，就是从原有的意义中通过联想而产生新义的字义发展方式。例如，"丘"本指自然形成的小土山。《书·禹贡》："桑土既蚕，是降丘宅土。"孔传："地高曰丘。"意思说，地面上高起来的地方叫做"丘"，也就是小山。"丘"后来指废墟、故墟。《楚辞·九章·哀郢》："曾不知夏之为丘兮，孰两东门之可芜？"朱熹集注："丘，荒墟也。"也就是废墟的意思。"丘"又引申指坟墓。《方言》第十三："冢，自关而东谓之丘。"意思是说自函谷关以东把坟堆叫做"丘"。"丘"还引申指田垄、田畴。《文选·李康〈运命论〉》："命驾而游五都之市，则天下之货毕陈矣；褰裳而涉汶阳之丘，则天下之稼如云矣。"文中"汶阳之丘"与"五都之市"相对，且下文有"天下之稼"相承，可知"丘"指田垄。"丘"又指居邑，村落。《文选·鲍照〈结客少年场行〉》:"去乡三十载,复得还旧丘。"李善注:"《广雅》曰:'丘,居也。'""丘"又指古代区划政区的单位名。《周礼·地官·小司徒》:"九夫为井,四井为邑,四邑为丘。"意思是说,九户为一井,四井为一邑,四邑为一丘。这里的"丘"行政区划单位,包含144户人家。"丘"还可作为地理面积单位。《汉书·刑法志》:"地方一里为井……四井为邑,四邑为丘。丘,十六井也。""井"作为面积单位,是十六平方里(1平方里=0.25平方千米)。追溯丘字的诸多后起义项,莫不与它的本义相关,这种以本义为基础发展出新义的方式就是字义引申。

字义引申,可以向着一个方向递次发展,也可以向不同的方向发散式发展;可以是对象的转移,也可以是主体之间的联系。而一些复杂的字义系统则呈现出一种综合式的发展。下面举一个综合式发展的例子。

閒,"jiàn",甲骨文作"𱫇"其形象月光射入门的缝隙之中,这个事象可以表示不同的意义:①表示间隙;②表示一种事物介入另一种事物;③表示处于中间。从这三个意义中又引申出其他的意义。

第一个意义是閒隙,《说文解字》:"閒,隙。从门、月。"意思是说"閒"就是"空隙"的意思。《庄子·养生主》:"彼节者有閒,而刀刃者无厚。""有閒"就是有空隙的意思。因为间隙总是把一个物体从中隔开的,所以"閒"又引申为阻隔、间隔。如《穆天子传》卷三:"道里悠远,山川閒之。""山川閒之"就是山川阻隔了它(道路)的意思。间隔之后,可以发生不同的情况。

首先,隔开之后,外面就看不见了,由此引申为暗中。例如《礼记》:"小人閒居为不善,无所不至。""閒居"指的是无人发现的住处,"閒"犹暗中《史记·黥布列传》:"又使布等先从閒道破关下军。""閒道"即暗道,就是不为敌人发现的道路。"閒"由暗中又引申为私下,如《韩非子·外储说右上》:"惠王爱公孙衍,与之閒有所言。""閒有所言"就是私下交谈。私下这种处境由环境转指主体,"閒"就指一种暗中活动的人,特指閒谍。《孙子·用间》:"非圣智不能用閒,非仁义不能使閒。"句中的"閒"就指閒谍。

其次,间隔、阻隔之后,逐渐产生距离,于是,"閒"又由此引出距离。《庄子·天地》:"跖与曾史行义有閒矣。"意思就是说,跖与曾参史游的行为好坏是有距离的。"閒"的"距离"义又转指人际之间的嫌隙、隔阂,如《左传·哀公二十七年》:"故君臣多閒。""閒"就是隔阂。由此又引申为人为地制造隔阂,即离间,如《逸周书·武纪》:"閒其疏,薄其疑。"朱右曾校释:"閒,谓设事以离间之。"离间人的关系,往往要说别人的坏话,所以间又引申为非难、毁谤,如《文选·曹植〈赠白马王彪〉诗》:"苍蝇閒白黑,谗巧令亲疎。"李善注引《广雅》:"閒,毁也。"也就是诽谤,说人坏话。

"閒"的第二个意义是闲入。月光从门缝穿过两门之间,形如一件东西夹杂在两门之间,因此产生了间入、夹杂的意义。例如,三国魏曹植《美女篇》:"明珠交玉体,珊瑚閒木难。""珊瑚閒木难"是珊瑚夹杂着木难的意思。珊瑚被美女用为装饰品,"木难"是一种宝珠,也是装饰品。一种事物插入另一种事物,叫做夹杂。把类似形式用于人,"閒"就产生了参与的意义,如《左传·庄公十年》:"肉食者谋之,又何閒焉!""閒"就是参与的意思。参与也是一种联系,因此,"閒"还可引申为介绍,如《太平广记》卷一六〇引五代范资《玉堂闲话·灌园婴女》:"顷有一秀才,年及弱冠,切于婚娶,经数十处,托媒氏求閒。""求閒"就是请求介绍。

"閒"的第三个意义是中间。《墨子·经上》:"有閒,中也。"毕沅校注:"閒隙,是二者之中。"《易·序卦》:"盈天地之閒者唯万物。"由此引申为空间或时间,如《诗经·魏风·十亩之间》:"十亩之閒兮,桑者閒閒兮。"再引申为一会儿、顷刻,如《庄子·达生》:"扁子入,坐有閒,仰天而叹。"又引申为近来,如《左传·成公十六年》:"君之外臣至,从寡君之戎事,以君之灵,閒蒙甲胄,不敢拜命。"杜预注:"閒,犹近也。"

综上所述,"间"的引申过程如下:

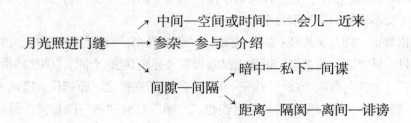

二、字义的分化

字义的分化是指从一个字的意义中分化出不同的意义。一般把字义的分化算做字义引申的一种,但它又不同于一般的引申,它的特征是从一个义项同时分化出几个并列的不同义项,或者说是从原来的义项的义素中分化出独立的义项。这种情况比较特殊,故单列出来,予以介绍。例如:

驷，本义是同驾一辆车的四匹马。《说文解字》："驷，一乘也。"段玉裁注："《周礼·校人》郑司农注云：'四匹为乘。'按，乘者，覆也。车轭驾乎马上曰乘。马必四，故四马为一乘，不必已驾者也。"这个字义包含着这样一些义素：四 / 马 / 驾 / 车。如果把动态都算进去，那么，还有"快"的意思。后来这些义素都分化出去，独立为义项。

①驷指四马所驾之车。如《管子·七臣七主》："瑶台玉舗不足处，驰车千驷不足乘。"汉扬雄《羽猎赋》："方驰千驷，狡骑万帅。"此二句中之"驷"指四马所驾之车。

②驷指驾一车之四马。如《文选·颜延之〈阳给事诔〉》："如彼骓驷，配服骖衡。"文中的"驷"即指驾同一车的四马。李善注："服，谓中央两马夹辕者，在服之左曰骖，右曰骓。四马曰驷。"

③驷指马。《墨子·兼爱下》："人之生乎地上之无几何也，譬之犹驷驰而过隙也。""驷驰而过隙"义犹"白驹过隙"，"驷"指马。《礼记·三年问》："三年之丧，二十五月而毕，若驷之过隙。然而遂之，则是无穷也。"陆德明《经典释文》："驷音四，马也。"

④驷指四匹马。《诗经·郑风·清人》："驷介马旁。"郑玄笺："驷，四马也。"《论语·季氏》："齐景公有马千驷。"孔安国："千驷，四千匹也。"《左传·宣公二年》："宋人以兵车百乘、文马百驷，以赎华元于郑。"杜预注："画马为文，四百匹。"也可指一匹马。《唐文萃》："杨公以大名厚位，出入三朝，无宅一区，无马一驷，志于清白，交不诣溇，可不谓贞乎。"

⑤驷指数字"四"。《诗经·秦风·驷驖》："驷驖孔阜。"驖是黑色的马。驷，这里指数目，是"四"的意思。银雀山汉墓竹简《孙膑兵法·十问》："驷鼓同举，五遂俱傅。""驷鼓"即四个鼓。《礼记·乐记》："天子夹振之，而驷伐，盛威于中国也。"郑玄注："驷，当作四。声之误也。""驷"具有"四"的意义，是从它原有的"驾车的四匹马"的整体意义中分化出来的。郑玄不明此理，把它当做通假字，所以作了错误的解释。

⑥驷指驾驭、乘。《楚辞·离骚》："驷玉虬以乘鹥兮，溘埃风余上征。""驷玉虬"即驾驭着玉虬。战国楚宋玉《高唐赋》："王乃乘玉舆，驷苍螭。""驷苍螭"是驾驭着苍色的"螭"（无角之龙）的意思。汉庄忌《哀时命》："驷跛鳖而上山兮，吾固知其不能升。"句中的"驷"是乘的意思。

献，本义是进献畜牲来祭祀。《诗经·豳风·七月》："四之日其蚤，献羔祭韭。"它包含这样几个义素：祭祀 / 进献 / 祭品。后来分化为几个不同的义项：

①祭祀。《礼记·礼器》:"一献质,三献文。"意思是说,一次祭祀是质朴的,而多次祭祀则是一种文饰。[①] 文中的"献"是祭祀的意思。

②进献。如《诗经·郑风·大叔于田》:"襢裼暴虎,献于公所。"文中的"献",指行为,是进献的意思。《书·周书·旅獒序》:"西旅献獒,太保作《旅獒》。"意思是说,西旅(国名)献来了獒(一种大犬),于是太保(官名,指召公奭)撰写了《旅獒》。文中的"献"也是进献的意思。

③指祭品。宋沈括《梦溪笔谈·辩证一》:"祭礼有腥、燅、熟三献。"意思是说祭礼中有生、半生、熟三种祭品。"献"指祭品。

牢,本义是关养牲畜的栏圈。《说文解字》:"牢,养牛马圈也。"《诗经·大雅·公刘》:"执豕于牢,酌之用匏。"它包含这样几个义素:栏圈/畜牲,还有两个隐含义素:牢固/限制活动自由。后来分化为几个不同的义项:

①泛指关闭人或动物的设施。《汉书·司马迁传》:"故士有画地为牢势不入,削木为吏议不对,定计于鲜也。"曹植《求自试表》:"此徒圈牢之养物,非臣之所志也。"

②指祭礼或宴享用的牲畜。《左传·僖公十五年》:"馈七牢焉。"杜预注:"牛、羊、豕各一为一牢。"《周礼·秋官·掌客》:"掌四方宾客之牢礼饩献饮食之等数与其政治。"句中的"牢"指宴享所用牛、羊、豕等。

③义为坚固、牢固。《韩非子·难一》:"东夷之陶者,器苦窳,舜往陶焉,期年而器牢。""器牢"即器具坚固。《淮南子·人间训》:"出则乘牢车,驾良马。""牢车"就是坚固的车。

④义为囚禁、关。汉桓宽《盐铁论·论灾》:"牢人之君,灭人之祀。"意思是说"囚禁别人的君主,灭绝别人的祭祀"。"牢"是囚禁的意思,元高文秀《黑旋风》第三折:"我直牢死他,他浑家便属了我。"句中的"牢",是囚禁、关押的意思。

字义分化是字义变化的重要方式之一,了解字义分化的特点对于准确掌握同一个字在不同时期的不同意义是很有必要的。

---

① 孔颖达疏:"一献质者,谓祭群小祀,最卑,但一献而已,其礼质略。三献文者,谓祭社稷五祀,其神稍尊,比群小祀礼仪为文饰也。"

三、字义的假借

字义的假借是指因假借而获得意义的字义发展方式。假借就是被借去表示与本义没有关系的字。该字被借用之后也就获得了借字的意义，这种意义相对于原有的意义而言，也是一种发展所得的新义。例如：

爱，本是喜欢的意思，《诗经·小雅·隰桑》："心乎爱矣，遐不谓矣。""爱"被借作"薆"，表示隐蔽的意思。如《诗经·静女》："爱而不见，搔首踟蹰。"马瑞辰《毛诗传笺通释》："爱而，犹薆然也。""薆"是隐蔽、障蔽的意思，《尔雅》："薆，隐也。"郭璞注："谓隐蔽。""爱"借作"薆"后，具有了隐蔽的意义。如《后汉书·张衡传》："通人暗于好恶兮，岂爱惑之能剖。""爱"就蒙蔽的意思。

閒，本来间隔、缝隙的意思，后来由于假借，产生了检阅、视察的意义。《管子·幼官》："閒男女之畜，修乡间之什伍。"郭沫若等集校引丁士涵曰："'閒'与'简'通。《广雅》'简，阅也'。""閒"通"简"，还有简省义。《释名·释言语》："閒，简也。事功简省也。"

疑，本义是怀疑，不相信。《左传·桓公十一年》："卜以决疑，不疑何卜。"借为"拟"，指与自己相类的人。如《荀子·尧问》："诸侯自为得师者王，得友者霸，得疑者存，自为谋而莫己若者亡。""得疑者存"是得到与自己相似的人，可以保存（自己）。"疑"可借为"拟"，还表示"比拟"，如《汉书·食货志上》："政治未毕通也，远方之能疑者并举而争起矣。""能疑者"是能够比拟的人，指那些想与帝王相类的人，"疑"表示"拟"的字义。"疑"还可借为"碍"，表示隔阂、阻碍，如《管子·兵法》："一气专定，则傍通而不疑。""不疑"就是没有阻碍，"疑"用为"碍"。疑还借作"凝"，音"níng"，表示安定、止息的意思。如《诗经·大雅·桑柔》："靡所止疑，云徂何往。""止疑"就是止息，"疑"表示"凝"的意思。"疑"借为"凝"，还具有凝聚、集结的意义，亦指集结的部队，如，银雀山汉墓竹简《孙膑兵法·威王问》："毋击疑。"就是不要攻打集结的军队。

四、字义的更替

字义的更替是指字的后起义排除了其原有的意义，使得这类字后来的意义与最初的意义完全不同。例如：

胜，原来是腥气的意思。《说文解字》："胜，犬膏臭也，从肉，生声。一曰不孰也。"明杨慎《异鱼图赞笺·乌鱼》卷二："形状可憎，气息胜恶，食品所卑。""胜恶"是腥气难闻的意思，"胜"就是"腥"。在现代汉字中，这个意义消失，被用为"胜利"之"胜"。而"胜利"之"胜"的繁体字本是"勝"，与表示"腥气"的"胜"是两个不同的字。

机，本是一种矮桌子的名称，是"几"的后起字。《易·涣·九二》："涣。奔其机，悔亡。"王弼注："机，承物者也。"《左传·襄公十年》："知伯怒，投之以机。"陆德明《经传释词》："机本又作几。"现代用"机"表示机械、机会等意思。

怕，本来是恬静、淡泊的意思。《说文解字》："怕，无为也。从心白声。"《老子道德经河上公章句·异俗》："我独怕兮其未兆。"河上公注："我独怕然安静，未有情欲之形兆也。"《文选·司马相如〈子虚赋〉》："怕乎无为，憺乎自持。"李善注："憺与澹同，怕与泊同。"大约在东汉时，"怕"字有了"害怕"的意思。王充《论衡·四讳篇》："孝者怕入刑辟，刻画身体，毁伤发肤，少德泊行不戒慎之所致。"后来"怕"字的恬静、淡泊的意义逐渐被惧怕的意义所取代。

炮，以前指一种制作食物的方法，本来是带毛烧烤的意思。《诗经·小雅·瓠叶》："有兔斯首，炮之燔之。"孔颖达疏："并毛而炮之。"后引申为焚烧。《左传·昭公二十七年》："令尹炮之，尽灭郤氏之族党。"孔颖达疏："燔、炮、爇，皆是烧也。"后来转指武器中的火炮。《清史稿·兵志三》："令江南机器局拨解新式快枪三千枝，快炮七尊。"

跑，本义是动物用足刨地，现代义变为奔走。三国魏张揖《广雅》卷五："跑，趵也。"宋陆佃《埤雅》卷六："《盐铁论》曰：鸡廉，狼吞。鸡跑而食之，每有所择，故曰小廉如鸡。"泛指刨地。元王子一《误入桃源》第三折："往时节将嫩苗跑土栽，今日呵见老树冲天立。"元邓玉宾《粉蝶儿》套曲："俺只会春来种草，秋间跑药。"此字大约在唐代产生了奔、急走的意义。唐马戴《边将》诗："红缰跑骏马，金镞掣秋鹰。"到了明代，这种用法逐渐多了起来，《警世通言·赵太祖千里送京娘》："那马拍腾腾便跑，公子放开脚步，紧紧相随。"在现代汉字中"跑"的常用义已经由动物用足刨地变成了奔走。

钾，本来是铠甲的意思。《广韵》卷五："钾，铠属，今单作甲。"《晋书·姚弋仲载记》："于是贯钾跨马于庭中，策马南驰。"《魏书·崔光传》："袍钾在身，蒙曝尘日。"其中的"钾"指的都是铠甲。在现代汉字中，"钾"的这个意义消失了，而被用来表示一种化学元素的名称。《新华字典》："钾，一种金属元素，符号K。"

　　字义的更替与字义的假借不同,当然,假借也可造成字义的更替,例如,"它"字本义是蛇。《说文解字》:"它,虫也。从虫而长,象冤曲垂尾形。上古艸居,患它,故相问无它乎。"后来借为物称代词,其本义就消失了。例如《诗经·柏舟》:"之死矢靡它。"《诗经·鹤鸣》:"它山之石,可以为错。"《诗经·渐渐之石》:"武人东征,不皇它矣。"句中的"它"都是"别的"的意思。但是,假借总是在共时层面产生的,而字义的更替则是历时层面产生的,它往往是对废弃的字形的利用,例如,"胜"本来是"腥"的意思,后来有了"腥","胜"则弃置不用,而在简化字中,则利用这个闲置的"胜"来表示"胜利"的"胜"。

　　字义更替与字义引申不同。字义引申是新义在旧义的基础上产生,而且新义产生后,旧义依然保留,它使得字义增加;而字义更替却是用一个与旧义没有关系的意义取代了旧义,新义产生而旧义消亡,它使字义发生了根本的变化。对于这类字,如果只熟悉它们的新义,不了解其旧义,阅读古书就难免产生误解。例如济南有个"虎跑泉",游客一般会认为这个名称反映了老虎曾经跑到这个泉水处来,殊不知"跑"这里用的是旧义"刨"的意思。"虎跑泉"是老虎刨出来的泉的意思。可见,了解字义的更替,对于掌握字的旧义,正确解读古汉语还是必要的。

思考与练习

1. 什么是单义字? 单义字可分哪几类?

2. 什么是多义字? 多义字可分哪几类?

3. 多义字的义项可分哪几类?

4. 字义的变化有哪几种方式?

5. 历时单义字与共时单义字有什么区别?

6. 怎样理解多义字的多义?

7. 什么是同义字? 同义字的同异有哪几种情况?

8. 什么是字的本义? 怎样确定字的本义?

9. 什么是字义引申? 什么是字的引申义?

10. 什么是字义假借? 什么是字的假借义?

11. 什么是字义分化? 举例说明字的分化义。

12. 举例说明什么是字义的更替。

第六章　汉字的功能

学习提示

1. 理解汉字对汉语的作用。
2. 理解汉字对中国社会的作用。
3. 理解汉字对艺术的作用。
4. 理解汉字对思维和大脑的作用。
5. 理解汉字对文化的作用。

第一节　汉字对汉语的作用

汉字是记录汉语的符号，它应该适应汉语的需要。但汉字作为书面语言的符号，它对于汉语的作用不是消极的，相反，它对汉语有着积极的反作用。

一、汉字记录了汉语

汉字的基本功能是记录汉语。人类在未有文字之前所说的话，由于没有保存的手段，转瞬即逝；自从有了汉字，汉族先民的部分语言就用书面的形式保存下来了。文字能够记录语言，使语言突破时间与空间对语言的制约，这一点是所有文字的共性，然而，汉字在这一方面有着更为强大的功能。

（一）汉字在保存语言方面的强大功能

凡是文字，都可以记录语言，从而使语言突破时间的限制。但与拼音文字相比，汉字在超越时代、沟通古今语言方面的功能更为强大。我们知道，语言是变化的，在语言的各要素中，语音变化极快。拼音文字是记音文字，随着语音的变化，作为语音的符号，拼音文字也就随之发生变化。在历史的发展中，拼音文字的变化之快超出一般人的想象。"据统计，1930 年版的英文《圣经》与 1960 年版的《圣经》相比，约有 50% 的单词在拼写上有差异。"① 仅隔 30 年，单词拼写相差 50%，这种变化给后人阅读前人的作品造成了极大的困难。有关研究证明，用拼音文字书写的作品，时隔 500 年之后，就会被后人视为"天书"，不是专家就无法读懂。美国语言学家布龙菲尔德说："詹姆士王的《圣经》译本和莎士比亚的戏剧的英语同今天的英语不一样。14 世纪诗人乔叟的英语，我们非得利用对照词汇才看得懂。9 世纪阿尔弗雷德大帝的英语，当时手写的记录给我们保留到今天，对我们似乎是一种外国语了；假使我们能遇见那时候说英语的人，我们会听不懂他们的话，他们也听不懂我们的。"② 可是，汉字是表意文字，即使一些字的读音变了，但其形体、意义以及它们之间的关系相对稳定，人们阅读用汉字书写的不同时代的书，尽管不知道书中某些字在成书时代的读音，但是仍然可以认识它们的形体，懂得它们的意义，所以现代中国人读 500 年前的小说，如《三国演义》、《水浒传》等书，不会有多大困难；具有高中文化程度的人，借助工具书，阅读 2 000 年前的典籍，如《孟子》、《荀子》、《史记》、《汉书》等书，也并非难事。由此可见，较之于拼音文字，汉字更具有超越时代、沟通古今语言的能力。

（二）汉字在传送语言方面的强大功能

凡是文字，都具有传送语言、沟通异地信息的功能。在这一方面，汉字的功能更为强大，这就是汉字能够超越方音，沟通方言。方言方音是世界各国、各民族普遍存在的一种语言现象。拼音文字是记音文字，语音不同，用来标记

---

① 林汝昌，李曼玉：《英汉文字比较试验研究》，载《汉字文化》，1998（1），9～17页。
② [美]布龙菲尔德：《语言论》，袁家骅等译，355页，北京，商务印书馆，1980。

语音的字母也就不同，因此，拼音文字很难沟通方言。汉字具有以形示意的功能，只要是汉语，不管语音差异多大，一旦写成书面语，所用的字都是相同的，因而汉字可以超越方音，沟通方言。汉语有七大方言区，每种方言之间都存在着差异，特别是南北方言相差极大，有的方言之间，如果用口语交谈，形同外语，但是写成书面语，就可以沟通了。

当然，汉字所记录的语言，并不等同于实际的汉语（口语形态的语言），而是改变了形态的语言——书面语。但是，书面语能够反映语言最重要的要素——语义。语言具有语音与语义两种要素，然而，语言最重要的功能是表意，而不是表音。文字能够表意，这就实现了语言最重要的功能。此外，汉字还在某些方面记录了汉语的其他一些特征。例如，通过汉字的字形，我们大致可以得知，上古汉语也是音节语言，也是孤立语。

二、汉字对汉语的影响

汉字对汉语的影响是多方面的。

第一，汉字强化了汉语的单音节特征。汉语口语中存在着一种脱音现象，就是相连的几个音节，中间的音可能脱落，例如，"媳妇子"（xífùzi）这个词语，在某些方言中被读成"xiuzi"，"好着哩"（hǎozheli）被说成"hǎorli"，而一旦写成文字，就又恢复了单音节的形式。又如，许多地方口语中有儿化韵，而书面语的儿化韵要少得多。这是因为汉字不大容易表现儿化韵，口语一旦写成文字，儿化韵要么脱落，要么成为独立的音节。因此，汉字的使用是不利于儿化韵的。从另一个角度来看，则是汉字在维护着汉语的单音节特征。汉字的这种作用是非常重要的，如果汉语无法维护单音节的语言特征，它就会像那些音素语言一样成为一种易变的语言。汉字对于汉语的一些特殊表现形式的影响也是巨大的。例如，戏剧唱腔讲究字正腔圆，吐字清楚，固然，这里的"字"指的是语言单位，但是，表现在剧本中，就是文字单位了。演员按照剧本唱词，受到字的影响，自然也会字字清晰的。再如，一些诗歌讲究节奏，这个节奏如果靠口语来掌握，不一定很准，但是写成文字，一个字占多少长度，两个字占多少长度，清清楚楚，明明白白，这样的文字读起来，自然就节奏分明了。

第二，汉字改变了某些词的读音。某些词语因受字音的影响而改变了其口语的读音。例如"酵母"，在口语中读"jiào mǔ"，可是一些人因受字形的影响读为"xiàomǔ"。"叶"作为姓氏，口语中本来读"shè"，可是受字音影响，现在通读为"yè"了。"费"作为姓氏，本读"bì"，因受其另一个读音的影响，现在通读为"fèi"了。"荨麻疹"之"荨"本读"qián"，因声旁"寻"而被误读"xún"，此音已被《普通话审音表》认可。

第三，汉字区别同音词的作用在一定程度上遏制了汉语向多音节化的方向发展。在汉语的发展过程中，同音词呈上升趋势，如果仅有口语，那么同音词的增加是一件很麻烦的事情。在口语中，为了区别同音词，就只好延长词的音节单位，单音节词就得变为双音节或多音节词，但是这样一来，语句就会变得越来越冗长。然而，有了汉字，就可以借助字形来区别同音词，从而在一定程度上遏制着汉语向多音节化方向发展。

第四，汉字有利于语言的继承。口语一旦说出，随即消失，无法保留，而文字却可以把语言记录下来，留给后人。语言的内容都寄寓在汉字稳定的形体之中，从而利于语言的继承。我们今天还使用着3000多年前就使用着的某些语汇，这不能不归功于汉字。

第五，汉字有利于方言的保存。我国是一个方言大国，而各方言区之间的差异甚大，有的甚至超过印欧语系中的某些语种之间的差异。如果仅用口语交际，就要使用彼此都能听懂的语言，那么，差异过大的方言就得消除。然而，用汉字书写的书面语交际，彼此就可以沟通，口语的差异就可以保留。这样，方言就得到了有效的保护。

汉字还常常使一些历史语汇"复活"。在汉语中常常有这样一种现象：某些词汇本来在一定历史时期的现实生活中消失了，可是，一旦需要，这些词语可以马上借助汉字"复活"。例如"卖官"这个词，在销声匿迹了数十年之后又"复活"了，而且成了高频词，这不仅因为在现实生活中"卖官"这种现象重新出现，而且"卖"和"官"这两个字一直存在，人们通过它们来理解"卖官"这个词毫不费力。作为一级行政单位的"乡"这个词在退出使用几十年之后，也很容易地"复活"了，因为"乡"这个字一直存在。目前国学盛行，又激活了许多历史词汇，而这些历史词汇的载体无一不是汉字。

最后，汉字本身也可成为语言的材料。例如："工字房"、"丁字尺"、"十字街"、"国字脸"、"八字眉"、"八字还没一撇"等词语都是以汉字为素材形成的。

第二节　汉字对中国社会的作用

汉字与中国社会关系密切。汉字是中国社会发展的产物，从根本上说，是中国社会的发展决定着汉字的发展，但汉字不是绝对被动的，它反过来又会对中国社会发展产生巨大的反作用。

一、汉字对中国社会发展的贡献

汉字是中华先民的伟大创造，在长达5000多年的文明史中，汉字为中华民族与中华文化的形成发展、国家的统一，发挥了无与伦比的作用。美国著名人类学家摩尔根说过："文字的使用，或在石上刻象形文字，提供了文明开始的最适切的标准。倘若没有文字上的记录，历史与文明，都不能适当的说已经存在。"① 在这个意义上说，中华民族辉煌的物质文明和精神文明开始于汉字的应用。在中华文明的发展过程中，汉字发挥了重要的无可替代的作用。它记录、保存、传播了历史各个时期的文明成果，促进了历史的发展。

第一，汉字是管理国家事务的重要工具。《易·系辞上传》："上古结绳而治，后世圣人易之以书契，百官以治，万民以察，盖取诸夬。"从甲骨文、金文与《尚书》等文献中可以看到，文字在当时已经是国家管理不可或缺的重要手段了。我国是世界上国家管理经验最为丰富的国家，仅记载历朝历代国家各种管理制度的专书就有"十通"② 之多，而这些管理经验都是靠汉字记录下来的。

第二，汉字是人与人之间交际的重要手段。秦代，已经有了私人书信。2002年，在湖南里耶出土的秦简中发现了中国最早的书信实物，距今已有2 200多年历史。③ 在没有现代通信手段的农业经济时期，书信是分居两地的人们交

---

① [美]H.摩尔根：《古代社会》，杨东莼等译，48～49页，上海，商务印书馆，1971。
② "十通"是十种政书的总称，即唐杜佑《通典》、清《续通典》、《清朝通典》，宋郑樵《通志》、清《续通志》、《清朝通志》，元马端临《文献通考》、清《续文献通考》、《清朝文献通考》、《清朝续文献通考》。
③ 《秦朝就有"特快专递"——里耶秦简中发现中国最早书信实物》，载《南方都市报》，2002-08-25。

际的最重要的方式。"客从远方来，遗我双鲤鱼。呼童烹鲤鱼，中有尺素书。长跪读素书，书中竟何如？上言加餐饭，下言长相忆。""烽火连三月，家书抵万金。"这些诗句表明了书信在古人生活中的重要性。汉字也是个人记事抒情、展示才华的重要方式。日记、诗文、书法都是以汉字为载体的。

第三，汉字记录了生产技术，从而有力地促进了物质生产的发展。早在春秋时期，我国就出现了《考工记》这样的记录物质器具生产技术的著作，也出现了《黄帝内经》这样的伟大的医学著作。在西汉，就有了《神农本草》这样的中药学著作，后来有北魏贾思勰的《齐民要术》、宋代沈括的《梦溪笔谈》等。几千年来，我们的先民用汉字记录了丰富的物质生产科学技术，这些著作对于物质生产技术的总结、传播和发展的作用是不言而喻的。

第四，文字为记载历史提供了最好的手段。人类社会是一个不断发展的过程，任何一个时代的进步都是在历史的基础上进行的，因而历史记载具有非同小可的重要意义。历史记载和传承有多种方式——实物的方式、图符的方式、记忆的方式以及口传的方式，然而最好的方式莫过于文字。因为有了汉字，我国在 3 000 多年前就有了文字记载的历史。因为汉字的使用从未间断，我国有了从公元前 722 年开始直到今天，从未间断的历史编年记载。

第五，汉字是文化教育最重要的工具。文化教育的基础就是文字，如果不识字，那么再好的书籍也无法阅读，因此，文化教育首先得从文字教育开始。在先秦，汉字就是启蒙教育的基本内容之一，《周礼·地官·保氏》记载，保氏教育"国子"的课程就有"六书"，即文字。汉代《仓颉篇》《急就篇》等书籍就是识字教材。宋元以后的"三百千千"，即《三字经》《百家姓》《千字文》《千家诗》都是用于识字教学的。

第六，汉字还被用来著书立说。据《左传·昭公十二年》称，当时的古书有"三坟五典，八索九丘"。孔安国在《尚书序》中说，"三坟"是伏羲、神农、黄帝之书；"五典"是少昊、颛顼、高辛、唐、虞之书；"八索"指八卦之说；"九丘"指九州之志，是记载九州物产与气候地理的书。这些都是"上世帝王遗书"。《周礼·外史》也有外史"掌三皇五帝之书"的说法。先秦时期，诸子百家撰写了大量的著作，这些著作都是用汉字书写的。中国古代的文明成就主要靠文字记载，3 000 多年来我国用汉字记载的书籍数量众多，素称"汗牛充栋"，在很长的时间内，遥遥领先于世界各国。成书于先秦的儒家十三经，字数数倍于基督教的经典《旧约》圣经。据估计，各种典籍到明末约达 2.5 万种，25 万卷，比当时世界各国书籍的总数还要多①。我国历史文献数量之多，内容之丰富，在世界上绝无仅有。这笔丰厚的遗产为人类提供了独一无二的宝贵财富。

第七，汉字是文化传播最重要的载体。我国地域辽阔，人口众多，历来存在着不同的地域文化，而这不同的文化主要是靠文字书写的书籍来传播的。从考古资料与《楚辞》等传世文献中可以看到，春秋战国时期，中原文化有许多都是借助文字书写的书籍传播到江汉流域的楚国去的。汉字也是向国外传播文化的重要载体。大约在距今 2 000 年前，用汉字书写的汉文化典籍就传入朝鲜半岛了。现存古朝鲜流传至今的第一部通史性著作《三国遗事》，就是用汉字书写的，其中提到的一些史迹就是出自中国古代的一些史书。在 3 世纪，有一个叫王仁的朝鲜人带着汉文典籍《论语》到日本讲学，从而把儒家文化传到日本。当前，中国文化正在走向世界，汉字是最重要的文化载体之一。

二、汉字对中华民族的发展壮大与国家统一的贡献

汉字除了具有促进社会发展这种所有的文字都具有的一般功能以外，还具有拼音文字所不具备的一些独特功能，这就是促进民族融合，维护国家统一。

所谓民族，就是"人们在历史上形成的一个有共同语言、共同地域、共同经济生活以及表现于共同文化上的共同心理素质的稳定的共同体"②。语言是构成民族的第一要素，而文字对于语言的形成和发展又有极大的作用。汉字是表意文字，被称为汉人的第二语言，它对于以汉族为主体的中华民族的形成产生过不可估量的作用。现在的中华民族是历史上许多不同民族逐渐融合而成的，最初是炎黄两个部族的融合，后来有中原民族与四方民族的不断融合，有北方游牧民族与中原农业民族的融合，有北方各民族与南方各民族的融合，这种融合过程持续了数千年，终于形成了今天这样的在世界各民族中人数最多的中华民族。在这个过程中，汉字起到了沟通不同民族的思维语言的作用，成为各民族共同使用的统一文字，对中华民族的形成发挥了巨大的作用。

国家的统一，在很大程度上要依靠共同的语言、共同的文化。而汉字对在中华大地上形成共同的汉语和共同的汉文化产生了难以估量的作用，从而对中

---

① 参见钱存训：《书于竹帛》，3页，上海，上海书店出版社，2004。
② 罗竹风：《汉语大词典》，第6册，1 427页，上海，汉语大词典出版社，1990。

国的统一产生了巨大的作用。中国和欧洲的面积差不多，欧洲在历史上一直处于分裂状态，现在仍然有几十个国家，而中国早在 2 000 多年前就形成了一个统一的国家，而且统一一直是历史发展的主流，这在很大程度上是因为中国使用着形体稳定、能够沟通各地方言的汉字。汉字的一个重大功能就是用于国家事务的管理，拼音文字在语言不同的情况下难以充当国家事务管理的工具，而汉字这种表意文字，在方言歧异的情况下，仍然可以对疆域辽阔的国家实行有效的管理，从而维系国家的统一。

三、汉字为提高学习和工作效率提供了条件

文字是人们学习和工作的主要工具之一，人们阅读文字的速度直接关乎学习和工作的效率。目前，英文和汉字都是世界上使用人数最多的文字，而英文又是表音文字中具有代表性的文字。有人拿英文和汉字作比较，进行试验，结果证明，"中文阅读速度约是英文阅读速度的 1.6 倍"[1]。这就为使用汉字的人的学习、工作的高效率奠定了基础。正如有的学者所言："在信息化时代，文字将成为现代人生活中不可分割的一部分。高效率的阅读正是汉字赋予亿万炎黄子孙的财富。难怪李公宜先生说：'1.6 倍意味着在相同的阅读时间内，中国人可以比西方人多获得 60% 的精神食粮；意味着在同样勤奋的条件下，一个中国人一辈子（平均寿命按 70 岁算）看的书，西方人只能在上帝给予他比中国人多活 36 年的寿命时才能读完。'"[2] 阅读不仅是学习的方式，而且也是工作的重要方式，不言而喻，对于以阅读为方式的工作来说，高效率的阅读也就意味着高效率的工作。

第三节 汉字对艺术的作用

一、汉字为书法艺术提供了载体

在中华文化艺术的长廊中，有一门独特的艺术，这就是书法。书法是汉

① 林汝昌、李曼玉：《英汉文字比较试验研究》，载《汉字文化》，1998（1），9～17页。
② 林汝昌、李曼玉：《英汉文字比较试验研究》，载《汉字文化》，1998（1），9～17页。

字的书写艺术，是美的载体，书法家在书法造型中融入了中国人对空间之美的独特的智慧感悟，形成了独特的艺术美。汉字书法是世界上独一无二的艺术，拼音文字虽然也有艺术写法，但一般是在实现其实用价值时的一种点缀，或者用来做装饰物。汉字书法之所以能够成为世界艺苑的一朵奇葩，根本原因是汉字为艺术创造提供了基础。正是汉字多姿多态的形体及其多种多样的结构，加上书写材料，为书法家施展艺术才华提供了物质材料。书法家在此基础之上，凝神静气，发功用力，驰骋想象，挥毫泼墨，千变万化，在线条变化与文字结构中展示了精神风貌，使它成为视觉艺术的绝佳形式。如果离开汉字，书法就无从谈起。

二、汉字为文学艺术提供了新的手段

汉字还可以构成文字与文学结合的综合艺术，如字谜、对联、诗体等。

（一）汉字与字谜

字谜是谜语的一种。谜语，古称"廋词"，也称"隐语"，字谜是其中一种重要的形式。字谜，就是利用汉字的字形、字义、字音的分拆离合等手段，运用描写、比喻、联想、想象等文学创作方法构成的一种综合艺术。例如，唐欧阳询《艺文类聚》记载了鲍照几首字谜诗：其一，谜面是："二形一体，四支八头。四八一八，飞泉仰流。"谜底是"井"字。其二，谜面是："乾之一九，只立无偶。坤之二六，宛然双宿。"谜底是"土"字。这种谜语就是利用字形与该字所指的客观事物的状况编制的，要求猜谜的人要运用丰富的联想来破解它。再如，有一则字谜，谜面是："二人大战在曹营，十万雄兵困关公。四弟赵云来送信，一心要保刘皇兄。"谜底是"德"。谜面本身就是一首藏头歌，谜底则是一个字，猜谜者需要对这首诗加以离析，然后再把其中隐藏的有关笔画组合起来，才能破解。

古诗有离合体，其实也是一种字谜。叶梦得《石林诗话》："古诗有离合体，近人多不解。此体始于孔北海，余读类文，得北海四言一篇，云：'渔父屈节，水潜匿方。与时进止，出寺弛张。吕公矶钓，阖口渭旁。九域有圣，无土不王。好是正直，女固子臧。海外有截，隼逝鹰扬。六翮将奋，羽仪未彰。龙蛇之蛰，俾它可忘。玟琁隐曜，美玉韬光。无名无誉，放言深藏。按辔安行，谁谓路长。'

此篇离合'鲁国孔融文举'六字,徐而考之,诗二十四句,每章四句离合一字。"[①]
谢灵运作离合诗曰:"古人怨信次,十日眇未央。加我怀缱绻,口咏情亦伤。剧
哉归游客,处子勿相忘。"谜底是"别"字。贺道庆作离合诗曰:"促席宴闲夜,
足欢不觉疲。咏歌无余愿,永言终在斯。"谜底是"信"字。谢惠连作离合诗曰:
"放棹遵遥涂,方与情人别。啸歌亦何言,肃尔凌霜节。"谜底是"各"字。石
道慧作离合诗曰:"好仇华良夜,子欢我亦欣。昊穹出明月,一坐感良晨。"谜
底是"娱"字。[②]

（二）汉字与对联

汉文化中有对联这一独特的文学体裁,而一些对联就是利用字形的各种特
点构成的。例如:

> 琴瑟琵琶,八大王一般头角;
> 魑魅魍魉,四小鬼各样心肠。

这副对联是利用具有部分相同形体的两组字构成的。又如:

> 戊戌同体,腹中止欠一点;
> 己巳连踪,足下何不双挑?

这副对联是利用"戊"与"戌","己"与"巳"的形体差异构成的。再如:

> 闵先生门里文字,
> 吴学士天上口才。

这副对联利用拆字的方法构成,把"闵"拆为"门"、"文";把"吴"拆成"口"、
"天"。

---

① （宋）叶梦得:《石林诗话》,见（元）陶宗仪:《说郛三种》（120卷本）,第83卷,第7
册,3 834页,上海,上海古籍出版社,1988。

② 参见（唐）欧阳询:《艺文类聚》,汪绍楹校,新1版,第56卷,1 005页,上海,上海古籍
出版社,1982。

利用汉字字形结构或特点构成的对联很多，下面再举一些例子。

一明分日月，
五岳各丘山。

閒看門中月，
思耕心上田。

二木林草并茂，
三口品学兼优。

池河无水也可，
更山有人便仙。

人曾是僧，人弗能成佛；
言公即讼，言寺便吟詩。

氷冷酒，一点二点三点；
丁香花，百头千头萬头。

六木森森，桃李杏梅槐柳；
一絲糸糸，绫羅绸缎绢纱。

冻雨洒窗，东两点西三点；
切瓜分客，上七刀下八刀。

古人很早就创造了对联这种文学形式，并且利用字的形体来构成对联。宋祝穆《古今事文类聚续集》卷十五录《蔡宽夫诗话·酒令属对》："唐人饮酒必为令以佐欢，其变不一。乐天所谓'闲征雅令穷经史'，韩退之'令征前事为'者，今犹有其遗习也。尝有人举令云：'马援以马革裹尸，死而后已。'答者乃云：'李耳以李树为姓，生而知之。'又'鉏麑触槐，死作木边之鬼。'答者以：'豫让吞炭，终为山下之灰。'皆可谓精的也。复有举经句字相属而文重者曰'火炎昆冈',乃有'土圭测景'酬之,此亦不可多得也。"① 明陆容《菽园杂记》卷八:"古对以文字分合者,如:'鉏麑触槐,甘作木边之鬼;豫让吞炭,终为山下之灰。''陈亚有心终是恶,蔡襄无口便成衰。''二人土上坐,一月日边明。''半夜生孩,子亥二时难定;两家择配,己酉二命相当。'皆佳。近又闻有云:'人曾作僧,人弗可作佛;女卑为婢,女又可为奴。'亦可喜。"②

(三)汉字与诗体

中国的诗歌,利用汉字的形体特点,创造了许多诗歌艺术形式。例如格律诗、回文诗、宝塔诗、阶梯诗等。下面各举数例:

(1)格律诗。中国古诗中的格律诗,句数固定,每句字数相等,构成了一种整齐之美。例如:

《静夜思》

李白

床前明月光,疑是地上霜。

举头望明月,低头思故乡。

《旅夜书怀》

杜甫

细草微风岸,危樯独夜舟。

星垂平野阔,月涌大江流。

名岂文章著,官因老病休。

飘飘何所似,天地一沙鸥。

(2)宝塔诗。一首诗的各句字数逐次增多,各句分行横写,可以呈现出宝塔的样式,故名。例如:

---

① (宋)祝穆《古今事文类聚续集》,第15卷,见景印文渊阁《四库全书》,第927册,291页,台北,商务印书馆,1984。
② (明)陆容:《菽园杂记》,第8卷,98页,北京,中华书局,1985。

《同留守王仆射各赋春中一物从一韵至七》

刘禹锡

莺

能语

多情

春将半

天欲明

始逢南陌

复集东城

林疏时见影

花密但闻声

营中缘催短笛

楼上来定哀筝

千门万户垂杨里

百啭如簧烟景晴

《赋诗》

白居易

诗

绮美

瑰奇

明月夜

落花时

能助欢笑

亦伤别离

调清金石怨

吟苦鬼神悲

天下只应我爱

世间唯有君知

自从都尉别苏句

便到司空送白辞

（3）台阶诗。每两句字数相等，然后逐次增多，排列起来，形如台阶，故名。例如：

《新安送陆澧归江阴》

刘长卿

新安路

人来去

早潮复晚潮

明日知何处

潮水无情亦解归

自怜长在新安住

《四六八言》

李梦阳

明月在隅

蟋蛄夜鸣

仰观天上列星

三三五五成行

憭栗凄兮不可以寐

嗟哉四时之气靡常

（4）回文诗。回文诗可以正读，也可以倒读。例如：

《和湘东王后园回文诗》

萧纲

正读：

枝云间石峰，脉水浸山岸。

池清戏鹄聚，树秋飞叶散。

倒读：

散叶飞秋树，聚鹄戏清池。

岸山浸水脉，峰石间云枝。

《回文诗》
　　萧纶
　正读：
　烛华临静夜，香气入重帷。
　曲度闻歌远，繁弦觉舞迟。
　倒读：
　迟舞觉弦繁，远歌闻度曲。
　帷重入气香，夜静临华烛。

　　古人利用汉字方块形特点，创造的诗体还有许多。一般称之为杂体诗。张剑《中国古典奇体诗》[①]、饶少平《杂体诗概论》[②]等著作对这类诗进行了专门研究。

第四节　汉字对思维和大脑的影响

　　文字是一种视觉符号，它直接作用于人的视觉感知系统，从而成为视觉思维的载体。长期学习使用汉字，必然在一定程度上对思维和大脑带来影响。

一、汉字提供了一种独特的思维载体

　　人的思维必须借助于一定的载体，不同的载体形成了不同的思维种类：借助于语音，形成了语言思维；借助于视觉符号，形成了视觉思维；借助于概念、判断、推理等方式，形成了逻辑思维。汉字以自己独特的构造为使用者提供了一种重要的思维载体，从而形成了汉字思维。汉字首先是一种视觉图形，它为人们提供了视觉思维的载体。例如，人们学习汉字，就是一种视觉思维的过程。看到一个图形，用视觉器官感知它，然后进入大脑形成视觉印象，就是所谓视觉形象。然后，这种心理映像又经过大脑更深层次的处理，成为概念。这本身就是一种思维过程。汉字认知，同样也是一种思维的过程。一

---

① 张剑：《中国古典奇体诗》，兰州，兰州大学出版社，1997。
② 饶少平：《杂体诗歌概论》，北京，中华书局，2009。

个字进入大脑，如果与以前大脑所储存的某一个心理映像相耦合，那么，这个字就被认识了，它就是个"熟"字；如果大脑中找不到与之相耦合者，那么，这个字就是个"生"字。可见，在文字的处理过程中，自始至终都离不开思维活动。汉字又是一种音义复合文字，它的音义组合、形体构造存在着一定的逻辑关系（理据性），因而可以作为逻辑思维的载体。例如：力，筋也，象人筋之形。休，息止也，从人依木。械，桎梏也，从木，戒声。要理解这些字，就得运用相应的形象思维、逻辑思维。

二、汉字是训练思维的优质材料

汉字是训练思维的一种难得的素材。大脑处理汉字的过程也就是运用思维的过程，在这个过程中，思维能力相应地得到了训练。汉字有着复杂的结构，有着多重功能，这一方面给认知汉字增加了难度，另一方面又使思维得到了良好的训练，有力地提高了认知能力与思维水平。例如，辨认图形的能力、形象思维能力、抽象思维能力等都可以在这个过程中得到提高。古代字谜游戏盛行，猜解字谜可以训练人的思维能力。《世说新语·捷悟》记载了曹操与杨修用文字考较的故事："杨德祖为魏武主簿时，作相国门，始构榱桷，魏武自出看，使人题门作'活'字便去。杨见即令坏之。既竟，曰：'门'中'活'，'阔'字。王正嫌门大也。"曹操用"活"制字谜，考核部下的聪明才智，杨修凭着文字功夫与聪明，得以胜出。《世说新语·捷悟》："人饷魏武一桮酪，魏武啖少许，盖头上题'合'字以示众，众莫能解。次至杨修，修便啖。曰：'公教人啖一口也，复何疑？'"《世说新语·捷悟》："魏武尝过曹娥碑下，杨修从。碑背上见题作'黄绢幼妇，外孙齑臼'八字。魏武谓修曰：'解不？'答曰：'解。'魏武曰：'卿未可言，待我思之。'行三十里，魏武乃曰：'吾已得。'令修别记所知。修曰：'黄绢，色丝也，于字为'绝'（绝）。幼妇，少女也，于字为'妙'。外孙，女子也，于字为'好'。齑臼，受辛也，于字为'辞'。所谓绝妙好辞也。'魏武亦记之，与修同。乃叹曰：'我才不及卿，乃觉三十里。'"[①]字谜是人们利用汉字笔画繁复，偏旁相对独立，结构组合多变，形态、功用和意义丰富的特点，运用离合、增损、象形、会意等多种方式创制的，猜解字谜的过程中可以培养人的分析能力、联想能力、形象思维能力。

---

① 余嘉锡：《世说新语笺疏》，周祖谟、余淑宜整理，卷中之下，580页，北京，中华书局，1983。

另外，据研究，汉字是训练"组块化"思维与"组块破解"思维的绝佳材料。人们平常的思维，具有"组块化"的方式。所谓"组块化"，就是以组块为基本单元来感知和识别信息，例如，对人体的感知，就是分为头部、上肢、躯干、下肢这样几个部分来进行的。人们对汉字整字的感知，也是可以以部件为单位的。运用组块化思维，可以有效地提高效率，例如，一些象棋大师下盲棋，可以不看棋局而同时与多个对手对弈，这就是因为他的头脑中有许多棋局的组块，可供灵活调遣与应用。再如，富有经验的人处理事务，效率要比生手高得多，就是因为他的头脑中有许多事务的"组块"可供使用。但是，组块化的思维模式，也可以成为创造性思维的障碍，因为它可以造成思维定势。因此，20世纪80年代，美国心理学家奥尔森（Ohlsson）提出了"组块破解"的科研课题。"组块破解"，就是将已建立的认知组块破解和还原为更加基本的成分或要素。这是顿悟和创造性思维实现的重要途径之一。"组块破解"是一种创造性思维，这种思维需要训练，而汉字正是训练"组块破解"思维的绝佳材料。因为汉字是三级结构文字，一个整字构件既有笔画也有部件，人们可以将它任意拆卸组合，这样就既可以训练"组块化"的思维，也可以训练"组块破解"式的思维。例如，"学"，既可以按自然部件拆分为"⺍"与"子"，也可以拆分为基本笔画，还可以拆分为两点与"字"。[①]"合"本来从人从口，而杨修把它拆分为"人一口"，正是"组块破解"思维的运用。"松"从木公声，有人把它拆分为"十八公"，也是运用了"组块破解"的思维方式。而且，汉字是日常交际符号，方便易用，用于训练思维，更具其他材料所无法比拟的优越性。

三、汉字的运用有助于大脑的开发与全面发展

文字是一种视觉符号，作用于人的视觉系统，这是所有文字的共性。但是汉字则有着更为复杂的结构，而且是一种多功能的符号。这种文字作用于人的大脑，对于大脑所产生的作用，要超过一般的表音文字。人的大脑分为左右两个半脑，左脑负责语言、数学、逻辑等方面的感知思维活动，右脑负责空间、音乐、想象、视觉等方面的感知思维活动。两个半脑，只有同时开发，均衡发展，智力才能健全。人的文字阅读活动是开发智力的重要活动之

---

① 参见齐芳：《"顿悟"是怎样产生的》，载《光明日报》，2011-01-14。

一，不同的文字对于人的大脑的作用是不一样的。汉字既是图形符号又是语言符号这种双重性，使得阅读这种文字的人，左右脑能同时得到很好的开发。"近年来，中外神经心理学家的研究表明：人脑处理拼音文字信息时，主要使用语音编码；而处理汉字信息时，除了使用语言编码，还同时使用图形编码。所谓语音编码，就是阅读时看到字母后，需要先在头脑中经过语音处理才能进而了解意义。所谓图形编码，就是阅读时看到字形后，不经语音处理直接了解意义。这两种编码方式在人脑中所经过的神经通路不同，与大脑左右两半球的关系也不同。人脑处理拼音文字信息主要使用左脑，而处理汉字信息是左右脑并用。尤其是汉字书法，与右脑的关系更密切。因此，神经心理学家称拼音文字为'单脑文字'，称汉字为'复脑文字'，认为汉字具有促进左脑、右脑功能平衡发展的作用。现在，许多科学家认识到，使用拼音文字的西方人左脑负担过重，左右脑发展不平衡。现代社会，人们从图书资料中获得信息的数量越来越多，这种不平衡会更加严重。学习汉字，学习汉字书法，是开发右脑、促进左右脑平衡发展的途径之一。"①

汉字对于大脑的另一个作用，就是有助于治疗失读症。失读症是指本来具有文字读写能力的人因大脑受伤而发生的读写障碍的病症。这种疾病的患者还往往同时患有口语的失语症。失读症在使用拼音文字的国家比较常见，而学习汉字的人不易罹患这种病症。一项对 16 个国家的调查表明，智力正常而有阅读困难的儿童的平均数占总人数的 8%，其中比例最低者是中国，占 1%，比例最高者为委内瑞拉，占 33%。另有统计资料表明，在英美等使用拼音文字的国家，患有阅读困难症或失读症的儿童占儿童总数的 10%。这就表明，汉字对于大脑有一种特殊的作用，使它不易罹患失读症。② 汉字还可以有效地治疗失读症。《光明日报》1998 年 5 月 6 日第 7 版一篇名叫《汉字治好"失读症"》的文章报道，美国费城一位叫米尼的少年，因脑外伤患失读症，多方求医，均无效果，后来通过学习汉字、汉语，然后采用看汉字读英文的方法，恢复了英文阅读能力。一位参加此项试验的专家说："米尼是在汉字的不断'提醒'的作用下，慢慢恢复他的英语阅读能力的。经过汉字的作用，米尼的大脑右半球得以开发，并使左半球的功能逐渐恢复。"

---

① 李大遂：《简明实用汉字学》，10页，北京，北京大学出版社，1993。
② 参见姚淦铭：《汉字文化思维》，37～38页，北京，首都师范大学出版社，2008。

第五节 汉字是汉文化的重要载体

所谓文化，具有广狭二义。广义的文化是指人类社会历史事件过程中所创造的物质财富和精神财富的总和。张岱年与方克立认为："凡是超越本能的、人类有意识地作用于自然界和社会的一切活动及其结果，都属于'文化'；或者说'自然的人化'即是文化。"[①] 狭义的文化是"指社会的意识形态以及与之相适应的制度和组织机构"。这里所说的文化是指广义的文化。文化是一个综合性的概念，汉字与汉文化在许多领域中都存在着密不可分的关系。汉字与汉文化的一些要素如语言、思维、社会、艺术等的关系，在前面已经说了许多，下面将重点谈谈汉字对于一般文化的反映。

汉字本身就是人类文化活动的产物，它在发展、演变的历史过程中，同时记载了不同时代的文化。这里所说的记载，并不是指汉字作为语言的符号以书面语言的形式的记载，而是指汉字本身所记载的文化。下面从物质文化与精神文化两方面来谈这个问题。

一、汉字记载社会物质文化

（一）汉字系统记载着物质文化

人类学家把文字看做人类文明的重要标志，在距今四五千年前就出现了成为系统的汉字，这反映了当时汉文化所达到的高度。甲骨文，金文、简帛文字等汉字字体的出现都各自反映了当时的一般物质生产水平。汉字系统成员的变化，记载了文化的发展变化。例如，在《说文解字》中有马部字 123 个，犬部字 88 个，金部字 110 个，气部字 3 个；而在《新华字典》中有马部字 89 个，犬部字 13 个，金部字 315 个，气部字 24 个。这种变化，大致上记载了中国社会物质生产生活某些方面在古代与现代的不同特点。上古时期，狩猎在人们的生活中占有很重要的位置，人们常常要与兽类打交道，所以犬部字非常多。在

---

① 张岱年、方克立：《中国文化概论》，4页，北京，北京师范大学出版社，1994。

没有自动化机械的时代，人们要常常借助畜力，马是人们代步、运输的重要畜力，所以从马之字非常多。现代社会是工业经济时代，工业离不开金属与化学材料，所以从金之字大量涌现。化工工业也是现代工业的重要组成部分，许多化学元素用字从气，所以从气之字显著增多。在现代社会中，马与犬的作用大大下降，于是马部字、犬部字就相应地减少了。文字的这种变化，一方面是社会物质文化发展影响的结果，而另一方面又记载了社会物质文化的变化。

（二）汉字个体记载着物质文化

汉字个体的形体及其构造，打下了时代的烙印。

1. 古代一些器物用字的意符反映了当时制作器物所用的材质

桥，本义是水面上的建筑物。《说文解字》："桥，水梁也。从木，乔声。"段玉裁注："水梁者，水中之梁也。梁者，宫室所以关举南北者也。然其字本从水，则桥梁其本义，而栋梁其假借也。凡独木者曰杠，骈木者曰桥。大而为陂陀者曰桥。"其字从木，表示造字时的桥是木制的。

椀，是碗的异体字。《集韵·缓韵》："盌，或作椀。"三国魏曹植《车渠椀赋》："唯斯椀之所生，于凉风之浚滨。"其字从木，表明那个时代有用木材制作的碗。

"瓶"字从瓦，表明最初的瓶是陶制的；"箭"字从竹，表明当时的箭矢是竹制的；"楼"字从木，表明最初建楼离不开木材。

2. 古代一些字形反映了古代一些器物的形制

戉，本义是大斧，古代的一种兵器。《说文解字》："戉，斧也。"毛泽东《贺新郎·咏史》："更陈王奋起挥黄戉，天下白。"其字金文作"𤠭"、"𤇡"等，表现了当时钺这种兵器的形制。

殳，是一种兵器名。《说文解字》："殳，以杸殊人也。《礼》：'殳以积竹，八觚，长丈二，建于兵车，车旅贲以先驱。'从又，几声。"《诗经·卫风·伯兮》："伯也执殳，为王前驱。"其字甲骨文作"𠬝"、"𠬜"等，象手执"殳"之形，其中保留了"殳"大概的形状。

鬲，是古代的一种炊具，圆口，三足，足中空而曲。《尔雅·释器》："（鼎）款足者谓之鬲。"《说文解字》："鬲，鼎属，实五觳。斗二升曰觳。像腹交文，三足。"其字甲骨文作"𩰊"，反映了"鬲"的形状。

3. 一些字形的演变反映了物质生产、科学技术的发展变化

医，繁体一作"毉"，一作"醫"，反映了医疗手段的不同。"毉"字从巫，反映了古代用巫治病的历史。《国语·晋语八》："上毉毉国，其次疾人，固毉官也。"《广雅·释诂四》："醫，巫也。"王念孙疏证："巫与醫皆所以除疾，故醫字或从巫作毉。"清俞樾《诸子平议·孟子义》："是巫、醫古得通称，盖醫之先亦巫也。""醫"字从酉，反映了古代用酒治病的历史。《说文解字》："醫，治病工也。殹，恶姿也，醫之性然。得酒而使，从酉。王育说。一曰殹，病声。酒所以治病也。《周礼》有醫酒。古者巫彭初作醫。"

炮，作为武器的炮起初写作"礮"、"砲"，后来写作"炮"，这反映了炮的变化。礮，是古代以机发石的兵器。《玉篇·石部》："礮，礮石。"《文选·潘岳〈闲居赋〉》："礮石雷骇，激矢虻飞。"《范蠡兵法》："飞石，重二石斤，为机发，行三百步。"也写作"砲"。三国魏曹睿《善哉行》："发砲若雷，吐气如雨。""砲"从石，反映了这种兵器发石的特点；而"炮"则反映了这种兵器用火药的特点。大约在宋代，有了用火药发射的远距离的杀伤武器。《宋史·兵志十一》："火箭火砲不能侵。""火砲"即用火药发射的炮。后来，这种兵器写作"炮"，如《清史稿·兵志三》："令江南机器局拨解新式快枪三千枝，快炮七尊。"老舍《神拳》第四幕："外面炮声隆隆，隐隐有杀声。"

二、汉字记载社会精神文化

汉字的创造制作固然是一种物质生产过程，但更是一种精神生产过程，因而汉字的形体记载反映了精神文化特征，汉字系统的变化记载着汉民族精神文化的变化。

（一）汉字反映着人们的思维方式

文字是人们思维的产物，它的构造反映了汉民族的思维特征。

1. 汉字的形体类型记载着汉族的思维方式

汉字的形体经历了象形文字到符号文字的变化，这反映了形象思维向抽象思维的变化。当然，人的形象思维与抽象思维并不能截然分开，但是二者还是有区别的，而且，从发展过程来看，人类一般是先发展出形象思维，然后再发展出抽象思维。汉字的形体变化真实地记载了这个过程。

象形文字主要反映着人们的形象思维，而符号文字主要是一种抽象思维符号。例如：

    ♀—孕   茻—葬   何—何   鬥—鬥   需—儒   酉—酒

    垂—垂   戚—戚   祝—祝   欠—欠   艺—艺

以上各组字，前面的是甲骨文，是象形字；后者是楷书，是符号文字。两相对比，可以清楚地看出二者的不同。前者是图画，人们可以通过字形本身去认知它所表示的意义，这主要反映了当时人们的思维主要是形象思维的特点；后者则是一种符号，它舍去了对象的形体特征，只是作为该事物的符号而存在的，这反映着人们抽象思维能力提高的事实。

又如，上古具有综合意义的汉字比较多，这反映了上古人类以综合整体思维为主的思维方式。后来，字义分化，又反映了分析性思维发展的情况。例如《说文解字·牛部》：

特，特牛也。从牛，寺声。

牡，畜父也。从牛，土声。

牝，畜母也。从牛，匕声。

犊，牛子也。从牛，卖声。

㸬，二岁牛。从牛，市声。

㸩，三岁牛。从牛，参声。

牭，四岁牛。从牛，四声。

犣，白黑杂毛牛。从牛，龙声。

犖，驳牛也。从牛，劳省声。

犥，牛黄白色。从牛，麃声。

"牡"、"特"、"牝"三字的字义，是牛与其性别的综合体。"犊"、"㸬"、"㸩"、"牭"四字的字义是牛与其年龄的综合体。"犣"、"犖"、"犥"三字是牛与其毛色的综合体。这就反映了当时的综合整体思维的特征。后来，这种意义综合的字，义素逐渐减少，变为意义单纯的字。例如，"特"只表示"独特"等义，不再含有性别的义素；"牡"、"牝"只表示性别，不再特指"牛"。"㸬"、"㸩"、"牭"则退出了使用行列。在汉字系统中，这种具有综合整体意义的字逐渐减少，意义单纯的字逐渐增多。对于这种原来综合的意义，则把它们分解开。一般的做法是，把事物本身与附属的一些属性分开表示，例如，在许慎的解释中，"特牛"、"畜母"、"畜父"，就把"牛"与其性别分开，用不同的字来表示；"二岁牛"、"三岁牛"、"四岁牛"，就把"牛"与其年龄分开，用不同的字来表示；"白黑杂毛牛"、"驳牛"、"牛黄白色"，就把"牛"与其毛色分开，用不同的字来表示。这种变化则反映了汉族先民们的思维方式从综合整体思维向分析思维的转变。

2. 汉字的结构反映着古人阴阳对立的思想

汉字既表意，又表音，是一定的意与音的统一体。这种结构反映了古人阴阳对立的思想。《易经》："一阴一阳之为道。"《老子》："一生二，二生三，三生万物。万物负阴而抱阳，冲气以为和。"汉字的结构反映了这种思想。字的形与其所记的语音也是对立的统一。戴侗《六书通义》："声，形而上者也；文，形而下者也。非文则无以著其声，故先文而继以声。声，阳也。文，阴也。声为经，文为纬。声圜而文方，声备而文不足。"

字形的结构也反映着对立统一的思想。汉字的形体讲究对称，不管是笔画构成整字还是部件构成整字，或左右，或上下，或内外，总是由互相对待的两方面组成的。

（1）独体字的构成。独体字由笔画直接构成，在独体字中，笔画往往是对称的，例如：

人、八，一撇一捺，左右对称，二者合起来构成一字。

上、下、丁、二，上下对称，不同的笔画构成一个统一的整体。

回、田、内、区，内外对称，不同的部分构成一个统一的整体。

十、口、中、母，上下、内外均对称，构成一个统一的整体。

（2）合体字的构成。合体字是由两个或两个以上的部件构成的，所构成的整字，同样讲究对称。例如：

体、例、如、此，左右对称。

合、盖、众、室，上下对称。

国、固、包、后，内外对称。

（二）汉字记载着人们对客观事物的认识

汉字作为一种认识的产物，作为一种记录符号，记载了人们对客观事物的认识。例如：

1. 心部字反映了古人对心的功能的认识

"心"的本义是心脏。现代科学认为，心的主要功能是推动血液循环，而古人则认为，心不仅是推动血液循环的器官，而且是思维、情感的器官。孟子说："心之官则思。"《黄帝内经·素问·灵兰秘典论》："心者，君主之官也，神明出焉。"

《黄帝内经·素问·六节脏象论》："心者，生之本，神之变也；其华在面，其充在血脉，为阳中之太阳，通于夏气。""心"部字正好反映了这种认识。《说文解字》心部共收字 286 个（包括重文 23 个），这些字的意义，绝大多数都与人的思维活动、心理活动、情感活动有关。例如：

忡，忧也。从心，中声。

悄，忧也。从心，肖声。

忝，辱也。从心，天声。

情，人之阴气有欲者。从心，青声。

志，意也。从心，之声。

念，常思也。从心，今声。

恕，仁也。从心，如声。

想，冀思也。从心，相声。

虑，谋思也。从心，虍声。

2. 鬼部字反映了古人的迷信认识

现代科学认为，鬼是不存在的，而古人却认为，人死之后就成为"鬼"。《礼记·祭法》："大凡生于天地之间者皆曰命，其万物死皆曰折，人死曰鬼。"郑玄注："鬼之言归也。""鬼"字的出现以及鬼部的许多字，正记载了这种迷信认识。

鬼，《说文解字》："人所归为鬼，从人，象鬼头。鬼，阴气贼害，从厶。凡鬼之属皆从鬼。"徐锴《说文解字系传》："《尔雅》曰：'鬼之言归也。'《韩诗外传》曰：'人死肉归于土，血归于水，骨归于石也。魂气升于天，其阴气薄然独存，无所依也。凡魂，阳气使人兴行强梁发越；阴气制人，使人止息。湫底壅闭。既死，魂气归于天，无阳，故纯阴底滞之气，著人为害贼者，有所伤也。'"

魂，阳气也。从鬼，云声。

魄，阴神也。从鬼，白声。

魅，厉鬼也。从鬼，失声。

魃，旱鬼也。从鬼，发声。《周礼》有赤魃氏，除墙屋之物也。《诗经》曰："旱魃为虐。"

彪，老精物也。从鬼、彡。彡，鬼毛。魅，或从未声。

古人造了很多从鬼的字，《说文解字》收录了 17 个，《汉语大字典》收录了 213 个。鬼在客观世界中本不存在，而古人却造了许多与鬼有关的字，这表明了古人相信鬼的存在这一事实。

3.　示部字反映了古人的祭祀文化

示，甲骨文或作"示"，象古代初民祭祀用的石桌。示部字集中地表现了古代的祭祀文化。祭祀是人们用礼物向神灵祈祷或致敬的行为。古人认为，人间的事情最终是由神灵掌管的，要想趋利避害，得到神灵的护佑，就得祭祀。据现有资料来看，中国人从新石器早期即距今 8 000 年前就开始祭祀了。进入阶级社会，有了国家之后，祭祀成为一种重要的国家行为。《左传》："国之大事，在祀与戎。"《礼记·祭统》："凡治人之道，莫急于礼。礼有五经，莫重于祭。"汉字系统中有示部字，《说文解字》收有示部字 76 个（含重文 13 个）。示部字从许多方面记载了古代的祭祀文化。

第一，示部字记载了一些祭祀对象。例如：

神，天神引出万物者也。从示，申声。

祇，地祇，提出万物者也。从示，氏声。

社，地主也。从示、土。《春秋传》曰："共工之子句龙为社神。《周礼》：'二十五家为社，各树其土所宜之木。'"

祖，始庙也。从示，且声。

祏，宗庙主也。《周礼》有"郊宗石室"。一曰，大夫以石为主。从示从石，石亦声。

第二，示部字记载了一些祭祀活动。例如：

祭，祭祀也。从示，以手持肉。

祀，祭无已也。从示，巳声。

禦，祀也。从示，御声。

第三，示部字记载了一些祭祀种类。例如：

禅，祭天也。从示，单声。

祃，师行所止，恐有慢其神，下而祀之曰祃。从示，马声。《周礼》："祃于所征之地。"

祠，春祭曰祠。品物少，多文辞也。从示，司声。《礼记·胗》："仲春之月，祠不用牺牲，用圭璧及皮币。"

礿，夏祭也。从示，勺声。

禘，谛祭也。从示，帝声。《周礼》曰："五岁一禘。"

祫，大合祭先祖亲疏远近也。从示、合。《周礼》曰："三岁一祫。"

柴，烧柴焚燎以祭天神也。从示，此声。

第四，示部字记载了与祭祀有关的祸福。例如：

祟，神祸也。从示、出。

祸，害也，神不福也。从示，呙声。

祥，福也。从示，羊声。

祐，助也。从示，右声。

4. 女部字反映了丰富的女性文化内容

《说文解字》女部共收字 252 个（含重文 14 个），从各个角度反映了女性文化。

有些字反映了女性的婚姻状况与生育状况。例如：

姹，少女也。从女。宅声。

媒，谋也。谋合二姓。从女，某声。

嫁，女适人也。从女，家声。

娶，娶妇也。从女取，取亦声。

婚，妇家也。礼，娶妇以昏时。妇人，阴也，故曰婚。从女从昏，昏亦声。

姻，婿家也。女之所因，故曰姻。从女从因，因亦声。

妊，孕也。从女、壬，壬亦声。

娠，女妊身动也，从女，辰声。《春秋传》曰："后缗方娠。"一曰宫婢女隶谓之娠。

有些字是女性的名字。例如：

娲，古之神圣女，化万物者也。从女，呙声。

娥，帝尧之女，舜妻娥皇字也。从女，我声。

嫄，邰国之女，周弃母之字也。从女，原声。

有些字反映了女性在家庭与社会中的身份与地位。例如：

妻，妇与夫齐者也。从女，从屮，从又。又，持事，妻职也。

妇，服也。从女持帚，洒扫也。

妃，匹也。从女，己声。

姑，夫母也。从女，古声。

妣，殁母也。从女，比声。

嫂，兄妻也。从女，叟声。

婢，女之卑者也。从女、卑，卑亦声。

有些字反映着人们对女性性情的看法。例如：

婉，顺也。从女，宛声。

委，委随也。从女，禾声。

娓，顺也。从女，尾声。

如，从随也。从女，从口。

娴，雅也。从女，闲声。

有些字反映了对女性的心理或行为的看法。例如：

妎，妒也。从女，介声。

妬，妇妒夫也。从女，石声。

佞，巧谰高材也。从女，仁声。

妨，害也。从女，方声。

妄，乱也。从女，亡声。

嫌，不平于心也。一曰疑也。从女，兼声。

嬾，懈也；怠也。从女，赖声。

奸，犯淫也。从女，干声。

姦，私也。从三女。

媿，惭也。从女，鬼声。

有些字反映着人们对女性姿容的评价。例如：

姝，好也。从女，朱声。

媄，色好也。从女，从美。美亦声。

好，美也。从女、子。

姣，好也。从女，交声。

媌，目里好也。从女，苗声。

媛，美女也。人所欲援也。从女，从爰，爰，引也。《诗经》曰："邦之媛兮。"

女部有许多姓氏用字，如，姜是神农之姓，姬是黄帝之姓，嬴是少昊之姓，姚是虞舜之姓，妘是祝融后代的姓，姺是商代一个诸侯的姓，妫是虞舜的姓。这些姓大都产生于原始社会，反映了人类社会曾经经历了"只知其母，不知其父"的发展阶段。《说文解字》："姓，人所生也。古之神圣母感天而生子，故称天子。从女，从生，生亦声。《春秋传》曰：'天子因生以赐姓。'"这是对古代群婚制的一种曲折反映。

思考与练习

1. 汉字对汉语有哪些作用？
2. 汉字对中国社会产生了哪些作用？
3. 汉字对于艺术有哪些作用？
4. 汉字对思维和大脑有哪些影响？
5. 试述汉字记载反映文化的作用。
6. 举例说明汉字对维护汉语单音节特性的作用。
7. 为什么说汉字提供了一种独特的思维载体？
8. 汉字在中华传统文化的形成和发展中发挥了哪些作用？
9. 汉字为文学艺术提供了哪些手段？
10. 汉字反映了怎样的思维方式？是怎样反映的？

第七章　古书的用字

学习提示

1．了解古书用字的特点，认识学习古书用字的重要性。

2．掌握古今字的概念与种类。

3．掌握通假字的概念与种类。

4．掌握异体字的概念与种类

5．掌握繁简字的概念以及繁简字对应的几种情况。

古书是古代长达几千年的历史中不同时期的人用当时的文字书写的。不同的时代有不同的文字，不同时代的人用字有不同的规则和习惯，因此读古书不仅要认识古字，而且要了解古人的用字规则和习惯。汉字是形音义的统一体，基本构成是一个形体一个意义一个音节。字形是用来记录表达其音义的，从记录表达的角度来说，一个意义一个音节有一个形体就够了；从使用的角度来说，一个意义一个音节有一个形体最为理想，因为这样便于人们掌握。如果一个单位的音义有两个及两个以上的形体，或者两个及两个以上的音义具有同一个形体，那么，就会给人们的辨认和使用造成麻烦。但是，汉字具有几千年的历史，使用分布在不同的地域。在汉字的创造、使用及其发展变化过程中，汉字的形体与其音义的关系形成了种种复杂的情况，因而出现了一字多形和一形多字的文字现象。这种现象主要有古今字、通假字、异体字、繁简字几种类型。要阅读古书，就必须了解古人用字的这些现象。

第一节　古　今　字

一、什么是古今字

古今字是指在不同的时代用来表示同一个词的一对或一组字。这一对或一组字，产生在前的叫古字，产生在后的叫今字，合称古今字。例如：

责—债："债务"这个意义，本来写作"责"，《战国策·齐策四》："先生不羞，乃有意欲为文收责于薛乎？"文中的"责"就是债的意思。后来写作"债"，《史记·孟尝君列传》："何人可使收债于薛者？""责"是古字，"债"是今字，合称古今字。

孰—熟："食物加热到可吃的程度"这个意义，本来写作"孰"，如《左传·宣公二年》："宰夫胹熊蹯不孰。"后来写作"熟"，如《论语·乡党》："君赐腥，必熟而荐之。""孰"、"熟"就是古今字。

景—影："日影"这个意义，本来写作"景"，如《周礼·地官·大司徒》："正日景以求地中。"句中"日景"即"日影"。后来写作"影"，《淮南子·修务》："吾日悠悠惭于影。""景"、"影"就是古今字。

古今字，就其产生时间而言，是个历时性概念，即古字一定产生于前，而今字一定产生于后，否则，就不是古今字了。然而，就其使用而言，今字产生之后，古字并不立即退出，而往往还要与今字并存一段时间。如：

禽—擒：擒获的"擒"最初写作"禽"，甲骨文中有："禽获鹿白二十。"[①] 在春秋时期，就产生了它的今字"擒"：《国语·吴语》："员不忍称疾辟易，以见王之亲为越之擒也。"可是，战国之后，依然"禽"、"擒"并用：《史记·淮阴侯列传》："自度无罪，欲谒上，恐见禽。"《史记·高祖本纪》："项羽有一范增而不能用，此其所以为我擒也。"

止—趾：脚趾的"趾"，原写作"止"，在《诗经》时代就写作"趾"了。《诗经·豳风·七月》："三之日于耜，四之日举趾。"可是汉代仍有写作"止"者。《汉书·刑法志》："当斩左止者，笞五百。"

---

① 马如森：《殷墟甲骨文实用字典》，321页，上海，上海大学出版社，2008。

受—授：授予的"授"，本写作"受"，但在《诗经》时代就写作"授"了。《诗经·周颂·有客》："言授之絷，以絷其马。"而战国时期，仍有写作"受"者。《商君书·定分》："今先圣人为书而传之后世，必师受之，乃知所谓之名。"

古今字是相对于一定的词义而言的。我们知道，字是词的书写符号，同一个词在不同的时代，可以用不同的字来表示。正是这同一个词把不同时代的不同的字联系在一起，使它们成为古今字，否则它们就是意义不同的两个字。例如，我们说"益"和"溢"是一对古今字，这只是就"水漫出来"这个词义说的，因为这个意义本来写作"益"，后来写作"溢"。但是"益"和"溢"都是多义字，除了它们共有的这个意义而外，"益"还有满足、增加、利益等义项，"溢"也有充满、过度等义项，在这些义项中，它们就是意义各不相同的两个字，而不是古今字。

二、古今字产生的原因

古今字产生的直接原因是一个字记录词的任务的变化。起初，汉字的数量较少，许多汉字常常一字多用，除表示本义以外，还要表示引申义或假借义。如"取"，既要表示其本义"获取"，又要表示其引申义"娶妻"；又如"舍"，既要表示其本义"屋舍"，又要表示其假借义"舍弃"。这种用字方法，虽然增加了字的利用率，使一个字具有多种意义，但同时又给人们的阅读理解造成了一定的困难。为了解决这个问题，人们就造了新字，让它来分担这些多义字的某个义项。这个新造的字就是这个义项的今字，而那个原来的字则是这个义项的古字。如人们新造了"娶"来表示"娶妻"，造了"捨"来表示"舍弃"，这样，"取"与"娶"、"舍"与"捨"就成了两对古今字。

如果细分，古今字产生的原因可以分为两种：

（一）为区分字的本义与引申义而造今字

一些字产生了引申义之后，一形多义，不利于人们理解。为了区分它们的本义与引申义，人们就造了今字来分担古字的意义。例如：

"奉"的本义是两手捧着。《说文解字》："奉，承也。从手、廾，丰声。"《礼记·内则》："进盥，少者奉盘，长者奉水。"《韩非子·和氏》："楚人和氏得玉璞楚山中，奉而献之厉王。"《史记·刺客列传》："荆轲奉樊于期头函，而秦舞阳奉地图柙，以次进。"后来从这个意义上引申出了奉献、进献等意义。《周礼·地官·大司徒》：

"祀五帝，奉牛牲。"郑玄注："奉犹进也。"为了区分这两种不同的意义，人们就造了"捧"字，让它表示"奉"的"两手捧着"的本义，而"奉"则表示其"奉献"等引申义。例如，《庄子·达生》："（委蛇）其为物也，恶闻雷车之声，则捧其首而立。"唐韩愈《和虞部卢四酬翰林钱七赤藤杖歌》："归来捧赠同舍子，浮光照手欲把疑。"《醒世恒言·独孤生归途闹梦》："一连的劝了三杯，方才捧出一个锦囊。"唐刘悚《隋唐嘉话》卷中："太宗将致樱桃于郧公，称'奉'则以尊，言'赐'又以卑，乃问之虞监，曰：'昔梁武帝遗齐巴陵王称"饷"。'遂从之。"清独逸窝退士《笑笑录·平泉诗》："李德裕营平泉，远方多奉异物。"这样，就用不同的形体把"奉"本义和引申义区分开了。

"见"与"现"、"坐"与"座"、"受"与"授"等古今字也都是这样形成的。

（二）为区分字的本义与假借义而造今字

一些字因假借而产生了假借义，这样，同一个形体，既要表示本义，又要表示假借义，不利于人们理解。为了区分本义与假借义，人们就造了今字来分担古字的意义。例如：

"卒"的本义指士兵。《左传·隐公元年》："具卒乘，缮甲兵。"杜预注："步曰卒，车曰乘。"《左传·成公十八年》："使训卒乘。"孔颖达疏："从车者为卒，在车者为乘。"因为字音相近，它被借去表示突然、快速的意思。《墨子·号令》："敌人卒而至。"孙诒让《墨子閒诂》引苏云："卒、猝同。"《孟子·梁惠王上》："（梁襄王）卒然问曰：'天下恶乎定？'"《战国策·齐策三》："决疑应卒。"鲍彪注："卒，与猝同。"为了区分"卒"的这两种意义，人们又造了"猝"，让它来表示突然、快速的意义，而让"卒"仍然表示士兵的意义。例如，《资治通鉴·齐明帝永泰元年》："敬则横刀趺坐，问询等：'发丁可得几人？库见有几钱物？'询称'县丁猝不可集'。"明余继登《典故纪闻》卷三："大抵民情幽隐，猝难毕达。"宋苏舜钦《推诚保德功臣太子太保韩公行状》："岭南蛮寇边……公奏置广南东西路钤辖司。委以便宜，专用土兵镇守，北兵不徙瘴疠之地，而有以应猝。"《资治通鉴·唐太宗贞观十九年》："安市人顾惜其家，人自为战，未易猝拔。"文中"猝"都是突然或快速的意思。唐韩愈《元和圣德诗》："爰命崇文，分卒禁御；有安其驱，无暴我野。"《资治通鉴·梁纪五》："今板卒已集。"胡三省注："卒，士卒也。"金董解元《西厢记诸宫调》卷三："步兵卒子小偻罗，擂狼皮鼓，筛动金锣。"《明史》卷一："夜袭元将张知院于横涧山，收其卒二万。"《明史》卷一："揭榜禁剽掠。

有卒违令，斩以徇，军中肃然。"上例中的"卒"都是士兵的意思。

"戚"与"慼"、"辟"与"避"、"匡"与"筐"等古今字也是这样形成的。

三、今字的形体与古字的关系

今字是古字的后起字，它的形体一般都是在古字的基础上有所增加或变更而形成的。具体有以下几种情况：

1．在古字的形体上加意符形成今字

（1）契刻的"契"原写作"栔"，后写作"鍥"。例如：

爰始爰谋，爰栔我龟。（《诗经·大雅·绵》）

鍥而不舍，金石可镂。（《荀子·劝学》）

（2）娶妻的"娶"原写作"取"，后写作"娶"。例如：

咸，亨利贞，取女，吉。（《易·咸》）

取妻如之何，匪媒不得。（《诗经·豳风·伐柯》）

二十而冠，三十而娶，可以从戎事。（桓宽《盐铁论·未通》）

（3）授予的"授"原写作"受"，后写作"授"。例如：

丙辰卜，争，贞：沚戛启王从帝受我佑。（《殷墟甲骨文实用字典》[①]）

为我予之邑，今日必授。（《国语·鲁语上》韦昭注："授，予也。"）

言授之絷，以絷其马。（《诗经·周颂·有客》）

（4）日暮的"暮"原写作"莫"，后写作"暮"。例如：

不夙则莫。（《诗经·齐风·东方未明》）

日莫人倦，齐庄正齐，而不敢懈怠。（《礼记·聘仪》）

范文子暮退于朝。（《国语·晋语五》）

（5）松懈的"懈"，原写作"解"，后写作"懈"。例如：

夙夜匪解。（《诗经·大雅·烝民》）

春秋匪解，享祀不忒。（《诗经·鲁颂·閟宫》）

一此不解，是谓学则。（《管子·弟子则》）

然侍卫之臣不懈于内，忠志之士忘身于外者，盖追先帝之殊遇，欲报之于陛下也。（诸葛亮《前出师表》）

---

① 马如森：《殷墟甲骨文实用字典》，103页，上海，上海大学出版社，2008。

（6）告诫的"诫"，原写作"戒"，后写作"诫"。例如：

不教而杀谓之虐，不戒视成谓之暴。（《论语·尧曰》）

观往事，以自戒。（《荀子·成相》）

公子恐其怒之，乃诫门下："有敢为魏王使通者，死。"（《史记·魏公子列传》）

（7）脚趾的"趾"，原写作"止"，后写作"趾"。例如：

疾止。（《殷墟甲骨文实用字典》[①]）

每骑屋山下窥阚，浑舍惊怕走折趾。（韩愈《寄卢仝》）

（8）告诉意义的"诏"，原写作"召"，后写作"诏"。例如：

召彼故老，讯之占梦。（《诗经·小雅·正月》）高亨注："召当读为诏，告也。"

卫宁惠子疾，召悼子曰："吾得罪于君，悔而无及也。"（《左传·襄公二十年》）杨伯峻注："召借为诏，告也。"

管仲有病，桓公往问之曰："仲父之病病矣，若不可讳，而不起此病也，仲父亦将何以诏寡人。"（《管子·小称》）

（9）狩猎意义的"畋"原写作"田"，后写作"畋"。例如：

宣子田于首山，舍于翳桑，见灵辄饿，问其病。（《左传·宣公二年》）

焚林而田，竭泽而渔。（《淮南子·本经》）

楚使子虚使于齐，王悉发车骑，与使者出畋。（《文选·司马相如〈子虚赋〉》）

2. 在古字的形体上加声符形成今字

（1）使之食的"食"，原写作"食"，后写作"饲"。例如：

饮之食之，教之诲之。（《诗经·小雅·绵蛮》）

故孝子不以食其亲，忠臣不以食其君。[②]（《墨子·非攻中》）

吾尝饥于此，乞食于一女子，女子饲我，遂投水而亡。（赵晔《吴越春秋·阖闾内传》）

（2）渔网的"网"原写作"网"，后写作"罔"。例如：

网雉，隻（获的古字）八。（郭沫若主编《甲骨文合集》）

作结绳而为罔罟，以佃以渔。（《易·系辞下》）

子独不见狸狌乎……中于机辟，死于罔罟。（《庄子·逍遥游》）

（3）容貌的"貌"，原写作"皃"，后写作"貌"。例如：

---

① 马如森：《殷墟甲骨文实用字典》，39页，上海，上海大学出版社，2008。

② 《墨子·非攻中》："今有医于此，和合其祝药之于天下之有病者而药之，万人食此，若医四五人得利焉，犹谓之非行药也。故孝子不以食其亲，忠臣不以食其君。"不以，谓不以药也。

兕很自臧，持必不移。(《汉书·王莽传下》)

彼见吾貌，必有惧心。(《左传·哀公二年》)

（4）居处的"居"，原写作"凥"，后写作"居"。例如：

昆仑县圃，其尻安在？(《楚辞·天问》)

（台佟）隐于武安山，凿穴为居，采药自业。(《后汉书·逸民传·台佟》)

3. 改变古字的意符成为今字

（1）酤酒的"酤"，本来写作"沽"，后来写作"酤"。例如：

沽酒市脯不食。(《论语·乡党》)

或使仆往酤庄氏之酒，其狗啮人，使者不敢往，乃酤他家之酒。(《韩非子·外储说右上》)

高祖每酤留饮，酒酬数倍。(《汉书·高帝纪上》)

（2）人死的"殁"，本来写作"没"，后来更换意符写作"殁"。例如：

包牺氏没，神农氏作。(《易·系辞下》)

父在，观其志；父没，观其行。(《论语·学而》)

管仲殁矣，多谗在侧。(《国语·晋语四》)

伯乐既殁兮，骥将焉程兮？(《史记·屈原贾生列传》)

（3）物体膨胀的"胀"，本来写作"张"，后来写作"胀"。例如：

将食，张，如厕。(《左传·成公十年》)

（丰山）多羊桃，壮如桃而方茎，可以为皮张。(《山海经·中山经》)郭璞注："治皮肿起。"

斯须之间，见囊大胀如吹。(《晋书·韩友传》)

（4）放置、措施意义的"措"，原写作"错"，后写作"措"。例如：

藉用白茅，无咎。子曰："苟错诸地而可矣，藉之用茅，何咎之有。"(《易·系辞上》)

固时俗之工巧兮，偭规矩而改错。(《楚辞·离骚》)

刑罚不中，则民无所措手足。(《论语·子路》)

（5）倡导的"倡"，原写作"唱"，后写作"倡"。例如：

故柔弱者生之干也，坚强者死之徒，先唱者穷之路，后动者达之原。(《文子·道原》)

今诚以吾众诈自称公子扶苏、项燕，为天下唱，宜多应者。(《史记·陈涉世家》)

六卿分职，各率其属，以倡九牧，阜成兆民。(《尚书·周官》)

（6）聘娶的"聘"，原写作"聘"，后写作"娉"。例如：

穆伯娶于莒，曰戴己，生文伯；其娣声己，生惠叔。戴己卒，又聘于莒，莒人以声己辞，则为襄仲聘焉。（《左传·文公七年》）

聘则为妻，奔则为妾。（《礼记·内则》）

当其时，巫行视小家女好者，即娉取。（《史记·滑稽列传》）

（7）喜悦的"悦"，原写作"说"，后写作"悦"。例如：

子曰："学而时习之，不亦说乎？"（《论语·学而》）

非不说子之道，力不足也。（《论语·雍也》）

怒可以复喜，愠可以复悦。（《孙子·火攻》）

庄襄王为秦质子于赵，见吕不韦姬，悦而取之，生始皇。（《史记·秦始皇本纪》）

4. 改变古字的声符成为今字

（1）挥动的"挥"，原写作"撝"，后写作"挥"。例如：

庄王亲自手旌，左右撝军，退舍七里。（《公羊传·宣公十二年》）

指撝足以震风云，叱咤可以兴雷电。（《后汉书·皇甫嵩传》）

西南巨牛……虽有逸力，难以挥轮。（郭璞《山海经图赞下·夔牛》）

（2）凄惨的"惨"，原写作"憯"，后写作"惨"。例如：

祸莫大于不知足，咎莫憯于欲得。（马王堆汉墓帛书乙本《老子·德经》）

子发视决吾罪而被吾刑，吾怨之憯于骨髓。（《淮南子·人间》）

惨郁郁而不通兮，蹇侘傺而含戚。（《楚辞·九章·哀郢》）

（3）诮让的"诮"，原写作"谯"，后写作"诮"。例如：

里尉以谯于游宗，游宗以谯于什伍，什伍以谯于长家。（《管子·立政》）

秘书郎清江彭龟年，以书谯赵汝愚。（《续资治通鉴·宋光宗绍熙三年》）

蔺疏颜以诮秦兮，入降廉犹臣仆。（柳宗元《佩韦赋》）

5. 改动古字的笔画成为今字

（1）军阵的"阵"，原写作"陈"，后改作"阵"。例如：

中春，教振旅，司马以旗致民，平列陈，如战之陈。（《周礼·夏官·大司马》）

与其射御，教吴乘车，教之战陈，教之叛楚。（《左传·成公七年》）

凌余阵兮躐余行，左骖殪兮右刃伤。（《楚辞·九歌·国殇》）

（2）"太"，原写作"大"，后增加一点改作"太"。例如：

请京，使居之，谓之京城大叔。（《左传·隐公元年》）

大子奔晋。（《左传·昭公十九年》）

太子太丁未立而卒,于是乃立太丁之弟外丙,是为帝外丙。(《史记·殷本纪》)

（3）"毋"原作"母",后改作"毋"。例如:

贞母又。(《殷契粹编》三二九片)郭沫若考释:"母字读为'毋',古本一字,后乃分化。"

文盆母少四斗。(《墨子·备穴》)于省吾《双剑誃诸子新证·墨子》:"金文'毋'字均作'母'。此犹存古字。"

言而毋仪,譬如运钧之上而立朝夕者也。(《墨子·非命上》)

毋妄言,族矣。(《史记·项羽本纪》)

第二节　通　假　字

一、什么是通假字

通假,又称古音通假,指古书中本有其字而未用,却用一个同音或近音的字来临时代替的用字现象。这个本该用的字叫做本字,而那个临时替代的字就叫做通假字。例如《史记·项羽本纪》:"距关,毋内诸侯。""距关"是在关口上挡住敌人的意思,应该用"拒"字,这里却用了"距"。"拒"是本字,而"距"则是通假字。《荀子·劝学》:"天见其明,地见其光,君子贵其全也。""地见其光"是大地显示出它的广大的意思,这里的"光"是广大的意思,应该用"广",可是用了"光",前者是本字,后者是通假字。

通假与"六书"中的假借都是借用别的字来代替本该用的字,但是二者又有所不同。通假与假借的主要区别有两点:第一,假借是本无其字可用,不得不借;通假是本有其字而不用,临时找一个同音或近音字来代替。第二,假借是某字被借之后,就成为借者的字形,因而长久地具有了这个意义;通假则是借字只是在被借的情况下才临时具有借义,而在其他场合,借字仍然表示它原来的意义。例如"北"的本义是违背,东南西北的"北"本来有音无字,只好借本义是违背的"北"来表示,借用之后,"北"就作了方位名词"北"的字形,因而长久地具有了方位名词"北"的意义,这种借字现象就是"六书"中的假借。"信"的本义是诚实,有时它却被借去表示伸展、伸张的意思。《易·系辞下》:"尺蠖之屈,以求信也;龙蛇之蛰,以存身也。""信",即伸展的意思。《三国志·蜀志·诸葛亮传》:"孤不度德量力,欲信大义于天下。"句中的"信"是伸张的意思。伸展、伸张的本字是"伸"，可是，这里有本字而不用，却借用了一个"信"字来表示"伸"的意义，但是，这种代替只是临时性的，在一般场合中，伸展、伸张的意义仍然用"伸"字表示，而"信"字也仍然表示它本来的意义，这种借字现象就是本有其字的假借。为了区分，一般把"本无其字"的借字叫做假借，而把"本有其字"的借字叫做通假。

二、通假字的种类

通假字的条件就是它与本字必须音同或者音近。根据通假字与其本字的语音关系，通假字可以分为以下几类：

（一）同音通假字

同音通假字就是读音与本字相同的假借字。例如：

畔借为叛。《孟子·公孙丑》："寡助之至，亲戚畔之。""畔"的本义是田界，《说文解字》："畔，田界也。"这里借为"叛"，是背叛的意思。"畔"、"叛"上古同音，都属并纽元部。

"脩"借为"修"。《战国策·齐策一》："邹忌脩八尺有余。""脩"的本义为干肉。《说文解字》："脩，脯也。"这里借为"修"，是高的意思。"脩"、"修"上古同音，同属幽部心纽。

"豪"借为"毫"。《商君书·弱民》："今离娄见秋豪之末，不能以明目易人。""豪"的本义是豪猪，《说文解字》："豪，豪豕，鬣如笔管者。"这里借为"毫"，是毫毛的意思，比喻细微之物。《礼记·经解》："差若豪氂，缪以千里。"陆德明《经典释文》："豪依字作毫。""豪"、"毫"古音都属宵部匣纽。

（二）同声或同韵通假字

同声或同韵通假字指与本字声类相同或韵部相同的通假字。

有的通假字与本字声类相同而韵部不同。例如：

"趣"借为"促"。《史记·陈涉世家》："趣赵兵亟入关。""趣"的本义是快走。《说文解字》："趣，疾也。"这里借为催促的促。二字同属清纽，但"趣"属侯部，"促"属屋部。

"亡"借为"无"。贾谊《论积贮疏》："生之有时，而用之亡度，则物力必屈。""亡"的本义是逃跑。《说文解字》："亡，逃也。"这里借为"无"，是没有的意思。"亡"、"无"古音同属明纽，但"亡"属阳部，"无"属鱼部。

有的通假字与本字韵部相同而声类不同。例如：

"适"借为"谪"。《史记·陈涉世家》："发闾左适戍渔阳九百人。""适"的本义是前往，《说文解字》："适，之也。"这里借为谪，是罚的意思。"适"、"谪"古音同属锡部，但适属书纽，谪属端纽。

"耆"借为"嗜"。《孟子·告子上》："耆秦人之炙。""耆"的本义是年老，《说文解字》："耆，老也。"这里借为嗜，是喜好的意思。"耆"、"嗜"同属脂部，"耆"属群纽，"嗜"属禅纽。

（三）声类韵部相邻通假字

声类韵部相邻通假字指与本字声类韵部都不相同却相近的通假字。例如：

"归"借为"馈"。《论语·阳货》："归孔子豚。""归"的本义是女子出嫁。《说文解字》："归，女嫁也。"这里借为"馈"，是赠送的意思。"归"属见纽微部，"馈"属群纽物部，二字声韵全都不同，但是，见、群同是牙音；微、物，一为阴声韵，一为入声韵，可以对转。

"盖"借为"盍"。《孟子·梁惠王上》："盖亦反其本矣。""盖"的本义是用草类搭的遮盖物。《说文解字》："盖，苫也。"这里借为"盍"，是"何不"的意思。"盖"，月部见纽；"盍"，叶部匣纽。见、匣二纽在上古音系同属牙喉音类；月、叶同属入声韵部。

三、学习通假字需要注意的问题

学习通假字需要注意以下三方面问题。

（一）确定通假字要以古音为依据

通假又称古音通假，它主要发生于上古时期。确定通假字与本字的语音关系，要以古音为据，不能用今音去衡量。由于语音的变化，一些通假字的读音原来与本字相同或相近，但今天已经变得不同了。例如古书多借"罢"为"疲"，二字上古同音，都属歌部并纽，但今音已经不同了。古书借"述"为"仇"，二字古代同音，今音也不相同了。

（二）掌握通假字与本字的对应关系

在古音通假中，某字借为某字，通常具有一定的约定俗成性，而不是凡是同音或近音的字都可通假。例如与"早"同音的字有枣、藻、澡、蚤等，但一般只有"蚤"可通"早"，而其他字则不能借为"早"。

在本字与通假字的数量对应关系上，通常是一对一，即一个字只能固定地借为某一个字。但是，也有一对多，即同一个字可以借为多个不同的字；或多对一，即多个字都可借作某一个字。前一种情况最为习见，兹不赘述，后两种情况各举一例。

"适"借为"谪"、"嫡"、"敌"：

发闾左适戍渔阳九百人。（《史记·陈涉世家》）

立适以长不以贤。（《公羊传·隐公元年》）

攻适伐国。（《史记·范雎列传》）。

此例中，"适戍"的"适"借为"谪"；"立适"的"适"借为"嫡"，"攻适"的"适"借为"敌"。

"详"、"洋"、"阳"借为"佯"：

于是乎详僵而弃酒。（《史记·苏秦列传》）

齐王怪之，故不敢饮，洋醉去。（《史记·吕后本纪》）

广阳死，睨其旁有一胡儿骑善马。（《汉书·李广传》）

此例中，"详僵"之"详"，"洋醉"之"洋"，"阳死"之"阳"，并借为"佯"。

通假字与本字之间，一般是单向通假，即甲字可以借为乙字，而乙字却不能反过来借为甲字。但也有一些字可以互相通假，例如：

"为"、"谓"互通：

管仲，曾西所不为也，而子为我愿之乎？（《孟子·公孙丑上》）

宋，所为无雉兔狐狸者也。（《墨子·公输》）

夫瓠所贵者，谓其可以盛也。（《韩非子·外储说左上》）

丞相岂儿女子邪？何谓咀药而死？（《汉书·王嘉传》）

前两句"为"通假为"谓"，后两句"谓"通假为"为"。

"已"、"以"互通：

年八十已上，赐米人月一石，肉二十斤。(《汉书·文帝纪》)

自丞相雍已下皆谏。(《三国志·吴书·吴主传》)

卒买鱼烹食，得鱼腹中书，固以怪之矣。(《史记·陈涉世家》)

前两句"已"通假为"以"，后一句"以"通假为"已"。

"辩"、"辨"互通：

定乎内外之分，辩乎荣辱之境，斯已矣。(《庄子·逍遥游》)

目能辨色，耳能辨声。(《后汉书·仲长统传》)

鄂侯争之急，辨之疾，故脯鄂侯。(《战国策·赵策三》)

故略上报，不复一一自辨。(王安石《答司马谏议书》)

上例中，前两句"辩"通假为"辨"，后两句"辨"通假为"辩"。

"耐"、"能"互通：

故人不耐无乐。(《礼记·乐记》)

所以耐取火者，摩拭之所致也。(《论衡·率性》)

鸟兽希毛，其性能暑。(晁错《言守边备塞疏》)

土地苦寒，汉马不能冬。(《汉书·赵充国传》)

上例中，前两句"耐"通假为"能"，后两句"能"通假为"耐"。

还有一些字可以递相通假，即甲字借为乙字，乙字又借为丙字。例如：

"故"通假为"固"，"固"通假为"姑"：

义帝虽无功，故当分其地而王之。(《史记·项羽本纪》)

微君言，臣故将谒之。(《韩非子·难一》)

将欲夺之，必固与之。(《老子》)任继愈注："固，暂且。"

其事未究，固试往复问之。(《淮南子·人间》)

上例中，前两句"故"通假为"固"，后两句"固"通假为"姑"。

"取"通假为"趣"，"趣"通假为"趋"：

礼闻取于人，不闻取人。(《礼记·曲礼上》)

故末产不禁，则野不辟；赏罚不信，则民无取。(《管子·权修》)

兵法，百里而趣利者蹶上将。(《史记·孙子吴起列传》)

趣舍异路。(司马迁《报任安书》)

上例中，前两句"取"通假为"趣"，后两句"趣"通假为"趋"。

（三）对于通假字的确认要慎重

在确认通假字时，除了要有音韵上的根据外，还必须要有古代文献证据，否则，结论是不可靠的。对于一些已经确认具有通假用法的字在一些句子中的具体应用，也要慎重对待，具体情况具体分析，而不要不加分析地一律把它们当做通假字理解。例如，"常"是个具有通假用法的字，王安石《石钟山记》："是说也，人常疑之。"句中用了"常"字，有人认为这个常字是"尝"的通假字。实际上，这里的"常"不是通假字，而是本字的正常用法。因为用它的本义，句子十分通顺，句意合理，如果讲成通假字，反而歪曲了句意。再如，先秦地名"豳"，地望在今陕西彬县一带，后来写作"邠"，有人把它说成"汾"的通假字，于是推论说"豳"应在山西汾水流域，从而弄错了"豳"的地望。又如，《易·屯·六三》："即鹿无虞，惟入于林中。君子几，不如舍。"有人解释："几，借为机，机智。"此说误。"幾"本来是微小的意思。《说文解字》："幾，微也。"引申为事物还很微小的状态，即预兆、苗头。《易·系辞下传》："子曰：'知幾其神乎？君子上交不渎，其知幾乎！幾者，动之微，吉之先见者也。君子见幾而作，不俟终日。……君子知微知彰，知柔知刚，万夫之望。'"《尚书·益稷》："惟时惟幾。"蔡忱注："幾，事之微也。"《后汉书·陈宠传》："君子见幾而作。"李贤注："幾者，事之微，吉凶之先见者。""机"（繁体作"機"）本是古代弩上发箭的装置。《书·太甲上》："若虞机张，往省括于度，则释。"孔传："机，弩牙也。"汉班固《西都赋》："机不虚掎，弦不再控。"宋司马光《机权论》："机者，弩之所以发矢者也。"所谓"机智"，本是机巧、机诈的意思。《太平御览》卷九七六引汉刘向《说苑·反质》："有机智必有机心。"后用为褒义，是机敏聪慧的意思。唐柳宗元《唐故特进赠开府同三司扬州大都督南府君睢阳庙碑》："时惟南公，天与拳勇。神资机智，艺穷百中。"宋苏洵《谏论上》："夫游说之士以机智勇辩济其诈，吾欲谏者，以机智勇辩济其忠。"所谓"君子幾"，是君子能够预先看到事物发展的趋势的意思，而不是君子机智的意思。用"幾"的本义释"君子幾"之"幾"，文从字顺，合情合理；若释其为"机"的通假字，则误解了文意，是典型的滥用通假。

所谓滥用通假，就是在不该用通假去解释字词的地方，却用了通假的方法。王力先生说："善用通假，就能做出很大的成绩；滥用通假，那就错了。'滥用通假'就是你主观臆测这个字应该怎样解释，就从通假上来找一个理由，这样子就坏了。"关于通假的运用问题，他说："古人不写别字是正常的情况，写别字是不正常的现象。所以凡是不该认为通假也能讲得通的话，就应该依照平常的讲法，不要再讲什么'通假'，否则，就会造成错误。"① "通假"的理论根据是文字之间的"声近义通"，然而，这个根据要建立在文字具有社会性的认识的基础之上，否则就会陷入形而上学。王力先生说："清儒形而上学的治学方法是最应该批判的。……最严重的形而上学的错误表现在'因声求义'。上文说过，王念孙'就古音以求古义，引申触类，不限形体'的主张是合理的；但是越过真理一步就是错误，如果把这个原则推广到'声近义通'，也就是说，只要读音相近，词义就能相通，那就变成牵强附会了。'声近义通'只是可能，不是必然。不但语言有社会性，文字也有社会性。摆脱字形的束缚是对的，否定文字的社会性则是错误的。"② 而滥用通假就是滥用"因声求义"方法的具体表现。

第三节　异　体　字

一、什么是异体字

异体字有广狭二义。狭义异体字是指形体不同而音义完全相同，在任何情况下都可以互相代替的一对字或一组字。广义的异体字包括上面说到的古今字、通假字以及狭义异体字。

本书所说的异体字是可以互相代替而音义与用法不发生变化的字，即狭义异体字。有些字本义相同，读音也相同，但后来在某些词义的用法上有了分工，这样的字就不再是异体字而变成了记载着不同的词的两个字了。如"谕"和"喻"，读音相同，在先秦两汉互相通用，都具有晓谕和譬喻的意义，但后来两个字的用法有了分工，"谕"用作晓谕之谕，"喻"用作譬喻之喻，相互不再通用，这样的字就不是异体字。还有一些字，两两之间在许多义项上都可以通用，但其本义不同，在某些个别义项上也不能通用，这种字也不是异体字。如"游"与"遊"，在行走、交往、流动等义项上都可以互用，但游泳只能用"游"而不能用"遊"。

---

① 王力：《龙虫并雕斋文集》，431页，北京，中华书局，1982。
② 王力：《龙虫并雕斋文集》，361页，北京，中华书局，1982。

"脩"与"修",在许多义项上都可以通用,但用于"干肉"义,只能用"脩"而不能用"修"。它们之间就不是异体字而是通假字。

二、异体字的类别

异体字,其异在形,根据形体的差异,异体字可以分为以下几类:

(一)造字结构不同的异体字

災—灾:"災"是形声字,"灾"是会意字。

凡火,人火曰火,天火曰災。(《左传·宣公十六年》)

御廪灾。(《公羊传·桓公十四年》)何休注:"火自出烧之曰灾。"

卜者多言夸严,以得人情;虚高人禄命,以说人志;擅言祸災,以伤人心;矫言鬼神,以尽人财;厚求拜谢,以私于己。(《史记·日者列传》)

野—埜:"野"是形声字,"埜"是会意字。

之子于归,远送于野。(《诗经·邶风·燕燕》)毛传:"郊外曰野。"

云去苍梧野,水还江汉流。(谢朓《新亭渚别范零陵》)

都广之国,番禺之埜。(江淹《空青赋》)

涙—泪:"涙"是形声字,"泪"是会意字。如:

孤子唫而抆涙兮,放子出而不还。(《楚辞·九章·悲回风》)

左右悲而垂涙兮,涕流离而从横。(司马相如《长门赋》)

再四叮咛,洒泪而别。(《英烈传》第三三回)

(二)意符或声符不同的异体字

唇—脣:"唇"和"脣"都是形声字,声符相同,但意符不同,唇从口,脣从肉。如:

浓朱衍丹唇,黄吻澜漫赤。(左思《娇女诗》)

其冒霜雪远行者,常啮蒜令破,以揩脣。(贾思勰《齐民要术·种红蓝花栀子》)

脣如激丹,齿如齐贝。(《庄子·盗跖》)

抗喉矫舌之差,攒脣激齿之异。(刘勰《文心雕龙·声律》)

线—線："线"和"線"都是形声字，意符相同，但声符不同。线，戋声；線，泉声。如：

中国不绝若线。(《公羊传·僖公四年》)

彩丝茸茸香拂拂，线软花虚不胜物。(白居易《红线毯》)

缝人掌王宫之缝線之事。(《周礼·天官·缝人》)

䰞—釜："䰞"与"釜"都是形声字，但意符、声符均不同。"䰞"从鬲，甫声；"釜"从金省，父声。如：

清泉洗䰞煎山茗，满榻松风清昼眠。(陆游《午枕》)

床上列茶䰞，花间鑶印厅。(金农《寄卢郡掾》)

于以湘之，维锜及釜。(《诗经·召南·采蘋》)

（三）构字部件位置不同的异体字

这类异体字构字部件相同，但在整字中的位置不同。

够—夠：两个字的字符位置相反。

繁富夥夠，非可单究。(左思《魏都赋》)

这么些婆婆婶子凑银子给你做生日，你还不够，又拉上两个苦瓠子！(《红楼梦》第四十三回)

胸—胷，"胸"是左右结构，"胷"是上下结构。

手里金鹦鹉，胸前绣凤凰。(温庭筠《南歌子》)

汉王伤胷，乃扪足曰："虏中吾指。"(《史记·高祖本纪》)

（四）因笔画差异而形成的异体字

有些异体字，仅仅是笔画有差异，如，朵—朶，污—汙，别—別，册—冊，冰—氷，吴—吳等就是如此。

汉字的历史悠久，使用的地域广阔，异体字的出现是不可避免的，但众多异体字的存在给人们学习、使用汉字造成了极大的麻烦，所以，国家有关部门于1955年公布了《第一批异体字整理表》，淘汰了1 055个异体字。人们平时不应再写异体字，但是，异体字仍然存在于古籍中，为了阅读古书，还应了解异体字的有关知识，并且掌握一定数量的异体字。

第四节　繁　简　字

一、什么是繁简字

　　繁简字是繁体字与该字简体的合称。繁体字和简体字是同一个词的记录符号，它们的区别仅仅在于笔画的多少，笔画多的称为繁体字，笔画少的称为简体字。笔画增繁与趋简是汉字形体演变的基本规律之一，早在古文字时期，就出现了简体字和繁体字的区别。但本书所讨论的繁简字有着特定的含义，简体字即平常所说的"简化字"，特指中华人民共和国成立以后，国家正式公布的《简化字总表》中所收录的字；繁体字特指与简化字相对应的繁体楷书字。

　　1956 年国务院公布了《汉字简化方案》，该方案收有简化字 515 个，可类推的简化偏旁 54 个。经过几年的使用推行，中国文字改革委员会根据国务院的有关批示，于 1964 年公布了《简化字总表》，1986 年又重新公布了《总表》，对个别简化字作了调整。该表共收简化字（包括偏旁类推简化字）2 235 个。1956 年以来，简化字就成了规范字，人们学习、书写、印刷用的都是简化字，这就使没有学过繁体字的人只认识简化字而不认识繁体字。但是，古书用的却是繁体字，要读古书就必须认识繁体字，而且还得知道繁简字之间的对应关系。

二、简体字与繁体字的对应关系

　　简体字与繁体字的对应关系比较复杂，从简体字与其所对应的繁体字的数量上来说，主要有以下几种：

1. 一对一

　　一个简体字对应一个繁体字。例如：

　　时—時；尝—嘗；会—會；归—歸；极—極；党—黨；证—證；罢—罷；隶—隸；担—擔；称—稱；报—報；认—認；鸟—鳥；马—馬；务—務；宪—憲；买—買；剑—劍。

　　这类简化字有 2 100 多个。对此，只要认识繁体字并且记住一定的繁体字以及与其所对应的简体字的关系就可以阅读了。例如，《后汉书·卓茂传》："時

尝出行,有人認其馬。"其中的繁体字"時"、"嘗"、"認"、"馬",简体字作"时"、
"尝"、"认"、"马"。

2. 一对二

一个简体字对应着两个繁体字。例如:

(1)团—團、糰;團的本义是"圆"。《说文·口部》:"團,圜也。"《墨子·经下》:
"鑑團景一。"糰是团子,就是米粉等做成的圆球形食物。宋周密《武林旧事·元
夕》:"节食所尚,则乳糖圆子……宜利少、澄沙糰子。"唐白居易《寒食日过枣
团店》诗:"寒食枣糰店,春低杨柳枝。""團"、"糰"本是两个不同的字,而简
化字则用"团"来代替它们两个。

(2)脏—臟、髒:"臟"的本义是身体内脏的总称。晋葛洪《抱朴子·至理》:"破
积聚于腑臟,追二竖于膏肓。""髒"的本义是污秽,不清洁。李鉴堂《俗语考原》:"俗
谓不洁者曰骯髒。"也作动词,是弄污的意思。《儿女英雄传》第三回:"咱一来
是为行好,二来也怕髒了我的店。""臟"、"髒"本是两个不同的字,而简化字
则用"脏"来代替它们两个。

这类简化字有20多个,它们给人们正确掌握繁简字的关系造成了许多麻烦。
首先,在简体字转写繁体字时容易出错。如有些人写繁体字把头发的"发"写
作"發",把皇后的"后"写作"後"。其次,在阅读古书时容易出现理解上的困难。
例如"复",刘义庆《世说新语·夙惠》:"晋孝武年十二时,冬天昼日不着复衣。"
屈原《楚辞·九章·哀郢》:"至今九年而不复。"以上两句中的"复"的意义是
否相同,从字形上无法区别,实际上"复衣"即夹衣,"复衣"之"复"应是
"複"的简体字。"不复"之"复"是回来的意思,是"復"的简体字。再如"尽",
晁错《言守边备塞疏》:"美草甘水则止,草尽水竭则移。"辛弃疾《水龙吟》:"尽
西风、季鹰归未?"以上两句中的"尽"的意义是否相同,从字形上无法区别。
实际上"草尽"之"尽",是完了的意思,它是"盡"的简化字。"尽西风"之"尽",
是任凭的意思,它是"儘"的简化字。

为了方便学习,再介绍一些此类简化字:

(1)钟—鐘、鍾:

鐘,乐器,报时的钟。如:

鐘鼓喤喤,磬筦将将。(《诗经·周颂·执竞》)

知夫调鐘未易,张琴实难。(刘勰《文心雕龙·总术》)

又立二木人于地平之上,前置鐘鼓以候辰刻,每一刻自然击鼓,每辰则自
然撞鐘。(《旧唐书·天文志上》)

寒淡，晓胧胧。黄鸡催断丑时钟。(严仁《鹧鸪天》)

鍾，容量器。酒器。如：

齐旧四量：豆、區、釜、鍾。四升为豆，各自其四，以登于釜。釜十则鍾。(《左传·昭公三年》)

故智将务食于敌。食敌一鍾，当吾二十鍾。(《孙子·作战》)郭化若注："鍾，春秋时容量单位。"

朝之室也，聚酒千鍾，积曲成封，望门百步，糟浆之气逆于人鼻。(《列子·杨朱》)

汝南王亮常晏公卿，以瑠璃鍾行酒。酒及洪，洪不执。(《晋书·崔洪传》)

"鍾"亦作量词，还有其他用法。在二字的使用中，上古"鐘"多作"鍾"，但酒器的"鍾"、鍾聚的"鍾"及姓鍾的"鍾"不作"鐘"。

(2)历—曆、歷：

歷，从止，厤声，基本义是走过、经过。例如：

既歷三纪，世变风移。(《书·毕命》)

且夫苏秦特穷巷掘门、桑户桊枢之士耳，伏轼撙衔，横歷天下，廷说诸侯之王，杜左右之口，天下莫之能伉。(《战国策·秦策一》)

曆，从日，厤声，基本义是天象运行，引申有历法等意义。例如：

星月之行，可以曆推得也。(《淮南子·本经》)高诱注："曆，术也。"

淳熙八年，火星犯南斗，公以曆占之。(叶适《徐德操墓志铭》)

"歷"、"曆"二字都还有一些别的意义，但其用法一般是有分别的，在古书中，曆数的曆可以用"歷"，但经歷的"歷"绝不用"曆"。

(3)发—發、髮：

發，从弓，癹声，本义是把箭射出去，引申有出发等义。如：

既张我弓，既挟我矢。發彼小豝，殪此大兕。(《诗经·小雅·吉日》)

在我闼兮，履我發兮。(《诗经·齐风·东方之日》)毛传："發，行也。"

故迂其途，而诱之以利，后人發，先人至，此知迂直之计者也。(《孙子·军争》)

髮，从髟，犮声，本义是毛发，引申有蓄发等义。如：

彼君子女，卷髮如虿。(《诗经·小雅·都人士》)

人少则髮黑，老则髮白，白久则黄。(王充《论衡·无形》)

武皇帝一旦髮天下群髡，悉归平民，是时一百七十万家之心，咸知生地。(孙樵《复佛寺奏》)

"發"、"髮"都还有一些引申义，但不论本义还是引申义，二字都不通用。

（4）尽—盡、儘：

"盡"的本义是器物中空，引申有尽、完、全部、达到极端、全部用出、终止、死、月终等意义。"儘"是"盡"的后起字，在表示最、力求达到最大限度、任凭、全都等义项时与"盡"相同。"盡"的其他意义不写作"儘"。

（5）摆—擺、襬：

"擺"是多义词，本是动词，具有排除、安放、摆动等多种意义；"襬"是名词，衣服的下摆。二字意义完全不同，且不通用。

（6）坝—坝、壩：

"坝"、"壩"都是多义字。"壩"的本义是截河拦水的建筑物，也指保护河床的建筑物，方言中还指沙滩、沙洲。"坝"的本义是平川地。二字在截河拦水的建筑物及平川地的意义上通用，别的意义不通用。

（7）签—簽、籤：

"簽"与"籤"意义相近，但"簽押"不能作"籤押"；"竹籤"、"牙籤"不能作"竹簽"、"牙簽"。

3. 一对多

一个简体字对应三个及其以上的繁体字。例如：

（1）只—只、隻、祇：

"只"的本义是语气词，后又有代词、助词、副词、动词、姓等多种用法。"祇"是多音多义字。二字只是在作副词表示"仅仅"的意义上通用，其他意义都不相通。它们也都不作量词。"隻"本义是擒获，也表示鸟一只，引申有单个、孤独、独特等义，可作量词，用在数词之后。"只"、"祇"与"隻"在古书中不通用。简化字归并为"只"。

（2）系—系、係、繫：

"系"、"係"、"繫"三个字意义相近，上古往往通用，后代逐渐分工，世系、系统、体系作"系"，"关系"和"是"的意义作"係"，缚的意义作"繫"。

（3）台—台、臺、檯、颱：

"台"，音怡（yí），我；又音台（tái），星名。"臺"，楼臺。"檯"（后起字），桌子。"颱"，颱风。这四个字的意义各不相同，简化字归并作"台"。

（4）蒙—蒙、濛、懞、矇：

"蒙"，覆盖。"濛"，微雨的样子。"懞"，懞懂，不明白。"矇"，矇矓，眼力不好。这几个字本义各不相同，简化字归并为"蒙"。

（5）干—干、乾、幹：

"干"、"幹"、"乾"在繁体字中是各不相同的三个字，"干"读"gān"，本义是盾牌，引申有冒犯、求取、干预、关涉等义。"幹"读"gàn"，常用义有草木的茎、事物的主体、才能、做事、谋求等。"乾"读"gān"，有干燥、枯竭、干涩、虚假地、徒然等义。"乾"又读"qián"，是八卦中的卦名，还指天、君主、男性等。三个字本来形义各异，分工清楚，比较容易掌握。后把它们都简化作"干"，合并了它们的音义，"干"就拥有了2种读音、20多种义项，此外还规定，"乾"（qián）读音不变，这种读音的"乾"不简化为"干"。

三、简化字与古书中某些字同形

有些简化字与古书中的某些字的字形完全相同，但它们是读音、意义都不相同的两个字。例如：

宁，"寧"（níng）的简化字，本义为安宁。它与古书中的"宁"同形，但古书中的"宁"是"貯"的初文，本义是贮积。《文选·孙绰〈游天台山赋〉》："惠风仁芳与阳林。"唐李善注："宁，犹积也。'仁'与'宁'同。"

腊，"臘"（là）的简化字，本义是古代阴历十二月的一种祭祀。《韩非子·五蠹》："夫山居而谷汲者，腰腊而相遗以水。"古书中也有一个"腊"字，它读作"xī"，是"昔"的后起字，本义是干肉。《周礼·天官·腊人》："腊人掌干肉。"

胜，"勝"（shèng）的简化字，本义是能承担，能承受。但古书中也有个"胜"，读作"xīng"，是"腥"的古字，本义是动物肉脂的特殊气味。宋罗泌《路史·燧人氏》："乃教民取火，以灼以炳，以熟臊胜。"

适，"適"的简化字，读作"shì"，本义是前往；在古书中读作（kuò），本义是急速。《说文解字》："适，疾也。从辵，昏声，读与括同。"

圣，"聖"（shèng）的简化字，本义是通达事理；在古书中读作"kū"，义同"掘"。《说文解字》："圣，汝颍之间谓致力于地曰圣。从又、土，读若兔鹿窟。"

蜡，"蠟"（là）的简化字，本义是蜂蜡；"蜡"；在古书中读作"zhà"，本义是虫蛆。《说文解字》："蜡，蝇蛆也。《周礼》：'蜡氏掌除骴。从虫，昔声。'"

术，"術"（shù）的简化字，本义是道路；在古书中读作"zhú"，是一种草名。

虫，"蟲"（chóng）的简化字，本义是虫子；"虫"在古书中读作"huǐ"，是"虺"的初文，本义是毒蛇。

亏，"虧"（kuī）的简化字，本义是欠缺、短少；"亏"在古书中读作"yú"，同"于"。

亲，"親"（qīn）的简化字，本义是父母；"亲"在古书中读作"zhēn"，是"榛"的古字。

四、简化字中的同音归并字

这里所说的同音归并字，是指那些代表着繁体字中两个同音字的简化字。简化字中有一些字来源于古书中的同音字。古书中有一些读音相同但形体意义都不同的字，在简化字中，那个笔画较少、形体简单的字，除了继续表示它自身以外，同时还代替了那些笔画较多、形体繁复的字。这种简化，其实是一种归并，它把同音的两个不同的字归并为一个字了。这种归并字在表面上看来，是一个简化字只对应着一个繁体字，而实际上是一个简化字对应着两个不同的字。例如，"丑"和"醜"。在繁体字中，"丑"、"醜"是不同的两个字，它们各自有着不同的字义，而在简化字中，只保留了丑字，"醜"被废除了，但是废除的只是它的形体，它的意义并入"丑"字。简化字中的"丑"，实际上是归并了繁体字中的"丑"和"醜"这两个不同的字。这样的情况还有"里"与"裏"，"面"与"麵"等。如果不了解这种情况，在阅读古书时就容易出现误解。例如："暧暧远人村，依依墟里烟。"（陶渊明《归园田居》）"不属于毛，不离于里。"（《诗经·小雅·小弁》）简化字中的"里"字，代替了繁体字的"里"和"裏"字，如果不了解这种情况，就有可能把"墟里"误解为"村内"，把"不离于里"的"里"误解为乡里的"里"。再如："睡到四更，同店人未起，薛霸起来烧了面汤，安排打火做饭吃。"（《水浒传》）"面"与"麵"本是不同的两个字，前者是面部的意思，后者是粮食磨成的粉，如果不知道"面"是"面"、"麵"二字的归并字的话，就会把"面汤"（洗脸水）误解为煮面食的汤。

思考与练习

1. 什么是古今字？今字的形体与古字有哪几种关系？
2. 什么是通假字？通假字可以分为哪几类？
3. 通假字与假借字有哪些不同？
4. 关于通假字需要注意哪些问题？
5. 什么是异体字？异体字有几种类别？
6. 什么是繁简字？
7. 简化字与繁体字的对应关系有哪几种？
8. 举例说明简化字与古书的某些字同形。

参考文献

专　著

[1] 高名凯，石安石．语言学概论 [M]．北京：中华书局，1963．

[2] 胡明扬．语言学概论 [M]．北京：语文出版社，2000．

[3] 刘伶，等．语言学概要 [M]．北京：北京师范大学出版社，1984．

[4] 徐通锵．基础语言学教程 [M]．北京：北京大学出版社，2001．

[5] 徐通锵．汉语结构的基本原理——字本位和语言系统 [M]．青岛：中国海洋大学出版社，2005．

[6] 潘文国．字本位与汉语研究 [M]．上海：华东师范大学出版社，2002．

[7] 赵元任．语言问题 [M]．北京：商务印书馆，1980．

[8] 赵元任．赵元任语言学论文集 [A]．北京：商务印书馆，2002．

[9] 王菊泉，郑立信．英汉语言文化对比研究 [A]．上海：上海外语教育出版社，2004．

[10] 陆俭明，沈阳．汉语和汉语研究十五讲 [M]．北京：北京大学出版社，2003．

[11] [法] 让 - 雅克·卢梭．论语言的起源：兼论旋律与音乐的摹仿 [M]．洪涛，译．上海：上海人民出版社，2003．

[12] [德] 威廉·冯·洪堡特．论人类语言结构的差异及其对人类精神发展的影响 [M]．姚小平，译．北京：商务印书馆，1999．

[13] [瑞士] 费尔迪南·德·索绪尔．普通语言学教程 [M]．高名凯，译．北京：商务印书馆，1990．

[14] [美] 布龙菲尔德．语言论 [M]．袁家骅，赵世开，甘世福，译．北京：商务印书馆，2002．

[15] [美] 萨丕尔．语言论 [M]．2 版．陆卓元，译，北京：商务印书馆，1985．

[16] [法] 海然热．语言人：论语言学对人文科学的贡献 [M]．张祖建，译．北京：生活·读书·新知三联书店，1999．

[17] [法]雅克·德里达. 论文字学 [M]. 汪堂家，译. 上海：上海译文出版社，1999.

[18] [俄]列夫·维果茨基. 思维与语言 [M]. 李维，译. 北京：北京大学出版社，2010

[19] [英]利奇. 语义学 [M]. 李瑞华，等. 译. 上海：上海外语教育出版社，1987.

[20] [德]恩斯特·卡西尔. 人论 [M]. 甘阳，译. 上海：上海译文出版社，2004.

[21] [英]爱德华·B.泰勒. 人类学：人及其文化研究 [M]. 连树声，译. 桂林：广西师范大学出版社，2004.

[22] [英]M·艾森克. 心理学——一条整合的途径 [M]. 阎巩固，译. 上海：华东师范大学出版社，2000.

[23] 赵光武. 思维科学研究 [M]. 北京：中国人民大学出版社，1999.

[24] 齐振海. 认识论新论 [M]. 上海：上海人民出版社，1988.

[25] 杨士尧. 系统科学导论 [M]. 北京：农业出版社，1986.

[26] [德]马克思，恩格斯. 马克思恩格斯选集（三）. [M]北京：人民出版社，1972.

[27] [前苏联]斯大林. 马克思主义和语言学问题 [A]. 北京：人民出版社，1971.

[28] 毛泽东. 毛泽东选集（第一卷）. 2版. [M]北京：人民出版社，1952.

[29] [美]王士元. 汉语的祖先 [M]. 李葆嘉，主译. 北京：中华书局，2005.

[30] 王力. 中国语言学史 [M]. 上海：复旦大学出版社，2006.

[31] 何九盈. 中国古代语言学史 [M]. 广州：广东教育出版社，1995.

[32] 何九盈. 中国现代语言学史 [M]. 广州：广东教育出版社，1995.

[33] 严修. 二十世纪的古汉语研究 [M]. 太原：书海出版社，2001.

[34] 苏培成. 二十世纪的现代汉字研究 [M]. 太原：书海出版社，2001.

[35] 刘又辛，方有国. 汉字发展史纲要 [M]. 北京：中国大百科全书出版社，2000.

[36] 张其昀. "说文学"源流考略 [M]. 贵阳：贵州人民出版社，1998.

[37] 张标. 20世纪《说文》学流别考论 [M]. 北京：中华书局，2003.

[38] 党怀兴. 宋元明六书学研究 [M]. 北京：中国社会科学出版社，2003.

[39] 刘叶秋. 中国字典史略 [M]. 北京：中华书局，1983.

[40] 刘国钧. 中国书史简编 [M]. 北京：书目文献出版社，1982.

[41] 钱存训，书于竹帛——中国古代的文字记录 [M]. 上海：上海书店出版社，2004.

[42] 冯天瑜. 新语探源——中西日文化互动与近代汉字术语生成 [M]. 北京：中华书局，2004.

[43] 徐志民. 欧美语言学简史 [M]. 上海：学林出版社，2005.

[44] 饶宗颐. 符号·初文与字母——汉字树 [M]. 上海：上海书店出版社，2000.

[45] [苏] 伊斯特林. 文字的产生和发展 [M]. 左少兴，译. 北京：北京大学出版社，1987.

[46] 周有光. 世界文字发展史 [M]. 上海：上海教育出版社，2003.

[47] 郑若葵. 解字说文——中国文字的起源 [M]. 成都：四川人民出版社，2004.

[48] 唐兰. 中国文字学 [M]. 新 1 版. 上海：上海古籍出版社，1979.

[49] 王凤阳. 汉字学 [M]. 长春：吉林文史出版社，1989.

[50] 裘锡圭. 文字学概要 [M]. 北京：商务印书馆，1988.

[51] 李大遂. 简明实用汉字学 [M]. 北京：北京大学出版社，1993.

[52] 刘志成. 汉字学 [M]. 成都：天地出版社，2001.

[53] 陈燕. 汉字学概说 [M]. 2 版. 天津：天津人民出版社，2003.

[54] 许威汉. 汉语文字学概要 [M]. 上海：上海大学出版社，2002.

[55] 陈志明，赵变亲. 汉字学基础 [M]. 北京：中国书籍出版社，2002.

[56] 华星白. 汉字概说 [M]. 北京：中国书籍出版社，2002.

[57] 王宁. 汉字学概要 [M]. 北京：北京师范大学出版社，2001.

[58] 陈梦家. 中国文字学 [M]. 北京：中华书局，2006.

[59] 李圃. 甲骨文文字学 [M]. 上海：学林出版社，1995.

[60] 邹晓丽，等. 甲骨文字学述要 [M]. 长沙：岳麓书社，1999.

[61] 苏培成. 现代汉字学纲要 [M]. 2 版. 北京：北京大学出版社，2001.

[62] 杨润陆. 现代汉字学 [M]. 北京：北京师范大学出版社，2001.

[63] 刘庆俄. 汉字新论 [A]. 北京：同心出版社，2006.

[64] 王宁. 汉字构形学讲座 [M]. 上海：上海教育出版社，2002.

[65] 连登岗. 汉字理论与实践 [M]. 兰州：甘肃教育出版社，2000.

[66] 王立军，宋继华，陈淑梅. 汉字应用通则 [M]. 沈阳：春风文艺出版社，1999.

[67] 臧克和. 说文解字的文化说解 [M]. 武汉：湖北人民出版社，1995.

[68] 何九盈. 汉字文化学 [M]. 沈阳：辽宁人民出版社，2000.

[69] 何九盈，等. 中国汉字文化大观 [M]. 北京：北京大学出版社，1995.

[70] 庄义友. 熊贤汉. 汉字与书法艺术 [M]. 广州：暨南大学出版社，2004.

[71] 陈振濂. 书法美学 [M]. 西安：陕西人民美术出版社，1993.

[72] 赵平安.《说文》小篆研究 [M]. 南宁：广西教育出版社，1999.

[73] 赵平安. 隶变研究 [M]. 石家庄：河北大学出版社，1993.

[74] 戴汝潜. 汉字教与学 [M]. 济南：山东教育出版社，1999.

[75] 龚嘉镇. 汉字汉语汉文化论集 [A]. 成都：巴蜀书社，2002.

[76] 王作新. 汉字结构系统与传统思维方式 [M]. 武汉：武汉出版社，1999.

[77] 王玉新. 汉字认知研究 [M]. 济南：山东大学出版社，2000.

[78] 陈宗明. 汉字符号学：一种特殊的文字编码 [M]. 南京：江苏教育出版社，2001.

[79] 李学勤. 古文字学初阶 [M]. 北京：中华书局，1985.

[80] 高明. 中国古文字学通论 [M]. 北京：北京大学出版社，1996.

[81] 高明. 古文字类编 [M]. 北京：中华书局，1980.

[82] 高明. 古陶文汇编 [M]. 北京：中华书局，1990.

[83] 张再兴. 西周金文文字系统论 [M]. 上海：华东师范大学出版社，2004.

[84] 罗卫东. 春秋金文构形系统研究 [M]. 上海：上海教育出版社，2005.

[85] 赵学清. 战国东方五国文字构形系统研究 [M]. 上海：上海教育出版社，2005.

[86] 陈淑梅. 东汉碑隶构形系统研究 [M]. 上海：上海教育出版社，2005.

[87] 欧昌俊，李海霞. 六朝唐五代石刻俗字研究 [M]. 成都：巴蜀书社，2004.

[88] 曾昭聪. 形声字声符示源功能述论 [M]. 合肥：黄山书社，2002.

[89] 徐中舒. 甲骨文字典 [M]. 成都：四川辞书出版社，2003.

[90] 赵诚. 甲骨文简明词典 [M]. 北京：中华书局，1988.

[91] 陈初生. 金文常用字典 [M]. 西安：陕西人民出版社，2004.

[92] 王延林. 常用古文字字典 [M]. 上海：上海书画出版社，1990.

[93] 王延林. 汉字部首字典 [M]. 上海：上海书画出版社，1987.

[94] 张书岩. 标准汉语字典 [M]. 上海：汉语大词典出版社，2000.

[95] （清）张玉书，等. 康熙字典 [M]. 成都：成都古籍书店，1980.

[96] 汉语大字典编辑委员会. 汉语大字典 [M]. 成都：四川辞书出版社，武汉：湖北辞书出版社，1993.

[97] 苏培成. 汉字简化字与繁体字对照字典 [M]. 北京：中信出版社，1992.

[98] 丁声树，古今字音对照手册 [M]. 新 1 版. 北京：中华书局，1981.

[99] 孙雍长. 汉字字谜大典 [M]. 广州：广东教育出版社，2002.

[100]（汉）许慎. 说文解字 [M]. 北京：中华书局，1963.

[101]（唐）徐锴. 说文解字系传 [M]. 北京：中华书局，1987.

[102]（唐）段玉裁. 说文解字注 [M]. 2 版. 上海：上海古籍出版社，1988.

[103]（清）王筠. 说文释例 [M]. 北京：中华书局，1987.

[104] 汤可敬. 说文解字今释 [M]. 长沙：岳麓书社，1997.

[105] 臧克和，王平. 说文解字新订 [M]. 北京：中华书局，2002.

[106] 语文出版社. 语言文字规范手册 [M]. 3 版. 北京：语文出版社，1997.

[107] 吕永进. 汉字规范形音义 [M]. 上海：上海辞书出版社，2004.

[108] 陈望道. 修辞学发凡 [M]. 上海：上海教育出版社，1979.

[109] 钱大昕. 十驾斋养新录 [M]. 南京：江苏古籍出版社，2000.

[110] （清）黄生，黄承吉. 字诂义府合按 [M]. 北京：中华书局，1984.

[111] 黄侃. 黄侃论学杂著 [M]. 新 1 版. 上海：上海古籍出版社，1980.

[112] 黄伯荣，廖序东. 现代汉语 [M]. 2 版. 北京：高等教育出版社，1997.

[113] 陆宗达. 训诂简论 [M]. 北京：北京出版社，1980.

论　文

[1] 连登岗. 汉字字形系统与印刷字形规范 [A]// 厉兵. 汉字字形研究. 北京：商务印书馆，2004：40-59.

[2] 连登岗. 简化字总表归并字代替字研究 [A]// 史定国. 简化字研究. 北京：商务印书馆，2004：118-150.

[3] 连登岗. 异体字的概念与异体字的整理 [A]// 张书岩. 异体字研究. 北京：商务印书馆，2004：47-69.

[4] 连登岗. 论汉字简化"约定俗成"方针的偏颇 [A]// 中国文字学会，河北大学文字研究中心. 汉字研究（第一辑）. 北京学苑出版社，2005，6：63-67.

[5] 连登岗. 字素意义简论 [A]// 向光忠. 说文学研究（第二辑）. 武汉：崇文书局，2006：313-341.

[6] 连登岗. 关于汉字性质的再认识 [A]// 向光忠. 文字学论丛（第三辑）. 北京：中国戏剧出版社，2006：13-68.

[7] 连登岗. 关于文字起因的再认识 [A]// 向光忠. 文字学论丛（第四辑）. 南昌：江西教育出版社，2008：73-93.

[8] 连登岗. 汉字基础理论研究亟待加强 [A]// 中国应用语言学会，第四届全国语言文字应用学术研讨会论文集. 成都：四川大学出版社，2007：20-34.

[9] 连登岗. 捍卫祖国通用语言文字是语言规划工作的重要职责 [A]// 中国应用语言学会，第五届全国语言文字应用学术研讨会论文集. 沈阳：辽宁大学出版社，2009：20-34.

[10] 连登岗. "字"这个术语的不同概念 [A]// 王铁琨，等，一生有光. 北京：语文出版社，2007：127-143.

[11] 连登岗. 研索说文学部首与字原之著述 [A]// 向光忠. 说文学研究 (第五辑). 北京：线装书局，2010：186-232.

[12] 连登岗. 关于文言文教学的思考 [J]. 语文学刊：2002，5：83-86.

[13] 连登岗. 汉字教学的高耗低效及解决办法 [J]. 南通大学学报：教育科学版，2005，3：74-77.

[14] 连登岗. 论汉字简化对汉字基础部件及其系统的影响——兼论汉字规范应正确处理基础部件 [J]. 中国文字研究：2005，6：230-235.

[15] 连登岗. 关于汉字的性质 [J]. 南通大学学报：社会科学版，2005，6：81065.

[16] 连登岗. 关于文字一些基本问题的认识 [J]. 励耘学刊：语言卷，2006，1：208-236.

[17] 连登岗. 论汉字形音义性质的不同及认知方法的差异 [J]. 中国文字研究：2007，2：220-228.

[18] 连登岗. 语言学文字学的转向与文字学课程的变化 [J]. 南通大学学报：教育科学版，2007，3：80-84.

[19] 连登岗. 语言学的"字"与文字学的"字" [J]. 南通大学学报：社会科学版，2006，1：077-082.

[20] 连登岗. 华夏文字与汉字的起源 [J]. 青海师专学报：2009，6：036-044.

[21] 连登岗. 论汉语文杂用外文与字母词 [J]. 中国文字研究：2009，2：147-152.

[22] 连登岗. 论文字五种定义的适用性与局限性 [J]. 中国海洋大学学报：社会科学版，2010，1：81-88.

[23] 连登岗. 论汉字的字义 [J]. 中国文字研究：2010，3：171-183.

后 记

　　本教材即将付梓，有几句话还想说说，否则内心微有不安。编写本教材，于我纯属意外。第一，中央广播电视大学授课面向全国，其教材编写，多系名家，我一介寒儒，地处偏远，身在基层，有机会为广播电视大学编写教材，实出意表。第二，我生性粗疏，不宜编写教材这种精微的著作，以往，凡遇编写教材之事，多推托之，这次却应承下来。何则？辩证法认为，凡事皆有因果（佛教谓之因缘），赐我促我编写此教材之机缘者，吴君鸿清教授也。2009 年 4 月，因伤卧床期间，接到吴君华翰，略谓"我现在正筹备一门给中文专业学生开设的必修课。初步设想是讲汉字学方面的内容。原来拟请曹先擢等先生主讲，曹先生年事已高，难以按期完成。后来我想自己来讲，在搜集资料时，拜读了一些您汉字研究方面的文章，觉得您对汉字的研究深入而且全面，对改变由于时代和西方语言学的影响而产生的偏见，重新认识汉字有重要意义（这是我想开这门课的基本想法）。同时我也拜读了您的其他方面的诗文，感受到您对祖国、对民族的赤诚之心，因此同您联系，想请您来主讲这门课程，不知是否可以？"看到吴先生来信，不仅怦然心动。其一，吴先生对于汉字学的看法，与我契合。多年来，我致力于汉字学基础理论的研究，深深感到，近一个世纪以来，我们的汉字观出了偏差，对汉字的态度出了偏差，研究汉字的方法也出了偏差。总想着能矫正这些偏差，然而位卑力微，无从着手，尽管写过一些文章，但阅读者寥寥，应和者更寡。今有吴君此举，不啻空谷足音，欣何如之。其二，吴先生以国家与民族之大义责我，岂敢推辞。于是不揣浅陋，贸然接受。因我生性狷介，草稿中多执己见，不符广播电视大学教材要求，几次想半途而废，又赖吴先生大度包容，耐心疏导，乃至不惮烦劳，动手改稿，终于促成此书。如无吴先生，则无此教材。此教材得以完稿，吴先生实居首功。

　　可欣者，心萦学术、情系天下者，年轻学者中也大有人在。我的弟子、同事南通大学副教授何书博士，得知我为广播电视大学编写教材，积极协助，倾心竭力，三校其稿，查缺补漏，纠误正讹，建言献策，贡献实多。小女南开大学博士生连雯，反复请缨，暂置学业，放弃休息，为本书作脚注，核对引文，校正了部分书稿。我的研究生张萍、郭维也参加了本书的部分校稿工作。特别值得感谢的是中央广播电视大学所请的审稿专家中国社科院语言所博士生导师董琨研究员、北京广播电视大学李杰群教授、中央广播电视大学胡吉成教授、中央广播电视大学出版社编辑韦鹏先生和王清珍博士对于本书的修改提出了很好的指导意见，责任编辑宋莹女士，以高度的责任心、精湛的业务能力、细致的工作，为本书的编辑质量提供了充分的保障。最后，我的妻子，南通大学后勤处卫生科张秀峰主管护师，在我撰稿期间，承担起了更多的家务，加强了对我的照料，为本书的撰写提供了充分的后勤保障。在此一并致谢！

学术者，公器也。教材虽署我名，实为共识，我只不过是一个文字的组织者而已，岂敢自专！切望广播电视大学本门课程的授课者、学习者以及其他阅读者，不吝赐教，为本教材的下一次修改多赐教益。

教材者，公益事业也。有机会为公益事业尽一份绵薄之力，深感荣幸！遗憾的是本人学浅力微，所撰之作，有负厚望，且迁延时日，特此致歉！

连登岗

2010 年 11 月 9 日

古代汉语专题课程组

课程组长　　王海平

编 著 者　　连登岗

主持教师　　王海平